新能源汽车专业系列教材

电动汽车结构原理与故障诊断
第 2 版

主编 陈黎明 冯亚朋
参编 涂　祥 黄堪丰 邝柏超
　　　鲁建华 邸玉峰

机械工业出版社

本书包含4个项目，项目1讲述电动汽车基础与共性技术，包括电动汽车认识、故障诊断安全操作和高压部件（系统）技术，高压部件（系统）技术又包含各种驱动电机、动力蓄电池及管理、再生制动、采暖及空调和电源转换等系统；项目2~4讲述已经规模生产的电动汽车代表车型结构原理与故障诊断，轻度混合动力汽车（别克君越混合动力）、中度混合动力汽车（奥迪Q5混合动力）、重度混合动力汽车（丰田普锐斯）、插电式混合动力汽车（宝马X5混合动力、比亚迪秦）以及纯电动汽车（吉利帝豪EV450）的结构原理及故障诊断。

本书可作为高职及应用型本科院校新能源汽车技术、汽车电子技术、汽车检测与维修技术等专业教材，也可供电动汽车相关技术人员和售后服务人员参考。

图书在版编目（CIP）数据

电动汽车结构原理与故障诊断/陈黎明，冯亚朋主编. —2版. —北京：机械工业出版社，2021.1（2025.1重印）
新能源汽车专业系列教材
ISBN 978-7-111-67299-9

Ⅰ.①电… Ⅱ.①陈… ②冯… Ⅲ.①电动汽车-结构-高等职业教育-教材②电动汽车-故障诊断-高等职业教育-教材 Ⅳ.①U469.72

中国版本图书馆CIP数据核字（2021）第014787号

机械工业出版社（北京市百万庄大街22号 邮政编码100037）
策划编辑：赵海青 责任编辑：赵海青 谢 元
责任校对：张 征 封面设计：马精明
责任印制：张 博
北京建宏印刷有限公司印刷
2025年1月第2版第7次印刷
184mm×260mm·22.25印张·537千字
标准书号：ISBN 978-7-111-67299-9
定价：69.90元（含实训工作手册）

电话服务 网络服务
客服电话：010-88361066 机 工 官 网：www.cmpbook.com
　　　　　010-88379833 机 工 官 博：weibo.com/cmp1952
　　　　　010-68326294 金 书 网：www.golden-book.com
封底无防伪标均为盗版 机工教育服务网：www.cmpedu.com

前　言

2014年以来，包含混合动力汽车在内的电动汽车技术快速发展，技术和车型迭代速度明显加快，当年的代表车型本田思域Hybrid、沃蓝达、比亚迪E6等被新车型替代，电动汽车市场出现百花齐放的局面，这也给职业教育教学、实训和教材编写带来困扰。

2018—2019年，国内先后举行了新能源汽车技术与服务（高职国赛）、新能源汽车检测与维修（中职国赛）、新能源汽车关键技术技能大赛（国家一类赛），为新能源汽车专业教学指明了方向。2019年，新能源汽车职业技能等级证书标准（1+X）开始试行，如何开展课证融通，成为新能源汽车专业面临的新问题。

本次改版继续保持第1版的技术逻辑，优化了共性和基础部分，力求全面、系统地讲述国内外已经产业化的电动汽车技术，先学习基础和共性知识，再学习各类典型车型的结构原理和故障诊断，车型选择综合考虑技术先进性、市场占有率和国赛使用等因素，期望学生通过学习本书掌握各类车型结构原理、诊断知识和技能并能迁移到其他类似车型。任务选择对接1+X和国赛内容，配套实训工作手册，实现课证融通、以赛促教、以赛促学。通过实际任务训练学生诊断技能，同时强调基础知识、结构原理和诊断逻辑的联系和掌握。

本书在每个任务前有学习目标，在任务结束后有强化练习题，配套有实训工作手册用于实训教学。配套实训设备需要驱动电机系统、动力蓄电池及管理系统，整车实训设备可以根据学校条件选择重度混合动力、插电式混合动力或纯电动汽车。

本课程的标准学时是72，其中理论教学52学时，实训时间20学时，4个项目分别安排12、24、12、24学时，实训的重点安排在重度混合动力汽车和纯电动汽车，也可以根据学校实训车型条件进行调整，实训项目最好与实训工作手册要求的项目一致，如果用比亚迪秦代替吉利帝豪EV450，实训项目可用比亚迪秦的动力蓄电池系统故障诊断与排除替代，同样可以实现课程目标。如果前期没有学习电动汽车驱动电机及控制技术、动力蓄电池及管理系统两门课程，项目1中相应内容可适当增加课时。

本书适用于高职及应用型本科院校新能源汽车技术、汽车电子技术、汽车检测与维修技术等专业。其他专业例如汽车制造与装配技术、汽车营销与服务开设电动汽车新技术时，减少项目2~4中的故障诊断内容后同样适用。本书也可供电动汽车行业相关技术人员和售后服务人员参考。

参与本书编写的有参与国赛工作的教师、汽车制造及维修企业专家、教学设备企业技术负责人。陈黎明负责全书体例的编制和项目1、2的编写；冯亚朋负责项目3、4和实训工作手册的编写；涂祥负责课程资源规划和整理；黄堪丰负责全书格式统一整理；邝柏超负责实训项目的验证；鲁建华提供了插电混动资料并参与讨论。北京百通科信机械设备有限公司技术总监邸玉峰提供了实训项目资料并参与了讨论，广州沙河丰田汽车销售服务有限公司高级工程师林坚、吉利汽车研究院高级工程师孙全为本书提供了资料和建议。本书引用了许多维修手册和其他著作的相关内容,在此一并表示感谢!

电动汽车技术正处于快速发展的过程中,有一些内容未在书中反映。作者对原稿已进行了多次修改与审阅,但因水平所限,疏漏在所难免,敬请各位读者批评指正(电子邮箱为1016757874@qq.com)。

本书配套有线上学习平台,读者可利用网络学习平台开展线上线下混合学习,并依托学习平台对学习过程跟踪与记录。

"学银在线"平台课程网址:https://www.xueyinoline.com/detail/226903441

编 者

全书资源总码

目 录

前 言

项目1 电动汽车基础与共性技术 ·· 1

任务1.1 电动汽车认识 ·· 1
【学习目标】 ··· 1
【任务描述】 ··· 1
【任务准备】 ··· 1
 一、新能源汽车认知 ··· 1
 二、电动汽车认知 ··· 3
 三、电动汽车发展概述 ·· 6
【任务实施】 ·· 14
【知识与能力拓展】 ··· 15
 一、搭载太阳能电池板的普锐斯混合动力电动汽车 ························· 15
 二、丰田采用超级电容的混动勒芒赛车 ······································ 15
 三、PSA Hybrid Air 空气混合动力系统 ······································ 16
【强化练习】 ··· 17

任务1.2 电动汽车故障诊断安全操作 ······································· 18
【学习目标】 ··· 18
【任务描述】 ··· 18
【任务准备】 ··· 19
 一、电动汽车高压电气危害 ··· 19
 二、电动汽车故障诊断防护用品 ··· 20
 三、电动汽车安全故障诊断操作 ··· 24
 四、电动汽车故障诊断注意事项 ··· 25
【任务实施】 ··· 27
【知识与能力拓展】 ··· 28
 奥迪Q5混合动力汽车高压防护设计 ·· 28
【强化练习】 ··· 34

任务1.3 电动汽车高压部件（系统）技术 ································· 35
【学习目标】 ··· 35
【任务描述】 ··· 35
【任务准备】 ··· 35
 一、电动汽车高压部件组成与功用 ··· 35
 二、动力蓄电池系统结构原理 ·· 36

　　三、驱动电机结构原理 41
　　四、电机控制器结构原理 47
　　五、车载充电系统结构原理 52
　　六、再生制动系统组成及工作原理 58
　　七、电动空调系统结构原理 61
　【任务实施】 62
　【知识与能力拓展】 62
　　热泵型电动空调系统 62
　【强化练习】 64

项目 2　混合动力汽车结构原理与故障诊断 66

任务 2.1　通用 BAS 轻度混合动力系统 66
　【学习目标】 66
　【任务描述】 66
　【任务准备】 66
　　一、通用 BAS 轻度混合动力系统组成与功用 66
　　二、通用 BAS 轻度混合动力系统运行原理 73
　【任务实施】 77
　【知识与能力拓展】 77
　　48V 轻度混合动力系统 77
　【强化练习】 79

任务 2.2　奥迪 Q5 Hybrid 中度混合动力系统 79
　【学习目标】 79
　【任务描述】 79
　【任务准备】 80
　　一、奥迪 Q5 Hybrid 中度混合动力系统组成与功用 80
　　二、奥迪 Q5 Hybrid 中度混合动力系统运行原理 84
　【任务实施】 88
　【知识与能力拓展】 88
　　本田 IMA 中度混合动力系统 88
　【强化练习】 91

任务 2.3　丰田普锐斯重度混合动力系统 91
　【学习目标】 91
　【任务描述】 91
　【任务准备】 92
　　一、丰田普锐斯重度混合动力系统组成与功用 92
　　二、丰田普锐斯重度混合动力系统运行原理 104
　【任务实施】 116
　【知识与能力拓展】 116
　　一、电子无级变速器（ECVT）解析 116
　　二、本田 i-MMD 混合动力系统结构与工作原理 117
　【强化练习】 119

任务2.4　丰田普锐斯动力蓄电池系统故障诊断与排除 …… 119
【学习目标】 …… 119
【任务描述】 …… 119
【任务准备】 …… 119
　一、丰田普锐斯蓄电池系统工作原理 …… 119
　二、丰田普锐斯蓄电池系统电路识读 …… 123
　三、丰田普锐斯蓄电池系统故障分析与诊断计划 …… 123
【任务实施】 …… 131
【知识与能力拓展】 …… 133
　卡罗拉双擎混合动力蓄电池系统 …… 133
【强化练习】 …… 134

任务2.5　丰田普锐斯电机驱动控制（DC/DC）系统故障诊断与排除 …… 135
【学习目标】 …… 135
【任务描述】 …… 135
【任务准备】 …… 135
　一、丰田普锐斯电机驱动控制系统工作原理 …… 135
　二、丰田普锐斯电机驱动控制系统电路识读 …… 139
　三、丰田普锐斯电机驱动控制故障分析与诊断计划 …… 140
【任务实施】 …… 145
【知识与能力拓展】 …… 146
　丰田雷凌双擎 MG2 解析器线路相间短路故障案例 …… 146
【强化练习】 …… 147

项目3　插电式混合动力汽车结构原理与故障诊断 …… 148

任务3.1　宝马 X5 xDrive40e 插电混合动力系统 …… 148
【学习目标】 …… 148
【任务描述】 …… 148
【任务准备】 …… 148
　一、宝马 X5 xDrive40e 插电混合动力系统组成与功用 …… 148
　二、宝马 X5 xDrive40e 插电混合动力系统运行原理 …… 165
【任务实施】 …… 168
【知识与能力拓展】 …… 168
　宝马 i3（I01）增程混合动力系统 …… 168
【强化练习】 …… 172

任务3.2　宝马 X5 xDrive40e 插电混合动力系统故障诊断 …… 172
【学习目标】 …… 172
【任务描述】 …… 172
【任务准备】 …… 172
　EoS 蓄电池测试仪认知 …… 172
【任务实施】 …… 174
【知识与能力拓展】 …… 186
　广汽传祺 GA5 REV 电机控制器故障案例分析 …… 186

【强化练习】 187

任务3.3 比亚迪秦PHEV插电混合动力系统 187
【学习目标】 187
【任务描述】 187
【任务准备】 187
一、比亚迪秦PHEV插电混合动力系统组成与功用 187
二、比亚迪秦PHEV插电混合动力系统运行原理 199
【任务实施】 201
【知识与能力拓展】 201
比亚迪三代DM插电混合动力技术解读 201
【强化练习】 203

任务3.4 比亚迪秦PHEV插电混合动力系统故障诊断 203
【学习目标】 203
【任务描述】 204
【任务准备】 204
一、比亚迪秦PHEV充电系统结构原理 204
二、比亚迪秦PHEV充电系统电路识读 205
三、比亚迪秦PHEV充电系统故障分析与诊断计划 207
【任务实施】 207
【知识与能力拓展】 210
比亚迪秦PHEV故障诊断案例 210
【强化练习】 211

项目4 纯电动汽车结构原理与故障诊断 212

任务4.1 吉利帝豪EV450电动系统总体认知与故障诊断工具使用 212
【学习目标】 212
【任务描述】 212
【任务准备】 212
一、吉利帝豪EV450车辆简介 212
二、吉利帝豪EV450电动系统认知 213
三、吉利帝豪EV450故障诊断仪使用方法 219
【任务实施】 224
【知识与能力拓展】 224
比亚迪e5电动系统简介 224
【强化练习】 228

任务4.2 吉利帝豪EV450动力蓄电池系统故障诊断与排除 229
【学习目标】 229
【任务描述】 229
【任务准备】 229
一、吉利帝豪EV450动力蓄电池系统组成与工作原理 229
二、吉利帝豪EV450动力蓄电池系统电路识读 230
三、吉利帝豪EV450动力蓄电池系统故障分析与诊断计划 235

【任务实施】 ……………………………………………………………………………… 237
　　【知识与能力拓展】 …………………………………………………………………… 239
　　　　一、吉利帝豪 EV450 动力蓄电池系统故障案例 …………………………………… 239
　　　　二、EV03 蓄电池管理系统简介 ……………………………………………………… 240
　　【强化练习】 ……………………………………………………………………………… 247

任务 4.3　吉利帝豪 EV450 电机驱动控制系统故障诊断与排除 …………………… 247
　　【学习目标】 ……………………………………………………………………………… 247
　　【任务描述】 ……………………………………………………………………………… 248
　　【任务准备】 ……………………………………………………………………………… 248
　　　　一、吉利帝豪 EV450 电机驱动控制系统组成与工作原理 ………………………… 248
　　　　二、吉利帝豪 EV450 电机驱动控制系统电路识读 ………………………………… 250
　　　　三、吉利帝豪 EV450 电机驱动控制系统故障分析与诊断计划 …………………… 253
　　【任务实施】 ……………………………………………………………………………… 254
　　【知识与能力拓展】 …………………………………………………………………… 256
　　　　吉利帝豪 EV450 电机驱动系统故障案例 …………………………………………… 256
　　【强化练习】 ……………………………………………………………………………… 257

任务 4.4　吉利帝豪 EV450 车载充电系统故障诊断与排除 ………………………… 258
　　【学习目标】 ……………………………………………………………………………… 258
　　【任务描述】 ……………………………………………………………………………… 258
　　【任务准备】 ……………………………………………………………………………… 258
　　　　一、吉利帝豪 EV450 车载充电系统组成与工作原理 ……………………………… 258
　　　　二、吉利帝豪 EV450 车载充电系统电路识读 ……………………………………… 261
　　　　三、吉利帝豪 EV450 车载充电系统故障分析与诊断计划 ………………………… 265
　　【任务实施】 ……………………………………………………………………………… 266
　　【知识与能力拓展】 …………………………………………………………………… 269
　　　　吉利帝豪 EV450 车载充电系统故障案例 …………………………………………… 269
　　【强化练习】 ……………………………………………………………………………… 269

参考文献 ……………………………………………………………………………………… 270

项目 1

电动汽车基础与共性技术

任务 1.1　电动汽车认识

学习目标

1. 知识目标

1）掌握新能源汽车和电动汽车的定义与分类。
2）掌握混合动力电动汽车的定义与不同分类方法。
3）掌握不同种类混合动力电动汽车的技术特点。
4）了解电动汽车当代发展意义与现状。

2. 能力目标

能对当下市场上主流的电动汽车进行分类,并能在不同种类的电动汽车之间进行技术特点比较。

3. 素养目标

了解促进新能源汽车产业快速发展的国家新发展理念、新战略,树立坚定的家国情怀与使命担当。

任务描述

客户打算买一辆新能源汽车,初步了解市场上有纯电动汽车、插电式混合动力汽车、双擎混合动力汽车等很多类型,不知道如何选择。作为汽车经销商的一名技术人员应该熟悉各种类型的新能源汽车,你将如何向客户介绍?

任务准备

一、新能源汽车认知

2020 年,国务院制定了《新能源汽车产业发展规划(2021—2035)》,推动新能源汽车产业高质量发展,加快建设汽车强国。2011—2019 年,我国新能源汽车产销量累计分别达到 428 万辆和 419 万辆,如图 1-1 和图 1-2 所示。

1. 新能源汽车定义

国家提出发展的新能源汽车有明确含义,是指采用非常规的车用燃料作为动力来源(或使用常规的车用燃料、采用新型车载动力装置),综合车辆的动力控制和驱动方面的先进技术,形成的技术原理先进,具有新技术、新结构的汽车。

2. 新能源汽车分类

新能源汽车有以下类型:

（1）纯电动汽车　纯电动汽车（Battery Electric Vehicles，BEV）是一种采用单一蓄电池作为储能动力源的汽车，它利用蓄电池作为储能动力源，通过蓄电池向电动机提供电能，驱动电动机运转，从而推动汽车行驶。

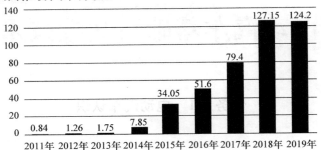

图 1-1　2011—2019 年中国新能源汽车产量

图 1-2　2011—2019 年中国新能源汽车销量

微课 1　新能源汽车的定义和类型

（2）插电（增程）式混合动力汽车　插电式混合动力汽车（Plug–in Hybrid Electric Vehicle，PHEV）是新型的混合动力电动汽车，与普通混合动力汽车的区别是普通混合动力车的蓄电池容量很小，仅在起停、加/减速的时候供应/回收电能，不能外部充电，不能用纯电模式较长距离行驶。插电式混合动力车的蓄电池相对比较大，可以外部充电，可以用纯电模式行驶，蓄电池电量耗尽后再以混合动力模式（以内燃机为主）行驶，并适时向蓄电池充电。

（3）燃料电池电动汽车　燃料电池电动汽车（Fuel Cell Electric Vehicle，FCEV）是利用氢气和空气中的氧在催化剂的作用下，在燃料电池中经电化学反应产生的电能作为主要动力源驱动的汽车。燃料电池电动汽车实质上是纯电动汽车的一种，主要区别在于动力电池的工作原理不同。一般来说，燃料电池是通过电化学反应将化学能转化为电能，电化学反应所需的还原剂一般采用氢气，氧化剂则采用氧气，因此最早开发的燃料电池电动汽车多是直接采用氢燃料，氢气的储存可采用液化氢、压缩氢气或金属氢化物储氢等形式。

（4）替代燃料汽车　根据目前世界范围内替代燃料的使用情况，总体上可以把它们分为三类：醇、醚、酯类等含氧燃料（主要包括甲醇、乙醇、二甲醚以及由植物油制取的生物柴油）；合成油（指由煤、天然气或生物质生产的液体燃油）；气体燃料（指天然气、液化石油气、氢气、煤层气、沼气等）。

（5）其他新能源汽车　其他新能源汽车包括使用超级电容器、飞轮等高效储能器的汽车。

二、电动汽车认知

我国节能与新能源汽车产业规模位居世界前列,各类混合动力汽车已经大规模生产和销售,同时市场上销售的新能源汽车主要是纯电动汽车、插电式混合动力汽车(含增程式混合动力汽车),因此采用电动汽车这个概念更符合这类产品的技术特点和产业的实际情况。

1. 电动汽车含义

电动汽车是指全部或部分采用电能驱动电动机作为动力系统的汽车。

2. 电动汽车分类

根据上述定义,电动汽车包含混合动力汽车、插电(增程)式混合动力汽车、纯电动汽车、燃料电池电动汽车。其中,混合动力汽车(Hybrid Electric Vehicle,HEV)是指驱动系统由两个或多个能同时运转的单个驱动系统联合组成的车辆,车辆的行驶功率依据实际的车辆行驶状态由单个驱动系统单独或多个驱动系统共同提供。本书中的混合动力汽车是指油电混合动力电动汽车,因组成部件、布置方式和控制策略的不同,混合动力汽车有多种形式。

(1)按照混合程度分 混合动力汽车按混合度分为轻度混合、中度混合、重度混合。混合度的计算公式为

$$H = P_{elec}/P_{total} \tag{1-1}$$

式中,P_{elec}是电系统功率;P_{total}是动力源总功率。

这种分类并没有严格的区分,如表1-1列出了不同分类的节油率、功能和代表车型以供参考。

表1-1 不同混合程度、结构类型及功能

	轻度混合	中度混合	重度混合	插电式混合动力
混合度	<15%	30%左右	>50%	可以纯电驱动
节油率	5%~15%	25%~30%	30%~50%	>50%
功能	发动机自动起停+回馈制动	发动机自动起停+回馈制动+电动辅助	发动机自动起停+回馈制动+电动辅助+纯电驱动	发动机自动起停+回馈制动+电动辅助+纯电驱动+电网充电
代表车型	别克君越BAS	本田Insight ISG	丰田普锐斯THS	宝马X5 PHEV

1)轻度混合动力电动汽车。这种混合动力系统对传统发动机的发电机进行了改造,形成由带传动的发电/起动一体式电机(Belt-driven Starter Generator,BSG)。该电机用来控制发动机快速起停,可以取消发动机的怠速过程,降低了油耗和排放。轻度混合动力系统搭载的电机功率比较小,仅靠电机无法使车辆起步,起步过程仍需要发动机介入,是一种初级的混合动力系统,但因成本相对较低,应用比较广泛。

2)中度混合动力电动汽车。该混合动力系统采用了集成起动发电机(Integrated Starter Generator,ISG)。与轻混合动力系统相比,中度混合动力系统除了能够实现用电机控制发动机的起停外,还能够在电动汽车制动和下坡工况下,实现对部分能量回收。在行驶过程中,发动机的动力可以在车轮的驱动需求和发电机发电需求之间进行调节。

中度混合动力系统采用的是高压电机,在汽车加速或者大负荷工况时,电动机能够辅助发动机驱动车辆,补充发动机本身动力输出的不足,提高整车性能。这种系统的混合程度较

高,可以达到30%,在城市循环工况下节油率可以达到20%~30%,目前技术比较成熟,应用广泛。

3)重度混合动力系统。重度混合动力系统采用了高压电机,混合度可以达到50%,在城市循环工况下节油率可以达到30%~50%。其特点是动力系统以发动机为基础动力,动力蓄电池为辅助动力。采用的电机功率更为强大,完全可以满足车辆在起步和低速时的动力要求。因此,重度混合车型无论是在起步还是低速行驶状态下都不需要起动发动机,依靠电机可以完全胜任,在低速时就像一款纯电动汽车;在急加速和爬坡运行工况下车辆需要较大的驱动力时,电机和发动机同时对车辆提供动力。随着电机、蓄电池技术的进步,重度混合动力系统逐渐成为混合动力技术的主要发展方向。丰田普锐斯混合动力汽车采用的就是重度混合动力系统。

(2)按照驱动形式分

1)串联式混合动力电动汽车(Series Hybrid Electric Vehicle,SHEV)。如图1-3所示,串联式混合动力电动汽车由发动机驱动交流发电机发电,通过逆变器和蓄电池再驱动交流电动机和车轮运转行驶,电动机是驱动汽车前行的唯一动力源。

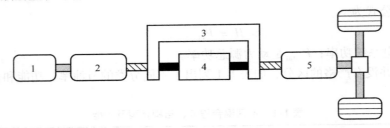

图1-3 串联式混合动力电动汽车的基本结构
1—发动机 2—发电机 3—逆变器 4—HV蓄电池 5—电动机
■—电力路径(DC) ▨—电力路径(AC) ▩—机械动力路径

串联式混合动力电动汽车全部动力来自驱动电机,而电机具有低速恒转矩和高速恒功率输出特性,从而非常适合于汽车的行驶条件,使汽车加速性能得到提高。发动机与驱动轮之间无机械连接,具有独立于汽车行驶工况对发动机进行控制的优点,使发动机可稳定于高效区或低排放区附近工作,该结构尤其适合于难与驱动轮进行机械连接的高效发动机。

串联式动力传递系统的综合效率较低,这是因为发动机输出的机械能由发电机转化为电能,再由电动机将电能转化为机械能用来驱动汽车。途经两次能量转换,中间必然伴随能量损失。其三个动力总成,即发动机、发电机和电动机也会给系统总布置带来困难并使成本增加。

2)并联式混合动力电动汽车(Parallel Hybrid Electric Vehicle,PHEV)。如图1-4所示,并联式混合动力电动汽车的发动机直接通过发电机/电动机,驱动车轮转动,并可利用发动机或电动机单独驱动车轮,又可共同驱动车轮。在车辆行驶中,发电机/电动机除了补充发动机的动力之外,还可作为发电机为HV蓄电池充电。

并联式混合动力电动汽车以发动机作为主动力,电动机作为辅助动力,其作用是让发动机尽量工作在高效率状态,从而达到节油的效果。工作时,发动机和电动机可共同驱动或各自单独驱动车辆;保留了常规汽车的动力传递方式,燃油能量利用效率较高;发动机通过机

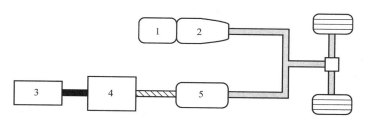

图 1-4　并联式混合动力电动汽车的基本结构

1—发动机　2—变速器　3—HV 蓄电池　4—逆变器　5—发电机/电动机

■—电力路径（DC）　▨—电力路径（AC）　▭—机械动力路径

械传动机构可以直接驱动车辆；适合高速公路等稳定行驶路况；发动机受车辆行驶工况影响；结构上需要变速装置和动力复合装置，结构较为复杂。

3）混联式混合动力电动汽车（Power – Split Hybrid Electric Vehicle，PSHEV）。如图 1-5 所示，混联式混合动力系统结合了串联式混合动力系统和并联式混合动力系统的特征。该系统有两个电动机/发电机，1 号电动机/发电机可利用发动机动力发电，产生的电能为 HV 蓄电池充电，同时为 2 号电动机/发电机提供动力。两个电动机/发电机和行星排配合，根据工况的需要，合理调节发动机和电动机功率的占有率，使发动机、发电机、电动机三者更好地优化匹配，使动力性、经济性、净化性"三丰收"。

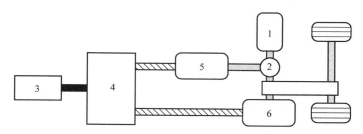

图 1-5　混联式混合动力电动汽车的基本结构

1—发动机　2—动力分配行星齿轮机构　3—HV 蓄电池　4—逆变器　5—1 号电动机/发电机
6—2 号电动机/发电机　■—电力路径（DC）　▨—电力路径（AC）　▭—机械动力路径

（3）按照电机放置位置分　按电机放置位置分为 P0、P1、P2、P3 和 P4。各类混合动力系统驱动电机安装位置如 1-6 所示，相应的技术特点和应用情况见表 1-2，表中的 PS 严格来说不在此种分类之中，但经常和其他类型拿来作比较。

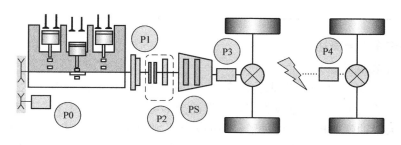

图 1-6　各类混合动力系统驱动电机安装位置

表 1-2 各类混合动力系统的技术特点和应用情况

分类	定义	优点	缺点	应用状况
P0	电机置于发动机之前,带驱动 BSG 电机,代表性技术例如 48V,支持发动机怠速停机、停机后的快速起动以及制动时发动机能量的回收	成本低,只需加装或者更换电机便可实现	节油效果不突出(相比其他混合技术形式)	多用于轻混车辆中,由于 BSG 发动机自动起停的普及,目前许多车都可以勉强算在 P0 级别
P1	电机置于变速器之前,安装在发动机曲轴上,在 C0 离合器之前,又称为 ISG	在不同程度的制动过程中,ISG 电机都可以实现发动机制动能量的回收和储存,可靠性高而且成本较低	电机与发动机刚性相连,输出的动力受发动机牵绊	目前用于中混车辆中,代表车型有本田 CR-Z、Insight
P2	电机置于变速器的输入端,在 C0 离合器之后,简单来说,也即通过在发动机与变速器之间插入 C0 分离离合器和一套电机,来实现混动	技术上较容易实现,变速器生产线不用做大的调整,初期投资低,节油效果明显	受限于发动机及变速器之间的加装空间	在德系车中应用较多,代表车型有奥迪 A3 e-tron、高尔夫 GTE、B530Le
P3	电机置于变速器的输出端,与发动机分享同一根轴,同源输出	不占空间,特别是前置车型,可以找个地方把它塞进去,空间布置比较灵活	功率做不大,同时变速器需要做大的改动,比较适合于本身就有变速器研发的企业	代表车型有本田 i-DCD、比亚迪秦
P4	电机置于变速器之后,驱动桥之上,直接驱动车轮	可以实现纯电动驱动,比较适合运动型车	价格昂贵	目前多应用于跑车和越野 SUV 上。代表车型有保时捷 918Spyder、讴歌 NSX、宝马 i8 等跑车
PS	即功率分流(Power Split),是专门为新能源汽车开发的电驱动系统	因为功率等于转矩与转速的乘积,它能够通过电驱动系统更多自由度地调节转矩和转速,更多自由度(模式)实现效率最优、动力最优	丰田将 PS 单行星排、双电机系统申请了专利,通用将双行星排、双电机系统申请了专利,凯迪拉克将三行星排、双电机电驱动系统申请了专利,其他企业介入 PS 技术受限	代表车型有丰田普锐斯、凯迪拉克 CT6-PHEV

三、电动汽车发展概述

1. 电动汽车发展的意义

自 1886 年第一辆汽车诞生以来,汽车工业的蓬勃发展极大地改变了人们的生活方式,提高了人们的生活质量。汽车已成为当今人类社会不可或缺的交通工具,汽车工业的发展还给人们创造了大量的就业机会,促进了经济的发展。汽车技术的进步也极大地促进了机械、电子、化工等相关科学技术的进步。可以说,汽车的出现改变了整个世界的面貌。

从 2009 年起,我国就成为全球汽车产销量最大的国家。图 1-7 所示为 2013~2019 年我

项目1 电动汽车基础与共性技术

国汽车年销量统计,截至2019年6月,全国机动车保有量达3.4亿辆,其中汽车2.5亿辆。2018年全国新注册登记民用汽车达2652.11万辆,同比下降5.3‰。机动车驾驶人突破4亿人,达4.09亿人,其中汽车驾驶人3.69亿人。全国66个城市汽车保有量超过100万辆,北京、成都等11个城市超过300万辆。据测算,目前中国千人汽车保有量已经达到179辆,超过世界千人汽车保有量平均170辆的水平。我国汽车工业的快速发展也带来了一系列的挑战。

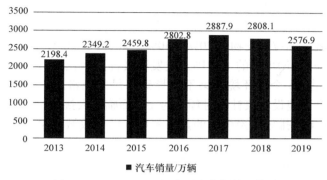

图1-7 2013~2019年我国汽车年销量统计

微课2 发展新能源汽车的意义

(1)来自能源的挑战 能源是国家的重要战略资源,在国民经济和社会发展中发挥着十分重要的促进与保障作用。能源问题已成为一个全球性的战略问题,关系到全球经济安全和军事安全。

如图1-8所示,虽然我国是全球第六大石油开采国,但是2019年我国的原油进口量已经达到50572万吨,表观消费量达到69592.4万吨,而在2011年时,原油进口量仅为25378万吨,表观消费量约为45491.6万吨,据此来看,原油的对外依存度已从2011年的55.78%提升至72.67%。我国是石油消费大国,石油消费量逐年递增。2014年底,全国汽车用汽柴油消费占全国汽柴油消费的比例已经达到55%;2015—2019年,每年新增石油消费量的65%~70%以上被新增汽车所消耗,汽车燃油消费占比持续攀升。

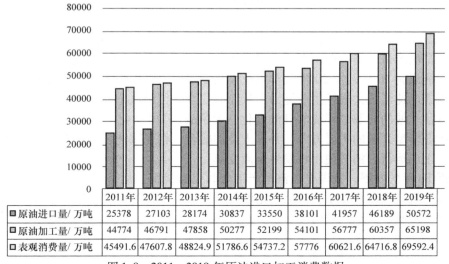

图1-8 2011—2019年原油进口加工消费数据

在不发展新能源汽车的情况下，我国原油对外依存度呈上升趋势。而发展新能源汽车可有效遏制原油对外依存度上升态势，到 2050 年，在理想情况下可使原油对外依存度下降 10 个百分点，低于当前水平，因此发展电动汽车对于我国能源安全具有重要意义。

（2）来自环境的挑战

1）空气质量。在汽车保有量持续快速增长的情况下，汽车排放污染对我国大气质量特别是大城市大气质量形成了严重威胁。我国城市的空气污染已由"烟囱"型转变为"尾气"型，汽车有害排放已经成为大中城市空气污染的重要来源。我国大城市 60% 的 CO、50% 的 NO_x、30% 的 HC 污染均来源于机动车的尾气排放。我国约 2/3 的城市空气质量不达标，颗粒污染物超标严重，而汽车排放占城市颗粒污染物的 20%~30%。联合国开发计划署（The United Nations Development Programme，UNDP）的《中国人类发展报告》指出，目前在全球 20 个空气污染最严重的城市中我国占 16 个，环境污染不仅导致高昂的经济成本和环境成本，而且对公众健康构成危害，使全面建设小康社会对环境的要求面临巨大挑战。

2）热岛效应。近年来，机动车尾气排放集聚引起的热岛效应，已导致城市温度平均升高 2~4℃。

3）噪声污染。在城市中，80% 的噪声污染由车辆造成，我国有 56 个城市的交通噪声平均值达到 74dB，远远超过国家规定的标准。

（3）来自气候的挑战　英国 BP 集团发布的 2018 年能源报告指出，全球能源消费和使用过程中产生的碳排放在 2018 年的增速达到了自 2010/2011 年以来的最高水平，这与《巴黎气候协定》提出的加快转型目标背道而驰。其中，一次能源增长 2.9%，几乎是近 10 年平均增速的两倍，也是自 2010 年以来的最高增速；中国、美国、印度贡献了全球能源需求增长的 2/3；能源消费产生的碳排放增长 2.0%，为近七年来的最高增速。世界气候组织也发布报告，2018 年是近五年来气温最高的一年，亚洲、北美洲、欧洲许多地方都出现了以往没有的 40℃ 以上的高温。各方面的信息无不显示，减少二氧化碳排放迫在眉睫、刻不容缓，今后 10 年是二氧化碳减排的关键 10 年。

在我国，提到汽车行业的二氧化碳减排，首先想到的是发展新能源汽车，并力争到 2035 年新能源汽车占汽车总量的 20%~35%。新能源汽车是未来节能减排的重要发展方向，特别是纯电动汽车，当使用的是脱碳的电力或可再生能源的风能、太阳能电力时，因为不排放二氧化碳和气体污染物，所以节能减排效果明显，对改善城市的大气环境尤为重要。但是，在近 10 年，新能源汽车对交通领域二氧化碳减排能起到的作用很微弱，原因主要是当前新能源汽车的产量不足全球汽车总产量的 5%，即使到 2035 年预计也只占 35%。电动化的传统汽车能成为 10 年乃至 20 年汽车工业大幅度减少二氧化碳排放的主力军，也是在世界范围内真正能迅速形成大规模生产能力，从而取代当前传统汽车的技术路线。

面对日益严峻的能源、环境与气候变化三大挑战，"电动化、智能化、共享化"已成为全球汽车产业转型升级的主要方向，并进入叠加融合、相互赋能、加速发展的新阶段，汽车能源动力、生产运行、消费使用将发生全面变革。

经过近 10 年的发展，我国电动汽车产销量和保有量都位居世界第一，电动汽车关键零部件与世界一流技术差距缩小，在动力电池等部分领域已经处于全球领先地位，发展新能源智能网联汽车是我国汽车工业由汽车大国向汽车强国发展的千载难逢的机遇。

2. 电动汽车发展历史

（1）纯电动汽车的历史与现状　1834 年，苏格兰人德文博特制造了一辆电动三轮车，它由一组不可充电的简单玻璃封装的干电池驱动，只能行驶一小段距离。1859年，法国人普兰特发明了世界第一只可充电的蓄电池，后来纯电动汽车的发展奠定了基础。1881年，法国工程师特鲁夫第一次将直流电机和可充电的铅酸电池用于私人车辆，并在同年巴黎举办的国际电器展览会上展出了一辆能实际操作使用的电动三轮车。1885年，在德文博特的电动车问世半个世纪后，德国人卡尔·本茨发明了汽油机驱动的汽车，并于1886年1月26日获得专利，成为人类历史上的伟大创举。但是，当时因为纯电动汽车比燃油汽车结构简单且只需配有电机和电池，制造起来比较容易，而燃油汽车性能比较差，发动机起动也很困难，所以在初期阶段纯电动汽车得到了发展。

19世纪末，许多美国、英国和法国的公司都开始生产纯电动汽车。最早的纯电动汽车制造厂是由Morria和Salam拥有的电动客车和货车公司。另一个比较早的纯电动汽车生产商是Pope制造公司，到1898年底，Pope生产了约500辆Calumlria型纯电动汽车。1896—1920年期间，Riker纯电动汽车公司生产了多种类型的纯电动汽车，其中1897年生产的Victoria是一种设计较好的车型。除了美国纯电动汽车制造厂外，英国的伦敦电动出租汽车公司于1897年生产了15辆电动出租车。法国的BGS公司在1899—1906年也生产了几种不同类型的商用型纯电动汽车，包括小汽车、货车、客车和豪华轿车。1899年，比利时人Camille Jenatzy驾驶的电力驱动汽车Jamais Contente首次实现了百公里以上的时速。

1895—1915年是早期纯电动汽车的黄金时代。1900年，在美国销售的4200辆汽车中有38%是纯电动汽车，22%是燃油汽车，40%是蒸汽机汽车。在当时，纯电动汽车是金融巨头的代步工具及财富的象征。

进入20世纪以后，由于大量发现油田，石油开采提炼和内燃机技术的迅速进步，而纯电动汽车则由于电池技术进步缓慢，在性能、价格等方面都难以与燃油车竞争而逐步被燃油汽车所取代。1911年，Kettering发明了汽车发动机起动机，使得燃油汽车更具吸引力，从此打破了纯电动汽车在市场的主导地位。而福特汽车公司的出现彻底结束了纯电动汽车的生命，到20世纪30年代，纯电动汽车几乎消失了。

直到20世纪70~80年代，石油危机和空气污染等原因才促使人们重燃对纯电动汽车的兴趣。图1-9所示为Morria和Salom公司生产的纯电动汽车，图1-10所示为1897年英国伦敦的电动出租车。

图1-9 Morria和Salom公司生产的纯电动汽车

图1-10 1897年英国伦敦的电动出租车

20世纪70年代初期,美国、英国、法国、德国、意大利和日本开始发展纯电动汽车。20世纪70年代后期,世界上许多公司都开始研制纯电动汽车。但是石油价格在20世纪70年代末开始下跌,在纯电动汽车成为商业化产品发展起来之前,能源危机和石油短缺变得不再严重,因而纯电动汽车的商业化失去了动力,纯电动汽车的发展显著变慢,继而开始走入低谷。

20世纪80年代,由于人们日益关注空气质量和温室效应所产生的影响,纯电动汽车的发展再次获得生机。20世纪90年代初,美国开始实行更严格的排放法规,1990年,美国加利福尼亚州大气资源管理局(CARS)颁布了一项法规,规定1998年在加利福尼亚州出售的汽车中2%必须是零排放车辆(ZEV),到2003年零排放车辆应达到10%。受加利福尼亚州法规的影响,美国其他州以及其他国家开始制订类似的法规,纯电动汽车被认为是符合零排放标准的唯一可用技术,因此纯电动汽车迅速发展起来。

2000年以来,随着各国对纯电动汽车技术研发投入的不断加大,车用动力蓄电池、电机及其控制系统等瓶颈技术取得了重大进展,电力电子、控制和信息技术的广泛应用促使纯电动汽车技术深入发展、日臻完美,产品的可靠性、寿命得到明显提升,成本得到有效控制,纯电动汽车技术在世界范围内得到快速发展。

在美国,特斯拉、通用和福特的新能源汽车发展强劲。纯电动车型以特斯拉公司的Model S和Model X为代表,2019款Model S(图1-11)车型包括单电机后轮驱动和双电机全轮驱动两种形式,搭载85kW·h和60kW·h锂离子蓄电池,0~100km/h加速时间仅需5.7s,续驶里程最高达502km。Model X高性能版P90D,采用双电机四轮驱动,0~100km/h加速时间仅为3.4s,最高车速为250km/h,续驶里程可达467km。

在日本,日产Leaf和三菱的iMiEV电动车是纯电动汽车的代表车型,老款Leaf搭载24kW·h蓄电池组,续驶里程约为135km。2019款日产Leaf Plus(图1-12)则搭载更大的62kW·h蓄电池组,一次充电可续驶363km,比基础版多了120km,还升级了动力系统,最大输出功率为157kW,最大转矩为338N·m,比基础版多了49kW。

图1-11 2019款Model S

图1-12 2019款日产Leaf Plus

欧洲纯电动汽车以德国产车型为代表。大众e-Golf采用一台峰值功率为85kW、峰值转矩为270N·m的永磁同步电机,0—100km/h加速时间为10.4s,最高车速为140km/h,采用24kW·h锂离子蓄电池组,整备质量为1510kg,续驶里程为190km。

宝马 i4（图 1-13）搭载了第五代宝马 eDrive 电力驱动技术，其中驱动电机的最大功率为 390kW，这使得 i4 的 0—100km/h 加速仅需 4s，最高车速能超过 200km/h。宝马 i4 概念车配备了容量为 80kW·h 的蓄电池组，重量约为 550kg，综合续驶里程（WLTP）为 600km。在快充模式下，约 35min 可将蓄电池电量充至 80%；在最快的充电效率下，每 6min 可以恢复 100km 的续驶里程。

（2）混合动力汽车的历史与现状　早在 20 世纪初，混合动力汽车就已经出现在汽车市场上。1916 年，美国芝加哥的伍德斯汽车公司推出了一辆并联混合动力汽车，除了电机驱动外还装有一台 9kW 四缸汽油机，用于高速行驶及对蓄电池充电。在纯电动模式下，最高车速为 32km/h，两种驱动系统都工作时，最高车速可达 58km/h。1899 年，在巴黎美术展览馆展出了两款混合动力汽车：一款是比利时 Pieper 研究院开发的并联式混合动力汽车，装有一台由电机辅助的小型空冷汽油发动机；另一款是法国 Vendovelli 与 Priestly 公司制造的串联式混合动力汽车，与 1.1kW 发电机组合的一台 0.55kW 汽油发动机安装在拖车上，以通过对蓄电池组的再充电延长其续驶里程。1899—1914 年期间，出现了兼有并联和串联模式的其他形式混合动力汽车。与纯电动汽车的命运相似，第一次世界大战后，混合动力汽车从市场上逐渐消失了。

图 1-13　2020 款宝马 i4

20 世纪 70 年代的石油危机并没有促使混合动力汽车成功进入市场，那时人们的焦点还在纯电动汽车上。到了 90 年代，当人们认识到纯电动汽车还难以达到实用化程度后，又对混合动力汽车产生了浓厚的兴趣。世界各主要汽车厂商都投入巨资来开发混合动力汽车，并取得不少成果。在混合动力汽车商品化的过程中，丰田普锐斯和本田的 Insight 是最具有历史意义的两款车型。丰田第一代混合动力汽车普锐斯于 1997 年上市，如图 1-14 所示；本田第一代混合动力汽车 Insight 于 1999 年上市，如图 1-15 所示。

图 1-14　丰田第一代混合动力汽车普锐斯

图 1-15　本田第一代混合动力汽车 Insight

2000 年以后，混合动力汽车市场增长加快，从日本丰田一枝独秀向多元化发展，本田、通用等世界大型汽车公司纷纷推出各具特色的混合动力汽车。

在传统混合动力汽车领域，丰田把普锐斯混合动力技术应用到全系列产品，2019 年上市的凯美瑞 Hybrid 使用 2.5L A25A – FXS 发动机和 THS – Ⅳ（图 1-16），加速性能比上一代也有了小幅度的提升，工信油耗只有 4.1L/100km。如图 1-17 所示，本田发布了混合动力汽车战略，在低端车型使用单电机的 i – DCD（智能双离合驱动）系统，在中端车型使用双电机的 i – MMD（智能化多模式驱动）系统，以及在高端车型使用三电机的 Sports Hybrid SH – AWD（运动化混合动力全轮驱动）系统，2019 年推出了第十代雅阁搭载了第三代 i – MMD 系统，工信油耗只有 4.4L/100km。

图 1-16　丰田 THS – Ⅳ 混合动力系统

图 1-17　本田 i – MMD（智能化多模式驱动）混合动力系统

通用汽车的混合动力汽车方案有轻混、重混、增程，它们分别在君越混动、凯雷德混动、沃蓝达等车型上应用。通用汽车公司生产的世界第一台增程式电动汽车沃蓝达，驱动系统由两台永磁同步电机、一台行星齿轮变速器、两个旋转联轴节和一个制动器组成。牵引电机的最大功率为 111kW，最大转矩为 370N·m，该电机与 55kW 的发电机布置在同一根轴心线上。采用容量为 16kW·h 的锂离子蓄电电池，可以利用家用电源充电，充满电可行驶约 64km，之后采用发动机带动发电机发电，为牵引电机提供电能驱动汽车。沃蓝达驱动系统结构如图 1-18 所示。

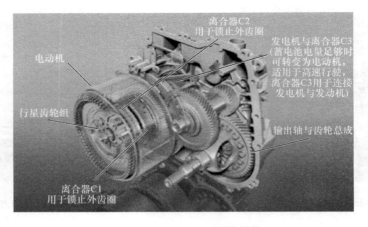
图 1-18　沃蓝达驱动系统结构

欧洲汽车厂的混合动力路线，一是全面应用轻混动力系统，二是在 ISG（中混）基础上开发插电式混合动力汽车（PHEV）。

宝马新 X5 xDrive45e 搭载由 3.0T 直六发动机与电机组成的混动系统。其中内燃机提供 207kW，电机提供 83kW，综合输出达到了 290kW，峰值转矩为 600N·m。如图 1-19 所示，动力依然依托 8 速自动变速器以及 xDrive 四驱系统传递到四个车轮之上；新 X5 xDrive45e 0~100km/h 加速仅需要 5.6s，极速可达 235km/h，并可以在 135km/h 以下的速度内使用纯电模式行驶。内置的 24kW·h 锂离子蓄电池为新 X5 xDrive45e 提供 67~87km（WLTP 循环）的纯电续驶里程。

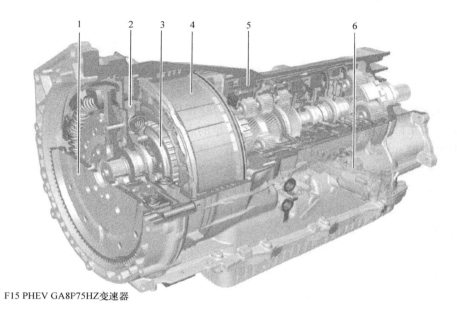

图 1-19　X5 xDrive45e GA8P75HZ 变速器
1—双质量飞轮（包括扭转减振器和离心摆式减振器）　2—附加扭转减振器　3—分离离合器
4—电机　5—片式制动器 B　6—电动附加油泵

途观 L PHEV 采用宁德时代提供的高性能三元锂蓄电池组，总容量为 12.1kW·h，P2 混动结构由一台 EA211 高功率版 1.4TSI 发动机、一台永磁同步电机和一台 DQ400E 6 速变速器组成（图 1-20），发动机通过离合器将动力和驱动电机之间进行衔接，接着电机再通过双离合变速器将动力进行输出。高效率一体电动机最大功率为 85kW，最大转矩为 330N·m，纯电最高速度为 130km/h，同时在电机电控联合优化设计下，能量的转化率高达 98%，有效地降低整车能耗，在纯电动模式下行驶里程可达到 52km。

由于插电式混合汽车（PHEV，也称为插电式电动汽车，含增程式电动汽车）被列入新能源汽车，丰田、本田都在传统混合动力汽车技术基础上开发插电式混合动力汽车，该技术越来越引起人们的关注。

（3）燃料电池电动汽车的历史与现状　1968 年，通用汽车公司生产出了世界第一辆可使用的燃料电池电动汽车，该燃料电池汽车以厢式货车为基础进行制造，装载了最大功率为 150kW 的燃料电池组，燃料为低温冷藏的液氢，续驶里程为 200km，但由于该车的复杂结构，自身部件几乎占去所有车内空间，加上当时人们环境意识的淡薄且能源供需矛盾并不突

图 1-20　途观 L PHEV 混动结构

出，所以后续的开发工作停止了。到了 20 世纪 90 年代，燃料电池电动汽车技术受到了空前重视，主要汽车厂商和生产国几乎都投入了大量的人力和物力研发燃料电池电动汽车。1993 年加拿大巴拉德（Baliard）公司研制出世界第一辆燃料电池公共汽车。

戴姆勒汽车公司是世界上最大的燃料电池电动汽车厂商之一，从 1994 年开始，戴姆勒公司相继推出了 necar 1（New Electric Car 1）、necar 2、necar 3、necar4 和 necar 5 燃料电池电动汽车。2003 年，戴姆勒启动了世界上范围最广的燃料电池汽车系列试验，范围涉及燃料电池乘用车、商用车以及公共汽车。

目前市场上只有少量的 FCEV 车型，包括丰田 Mirai、本田 Clarity 和现代 Nexo。如图 1-21 所示，丰田 Mirai 燃料电池电动汽车从 2015 年开始量产，多年间它运转良好并一直保持着持续不断的测试、研发和升级。2019 款丰田 Mirai 的传动系部是最关键的部分，氢燃料电池驱动电机为提供全部动力，拥有 500km 续驶，最高车速可达 200km/h，拥有 114kW 和百公里 9s 的加速性能，氢气可在 5min 内补充完毕，这几乎解决了电动汽车所有"痛点"。

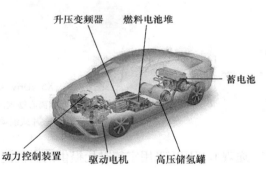

图 1-21　丰田 Mirai FCEV 结构图

韩国计划到 2025 年将氢燃料电池乘用车的年产能提升至 10 万辆；日本则预测到 2030 年全球燃料电池市场规模将比 2017 年增长 28 倍。发展氢能源汽车仍面临着诸多问题，如氢能源储存难、加氢站建设难等，随着基础设施逐渐完善，以及技术不断提升，具备高效率、低污染以及长续驶等优势的氢燃料电池汽车将得到快速发展，并最终成为新能源汽车产业不可或缺的一部分。

任务实施

1）对身边的电动汽车进行认知。
2）向客户讲解不同种类电动汽车的技术特点。

知识与能力拓展

一、搭载太阳能电池板的普锐斯混合动力电动汽车

丰田最新推出的插电式混合动力车型普锐斯 PHEV 可搭太阳能充电系统（选配）。新款普锐斯 PHEV 的太阳能充电系统由车顶搭载的太阳能电池板（图 1-22）、储存电池板产生电能的镍氢蓄电池和内置 DC/DC 变换器的电子控制单元组成。

全新普锐斯的亮点配置是采用了太阳能通风系统与遥控空调系统。普锐斯有独有的太阳能通风系统，利用安装在车顶的太阳能电池板

图 1-22 插电式普锐斯混合动力车型外观

吸收太阳能驱动车内通风系统，以降低车内温度；其智能钥匙远程开启遥控空调系统，可让驾乘者在进入车辆之前提前开启空调，有效降低车内温度。

新一代太阳能蓄电装置虽仍以曝晒面积最广的车顶结构为基础，其曲面造型透过吸热电极模组的重新规划，使得太阳能电池板可铺设于全车顶，在电极体薄型化与金属导引外盖等新技术的支持下，使得系统功率达到 180W，可直接供应电机模组的所需电量。在行驶中，车顶的太阳能电池板以 10% 的充电速度为普锐斯混合动力版进行充电，大大提升了这款车的燃油经济性。另外，新款普锐斯混合动力版车顶太阳能电池板除了为电池充电以外，还可以为电动车窗、照明灯等配件供电。

二、丰田采用超级电容的混动勒芒赛车

因为超级电容的能量密度相比锂离子蓄电池低很多，所以它很难单独作为能量储存设备而运用在乘用车上，但它可以与传统内燃机组成混合动力系统。

丰田的混动勒芒赛车 Racing TSO40 HYBRID 采用超级电容技术，其动力系统来自一台汽油发动机和一个 KERS 系统，如图 1-23 所示。汽油机为 3.4L V8，KERS 系统采用了超级电容技术。由于赛车在制动瞬间的能量非常大，通过超级电容高功率密度的特点可以更高效地将能量回收储存起来，同时在赛车需要超车等瞬时大功率的情况下，超级电容可以释放能量满足这样的要求。

图 1-23 Racing TSO40 HYBRID 结构图

微课 3 新能源汽车的现状及趋势

三、PSA Hybrid Air 空气混合动力系统

在新能源汽车领域，如果纯电动汽车没有突破瓶颈，那混合动力（油电混合）依然是新能源汽车的主力，目前众多汽车厂商都在积极研发与推广。不过 PSA 集团（标致－雪铁龙集团）在这个领域另辟蹊径，开发出一套 Hybrid Air 空气混合动力系统。

如图 1-24 所示，这套空气混合动力系统主要包括汽油发动机动力总成、液压泵/液压马达以及压缩空气系统。其中液压泵、液压马达与变速器是整合到一起的（结构布局与油电混合系统相似）。其结构简图如图 1-25 所示，压缩空气能量的释放，是利用液压油推动液压机构（液压泵与液压马达），进而将动力传递到驱动桥。而制动能量的回收，也是通过液压机构作用于液压油来压缩空气进行能量储存。

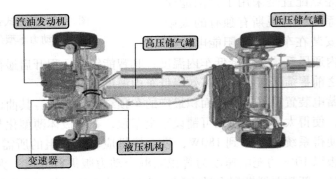

图 1-24　Hybrid Air 空气混合动力系统结构图

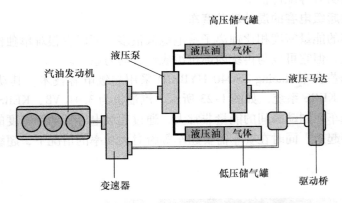

图 1-25　Hybrid Air 空气混合动力系统结构简图

压缩空气系统包括高压储气罐和低压储气罐，里面装的是活性稳定的氮气。高压储气罐位于车身底部的中央通道位置，而低压储气罐则布置在行李舱区域。

空气混合动力系统与油电混合动力系统类似，包含了四种行驶驱动模式：高压空气驱动模式（图 1-26）、混合驱动模式（图 1-27）、发动机驱动模式（图 1-28）和能量回收模式（图 1-29）。其中，发动机驱动模式主要用于高速定速巡航（这也是发动机最经济的工作区间）；高压空气驱动主要用于城市道路（速度不超过 70km/h）；而需要加速或爬坡时，两者同时介入工作。最后就是制动能量回收，这与电动机回收电能储存于蓄电池有所差别，它是以压缩气体的形式储存于储气罐内。

项目1 电动汽车基础与共性技术

空气驱动模式

高压储气罐释放能量，推动液压马达运转，进而驱动车辆前进。主要在时速低于70km/h下启动，实现零排放。

图1-26　高压空气驱动模式

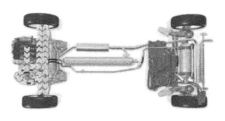

混合驱动模式

需要加速或者爬坡时，发动机与压缩空气系统同时介入驱动车辆，提升加速性能。

图1-27　混合驱动模式

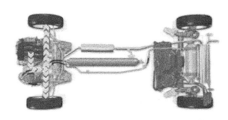

发动机驱动模式

在高速巡航时启动，仅由发动机驱动，这时发动机工作在最为经济的转速区间，提高燃油经济性。

图1-28　发动机驱动模式

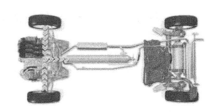

制动能量回收

在车辆制动或滑行时，系统会通过液压马达把多余能量储存到储气罐内。

图1-29　能量回收模式

强化练习

1）雷凌双擎属于以下哪种类型的混合动力电动汽车？
A. 一般混合动力电动汽车
B. 插电式混合动力电动汽车

2）特斯拉属于以下哪种电动汽车类型？
A. 纯电动汽车
B. 混合动力电动汽车

C. 燃料电池电动汽车

D. 燃气汽车

3）丰田普锐斯属于以下哪种电动汽车类型？

A. 纯电动汽车

B. 混合动力电动汽车

C. 燃料电池电动汽车

D. 燃气汽车

4）广汽丰田雷凌双擎属于以下哪种电动汽车类型？

A. 纯电动汽车

B. 混合动力电动汽车

C. 燃料电池电动汽车

D. 燃气汽车

5）以下哪个不属于电动汽车范畴的？

A. 纯电动汽车

B. 混合动力电动汽车

C. 燃料电池电动汽车

D. 燃气汽车

6）混合动力电动汽车按照驱动形式可分为_____、_____、_____。

7）混合动力电动汽车按照电机安装位置可分为_____、_____、_____、_____。

8）混合动力电动汽车按照能否外接电源进行充电可分为_____、_____。

9）混合动力电动汽车按照混合程度进行分类可分为_____、_____、_____。

10）电动汽车是最近这十几年才发展起来的，要比内燃机汽车晚得多。（　　）

任务1.2　电动汽车故障诊断安全操作

学习目标

1. 知识目标

1）掌握电动汽车故障诊断防护用品的种类和作用。

2）掌握电动汽车故障诊断安全操作规程。

2. 能力目标

能依据国家相关标准要求、结合厂家维修资料，严格执行高压作业安全规定，对绝缘防护用品和工具进行基本检查，并在电动汽车故障诊断前对电动汽车进行安全操作。

3. 素养目标

通过电动汽车高压电安全知识与安全操作，树立个人安全意识与正确的国家安全观。

任务描述

电动汽车内部含有高压电部件，在对电动汽车进行故障诊断时难免会接触到这些高压电部件，如果没有做好防护措施，会带来安全隐患，甚至生命危险。作为一名汽车经销商的售

项目 1　电动汽车基础与共性技术

后服务工作人员，你该如何进行电动汽车安全操作，以确保在做故障诊断时没有高压电触电的危险？

任务准备

一、电动汽车高压电气危害

1. 电气危害基本知识

25V 以上的交流电和 60V 以上的直流电就会对人构成威胁。

高电压的标准是直流 60V 以上、交流 25V 以上，人们在维修或接触电动汽车时应配备安全保护装置，且必须按一定的操作规范进行作业，否则会危及生命。

一般按车辆使用电压的高低，将车辆电压分为高电压、中电压、低电压三类，传统车辆应用低于 30V 的直流电压，轻混合电动汽车通常使用高于 30V、低于 60V 的直流电压，中强混合动力或纯电动汽车应用 60V 以上的直流电压。从人体接触电流对人身造成危害程度的分析得知，数毫安的电流就会造成肌肉抽搐和疼痛的感觉，若达到数百毫安以上的电流，则会造成器官灼伤甚至心脏骤停致人死亡的严重事故。图 1-30 表示触电时的危害严重程度，电流强度范围说明见表 1-3。

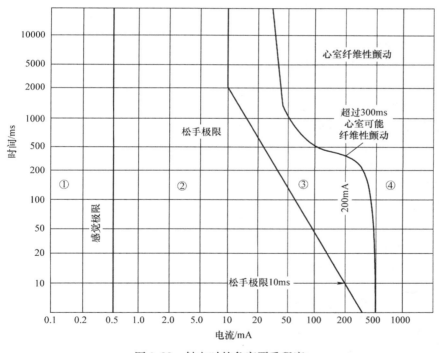

图 1-30　触电时的危害严重程度

微课 4　新能源汽车高压触电隐患

微课 5　新能源汽车动力电池安全隐患

在靠近开启的电机或者高压系统的地方逗留时，可能会对电子生命辅助系统造成负面影响。这些负面影响首先包括体内的镇痛泵、植入的除颤器、心脏起搏器、大脑起搏器、胰岛素泵、助听器等，这种风险也可能会导致死亡。

2. 摆脱阈值

人体摆脱的阈值与触电电流强度和触电时间有关，具体见表 1-3。

表1-3　人体摆脱的阈值

强度范围	触电电流/mA	触电时间/ms	身体反应	特别说明
①	0.1~0.5	不限	不论作用多长时间都无不良影响	
②	0.5~2	不限	能感觉到电流	一般说来，流经身体不会有什么危险
	3~5	不限	开始有痛感	
	10~300	电流大于10mA后，松手时间越短，承受电流越大	松手极限值	
③	10~500	电流达到200mA，时间超过300ms，会带来身体伤害	肌肉痉挛、呼吸困难、心律不齐	一般不会导致器官受伤
④	30~1500	电流大于40mA时，长时间会带来身体伤害	心脏纤维性颤动、心脏停搏、呼吸停止	有生命危险

3. 触电原理

对于由高电压产生的大电流来说，图1-31给出的人体内部的电阻值相对很小。特别是血管中的血液，它本身就是导体，视触电时接触点的不同情况，电流对人体的效应也很不相同。

当通过人体的电流达到40mA时，就已经有生命危险了。受严重程度的影响，可能导致电击、呼吸及心跳中断、烧伤及永久身体损伤以至于死亡。

通过人体的电流所引发的后果取决于接触位置电压的强度、流动的电流的强度、电流的持续时间、电流的路径（最糟糕的情况是通过心脏）、电流的频率（直流电或交流电）。直流电事故主要引发人体内的化学效应，交流电事故造成心律障碍的危险特别高。

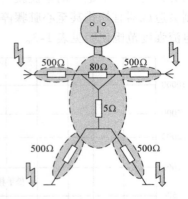

图1-31　人体内部的电阻值

二、电动汽车故障诊断防护用品

1. 高压防护用品

电动汽车故障诊断的常用高压防护用品如图1-32所示，包括绝缘手套、绝缘胶垫、防护眼镜、隔离带、绝缘安全鞋和绝缘安全帽。

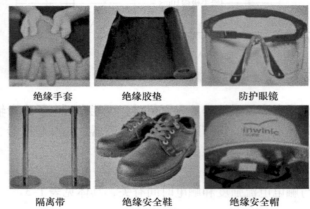

图1-32　电动汽车故障诊断的常用高压防护用品

（1）绝缘手套　绝缘手套是指在高压电气设备上进行带电作业时，起电气绝缘作用的一种带电作业用手套。绝缘手套区别于一般劳动保护用的安全防护手套，要求具有良好的电气性能、较高的力学性能并具有柔软良好的服用性能。高压绝缘手套具有保护使用者在接触带电电路时免受伤害的作用。高压绝缘手套的防护等级取决于手套的额定电压，通常会标注在手套上，如图1-33所示。

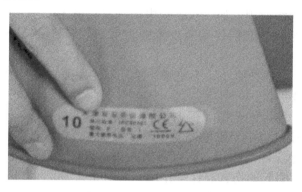

图1-33　绝缘手套标志

高压绝缘手套不可用于触电防护之外的其他任何类型的防护，并且由于高压绝缘手套易受割伤、磨损、高温和化学劣变的影响，这些损害将导致手套永久失效，使用人员应在每次使用高压绝缘手套前检查其是否受损。

1）目视检查。如图1-34所示，在使用高压绝缘手套前，应对每副手套进行仔细检查，查看手套是否存在裂纹、裂缝或褪色这类的物理损坏，并且应将手套内侧也彻底翻出以便于清楚地观察到手套的全部表面。绝缘手套表面必须平滑，内、外面应无针孔、疵点、裂纹、砂眼、杂质、修剪损伤、夹紧痕迹等各种明显的缺陷和波纹及铸模痕迹，不允许有染料污染痕迹。

2）充气检查。如图1-35所示，完成一次彻底的外观检测后，技术人员应对绝缘手套进行充气检查，将手套从手套袖口处开始快速卷起，使其手套的手指和手掌部分充气鼓起。为完成充气测验，技术人员应捏紧手套的袖口处以锁住空气，将手套的袖口紧密地向手套指尖方向卷起，仍然捏紧卷起的部分，确保手套的手掌区域和指尖区域因为空气挤压充入而鼓起，确保手套在鼓起后保持充气压力且不漏气，掰开手套指缝间观察细听有无漏气。

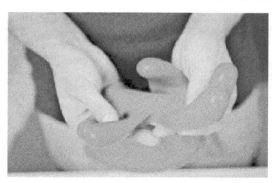 

图1-34　绝缘手套目视检查　　　　图1-35　绝缘手套充气检查

若手套无法充气或充气后漏气，则必须找到漏气位置。

每次使用后，都应对手套进行检查和测验。一旦发现绝缘手套在最近一次使用中受到损坏，技术人员应立即替换完好的手套。

绝缘手套是作业时使用的辅助绝缘安全用具，须与基本绝缘安全工器具配套使用。在400V以下带电设备上直接用于不停电作业时，在满足人体安全距离的前提下，不允许超过绝缘手套的标称电压等级使用。如一双手套中的一只可能不安全，则这双手套不能使用，确保做到绝对安全。绝缘手套的使用温度范围为 -25～55℃。橡胶特性低温脆化，高温软化。

使用绝缘手套时，应将衣袖口（无绝缘性能，不能保证安全）套入手套筒口内，同时注意防止尖锐物体刺破手套。

（2）绝缘安全帽　绝缘安全帽（图1-36）是防护作业人员头部在带电作业过程中与带电体或接地体等偶尔接触摩擦时触电，起绝缘隔离作用，同时可对人头部受坠落物及其他特定因素引起的伤害起保护作用，由帽壳、帽衬、下颏带及附件组成，由塑料制成。绝缘安全帽采用注塑工艺制成，适用于电气操作过程中的作业人员。保护操作人员头部免受电击的防护用品，适用于可能接触17.5kV以下三相交流电的工作场所。绝缘安全帽是帽子，绝缘安全帽的检查包括外观检查、尺寸检查、防静电性能测试、绝缘性能测试、冲击吸收性能测试、耐穿刺性能测试、耐侧压性能测试、下颏带强度测试和阻燃性能测试。在新能源汽车高压作业时，绝缘安全帽主要是防静电和绝缘使用。

图1-36　绝缘安全帽

（3）防护眼镜　防护眼镜（图1-37）是一种起特殊作用的眼镜，使用的场合不同，需求的眼镜也不同。防护眼镜种类很多，有防尘眼镜、防冲击眼镜、防化学眼镜和防光辐射眼镜等。防护眼镜又称为劳保眼镜，分为安全眼镜和防护面罩两大类，其作用主要是防护眼睛和面部免受紫外线、红外线和微波等电磁波的辐射，避免由粉尘、烟尘、金属和砂石碎屑以及化学溶液溅射造成的损伤。

（4）绝缘安全鞋　如图1-38所示，绝缘安全鞋的鞋底一般采用聚氨酯材料一次注模成

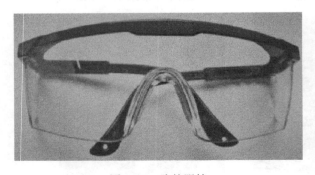

图1-37　防护眼镜

图1-38　绝缘安全鞋

型，具有耐油、防砸、防刺穿、耐磨、耐酸碱、绝缘、防水、轻便等优点，比普通橡胶底耐磨2~3倍，重量轻、柔软性好，重量仅为橡胶底的50%~60%。

绝缘安全鞋适用于配电间操作电工维修作业、发电厂安全维护、混合动力车生产修理服务，以及机器操作工、维护保养技工、机修工使用，工作环境应能保持鞋面干燥。穿用绝缘安全鞋时应避免接触锐器、高温和腐蚀性物质，帮底不能有腐蚀破损。不同电压等级电绝缘鞋适用的电压一览表见表1-4。

表1-4 不同电压等级电绝缘鞋适用的电压一览表

级别	试验交流电压/kV	适用交流电压/V
0	5	400
1	10	3000
2	15	4500

不要让绝缘安全鞋一直处于潮湿状态。如果弄湿了，要在通风良好的地方晾干。绝缘安全鞋（靴）的作用是使人体与地面绝缘，防止电流通过人体与大地之间构成通路，对人体造成电击伤害，从而把触电时的危险降低到最小。因为触电时电流是经接触点通过人体流入地面的，它还能防止试验电压范围内的跨步电压对人体造成危害，所以电气作业时不仅要戴绝缘手套，还要穿绝缘鞋。

（5）绝缘胶垫　如图1-39所示，绝缘胶垫具有较大体积的电阻率，耐电击穿，用于配电等工作场合的台面或铺地绝缘材料，能起到较好的绝缘效果。绝缘胶垫的绝缘性能的好坏由性能指标确定，性能指标有绝缘电阻、电阻率、相对介电常数和介质损耗角正切、击穿电压、电气强度、拉伸强度、耐燃烧性、耐电弧和密封度等。

（6）隔离带　隔离带是将车辆高压电气系统的作业场地隔离，防止其他人员随意进入，起到隔离和警示的作用，如图1-40所示。

图1-39　绝缘胶垫

图1-40　隔离带

2. 测量仪表

（1）万用表　常用的如CAT Ⅲ级数字万用表。电动汽车配置了电压超过600V的直流电系统，需要用一个认证为CAT Ⅲ级的数字万能表（DMM）来测量这些高压系统。

国际电工委员会把仪表及仪表导线的电压标准分为几类，这些类别是过电压保护级别，它们分别是CAT Ⅰ级、CAT Ⅱ级、CAT Ⅲ级和CAT Ⅳ级。每一类都有不同的电压值。

（CAT）级别越高，测量高能电压时就更能保护使用人员。

一般 CAT Ⅰ 级仪表用于低压测量，如测量家用电源插座的电压。CAT Ⅰ 级仪表的电压等级一般是 300～800V。CAT Ⅰ 级是相对较低能级的，电动汽车上的电压等级足够高时，保护能级低于所需要的能级。

CAT Ⅱ 级仪表的电压等级是 300～600V。CAT Ⅲ 级仪表的电压值与其他 CAT 的差不多，但是 CAT Ⅱ 级的保护能级比 CAT Ⅰ 级的高。

CAT Ⅲ 级是用于测量混合动力车级别最低的仪表，其电压等级一般是 600～1000V，保护能级最高。

CAT Ⅳ 级仪表只用于钳式电流表。钳式电流表用于测量电路中的电流大小，它用钳子夹住载有电流的电线进行测量。如果钳式电流表也有测量电压用的导线，则该导线将标为 CAT Ⅲ 级。

国内电动汽车维修常用的交直流数字钳式万用表如图 1-41 所示，产品符合 IEC61010-1，符合双重绝缘过电压标准 CAT Ⅲ 1000V、CAT Ⅳ 600V 和污染等级 Ⅱ 级的安全标准。

（2）绝缘测量仪　绝缘测量仪如 UT 511、Fluke 1587 等，用于测量高压电线或者高压部件与车体之间的电气连接。如果电动汽车有过任何会导致绝缘物质损坏的碰撞或者其他任何事件，应检查高压系统。从事电动汽车工作的技术人员或者维修店都应该配备一个绝缘测量仪。国内电动汽车维修常用的绝缘测量仪 UT 511 如图 1-42 所示，产品符合 IEC61010-1，符合双重绝缘过电压标准 CAT Ⅲ 1000V、CAT Ⅱ 级 600V 和污染等级 Ⅱ 级的安全标准。

图 1-41　交直流数字钳式万用表

图 1-42　绝缘测量仪 UT 511

三、电动汽车安全故障诊断操作

1. 场地布置

如图 1-43 所示，在维修作业前需采用隔离措施，使用警戒栏隔离，并树立高压警示牌，以警示无关人员远离该区域，避免发生安全事故。维修场地指定位置必须配备消火栓，使用清水灭火。

在维修高压设备前，将车身用搭铁线连

图 1-43　场地布置

接到电动车专用维修工位的接地线上。

安装专用的交流电路和电源插座。如果给电动车充电时没有使用专用线路,可能影响线路上其他设备的正常工作。

保持工作环境干净且通风良好,远离液体和易燃物。

2. 检查与佩戴安全防护用品

维修人员操作前必须穿戴好绝缘防护用品,包括绝缘防护服、绝缘安全鞋、防护眼镜和绝缘手套等。根据工作情况选择相应的防高压电工手套或防电池电解液酸碱性手套。使用前,必须检查绝缘防护用品,保证其无破损、破洞和裂纹,内外表面清洁、干燥,不能带水进行操作,确保安全。在维修区域垫上绝缘胶垫,维修人员操作带电部件时必须使用绝缘工具。在断开直流母线后必须使用动力蓄电池安全堵盖将直流母线两侧端子堵住。检修动力蓄电池和电控元件时必须使用带绝缘垫的专业工作台。

微课6 高压车间安全管理制度

微课7 高压车间场地与设施要求

3. 拆卸维修塞,确保车辆无高压电

当对车辆进行保养或维修、处理损坏车辆或者进行事故恢复或急救工作时,都必须进行以下操作。

(1)移开感应钥匙 踩下制动踏板,按下P位按键并拉起驻车制动杆,然后熄火并将钥匙拿开。如换不到P位,应使用车轮挡块防止车辆移动。

(2)断开蓄电池负极 寻找12V辅助蓄电池,断开蓄电池的负极,固定接地线,以防止端子移动回蓄电池负极。

(3)断开高压电连接 找到维修塞位置,拆下HV蓄电池维修塞。当处理橙色高压组件和线路时,确保戴着绝缘橡胶手套将拆下的维修塞放在口袋中以防止其他人将其安装回车上,并将裸露的维修塞槽使用绝缘胶布封住。如果因为损坏或其他的原因无法取下HV蓄电池维修塞,在发动机舱内接线盒中取下相关熔丝,达到断开高压线路的目的。在断开维修塞后需要等待10min以上(具体时长因车而异,可以查阅维修手册),以便电机控制器、充电机等内部有电容元件的部件充分放电。

(4)检修高压系统前应确保整车高压回路无电 断开直流母线5min后,测量动力蓄电池和车身之间的电压来初步判断是否漏电,若检测到电压大于或等于50V,应立即停止操作,检查判断漏电部位。

注意:使用万用表测量高压时,需注意选择正确的量程,检测用万用表精度不低于0.5级,要求具有直流电压测量档位,量程范围大于或等于500V。使用万用表测量高压时,需遵守"单手操作"原则。所使用的万用表一根表笔线上配备绝缘鳄鱼夹(要求耐电压为3kV,过电流能力大于5A),测量时先把鳄鱼夹夹到电路的一个端子,然后用另一只表笔接到需测量端子测量读数,每次测量时只能用一只手握住表笔。使用万用表测量高压时,严禁触摸表笔金属部分。

四、电动汽车故障诊断注意事项

1. 电动汽车故障诊断的注意事项

1)必须在指导老师的指导下才能检修和检查高压系统,不得擅自操作。

2)佩戴有电子/医学生命和健康维持装置(如心脏起搏器)的人不得检修高压系统

（包括点火系统）。

3）所有高压线束和插接器一般为橙色或者红色（具体请查阅维修手册），蓄电池和其他高压零部件上都有"高压"警告标签。不要随意触碰这些线束和零部件。

4）检修进水的高压系统时要非常小心。潮湿的部件，尤其是带有融雪盐的部件是非常危险的。

5）不得将喷水软管和高压清洗装置直接对准高压部件。

6）高压接头上不可使用润滑油、润滑脂和触点清洗剂等。

7）高压电路的线束或插接器有故障时不要尝试维修线束或插接器，要直接更换损坏的或有故障的高压线束或插接器。

8）在检查或维修高压系统之前，必须先将系统断电。将拆下的维修塞放在自己的口袋里，以防止其他人在您维修车辆时将其意外连接，造成安全事故。

9）务必遵守所有安全措施，例如戴好绝缘手套和拆下维修塞以防止电击。

10）拆下维修塞后，再接触任何高压插接器和端子之前等待10min，使带变换器的逆变器总成内的高压电容器充分放电。

11）使用绝缘手套之前，务必检查它们是否有破裂、磨损或其他类型的损坏。

12）维修车辆时，不要携带自动铅笔或刻度尺之类的金属物品，以免这些物品意外掉落导致短路。

13）在接触裸露的高压端子之前，要戴好绝缘手套并用检测仪确定该端子的电压为0。

14）所有松开了的高压接头必须严防进水和污物，断开或者暴露高压插接器或者端子之后，要立即使用绝缘胶带将其绝缘。

15）应将高压端子的螺栓和螺母紧固至固定力矩（具体数值参考维修手册），转矩过大或者不足可能导致故障。

16）使用警告指示牌（如"高压请勿触碰"）告知其他人正在检查和维修高压系统。

17）在维修高压系统之后和重新安装维修塞之前，务必再次检查并确认没有任何零件或工具遗留在系统内且已紧固好高压端子并正确连接了插接器。

18）执行高压电路工作时，使用缠绕乙烯绝缘胶带的工具或绝缘工具。

19）安装混合动力零部件时确保连接所有的极性正确。

2. 碰撞受损电动汽车故障诊断的注意事项

1）事故现场应准备的物品有防护服（绝缘手套、橡胶手套、护目镜和安全鞋）、灭火器、中和电解液所需物品、绝缘胶带和电子检测仪。

2）不要触碰可能为高压电缆的裸露电缆。如果必须接触电缆或不可避免地意外接触该电缆，则戴好绝缘手套并用绝缘胶带将电缆绝缘。

3）如果车辆起火，则使用灭火器灭火。用少量的水灭火可能不起作用反而会更加危险，应使用大量的水灭火或等待消防队员到来。

4）目视检查高压蓄电池及其周围区域是否有电解液泄漏。不要接触任何泄漏的液体，因为它可能是高腐蚀性电解液。戴好橡胶手套和护目镜，中和泄漏的液体，然后用红色石蕊试纸测试该液体，检查并确认试纸未变成蓝色，用抹布或布条擦净中和的电解液。

5) 如果皮肤接触到电解液，则可用大量清水进行冲洗。如果衣物接触到电解液，则要立即将该衣物脱掉；如果电解液进入眼睛，则要大声呼救，不要揉擦眼睛，应立即用大量清水冲洗并及时就医。

6) 如果车辆浸入水中，则只有将车辆从水中拖出之后，才可以处理车辆。

7) 如果需要移动车辆，在用牵引车牵引车辆前，断开辅助蓄电池负极（－）端子电缆并拆下维修塞，否则在拖动损坏的车辆时使其车轮接触地面，可能会导致电动机发电，根据车辆损坏的性质，这种电流可能会泄漏并导致起火。

8) 移走受损车辆后，如果在路面上发现泄漏的液体，则应戴好橡胶手套和护目镜，判断该液体成分，再正确处理。

9) 报废 HV 蓄电池时，确保由可进行安全处理的授权回收机构进行回收。如果由制造商通过规定的途径回收 HV 蓄电池，则应由授权回收机构进行正确的和安全的回收。

10) 如果 HV 蓄电池报废不当或随意丢弃，则可能会导致电击等事故。因此，确保通过授权回收机构回收所有 HV 蓄电池；拆下 HV 蓄电池后，使其远离水，否则与水接触可能使 HV 蓄电池产生热量，引起火灾。

任务实施

任务实施步骤以丰田普锐斯混动车辆为例，与其他车型操作步骤整体上是相同的，只是因车型不同，12V 蓄电池和维修塞安装位置不同，高压电电压检测位置可能也不同，具体可以参阅相关车型的维修资料。

1) 关掉点火开关，将钥匙移出智能系统探测范围。

2) 如图 1-44 所示，断开辅助蓄电池负极，密封型辅助蓄电池位于行李舱内。

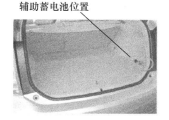

图 1-44 断开辅助蓄电池

示范课 1 电动汽车高压安全实训

3) 在使用绝缘手套前，请确认无裂纹、磨损以及其他损伤，如图 1-45 所示。①将手套侧放；②向上卷开口 2~3 次；③对折开口以将其封死；④确保没有空气泄漏。

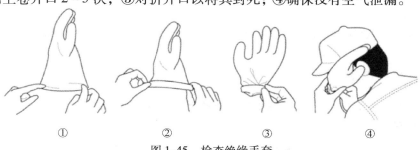

① ② ③ ④

图 1-45 检查绝缘手套

4）如图 1-46 所示，拆除维修塞并保存在自己的口袋中。

5）如图 1-47 所示，在拆除维修塞后等待 10min 或更长时间，以便让高压电容放电。

6）如图 1-48 所示，确认高压电容端子电压为 0V。

7）如图 1-49 所示，用乙烯绝缘胶带包裹被断开的高压线路插接器。

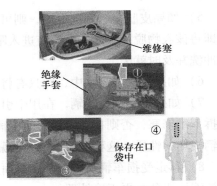

图 1-46　拔下维修塞

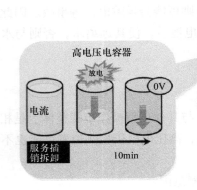

图 1-47　等待高压电容放电

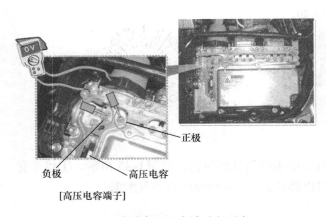

图 1-48　确认高压电容端子电压为 0V

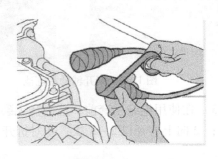

图 1-49　包裹被断开的高压线路插接器

知识与能力拓展

奥迪 Q5 混合动力汽车高压防护设计

1. 高压电网络结构

高压电网络结构决定了从供电器（如高压蓄电池）到用电器（如电机）的电能传输路

径,图1-50所示为三种典型的网络结构。第1个字母的含义是指供电器与车身是否连接:T代表已连接;I代表未连接,绝缘的。第2个字母是指用电器壳体与车身是否连接:N代表未连接,但是与起保护作用的不带电地线连接了;T代表连接,以电位补偿方式(等电位)。下面将对这三种网络结构进行分析。

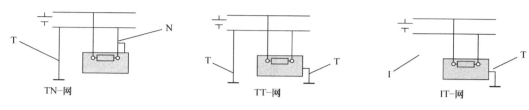

图1-50　三种典型的网络结构

(1) TN–系统和TT–系统　如图1-51所示,如果从正极到壳体的导线出现故障,那么无论当前行驶状态是什么,高压系统都会立即被切断(断电)。

(2) IT–系统　如图1-52所示,因为是彻底绝缘了,所以就不会有电流经车身或者地流向蓄电池。其优点是如果从正极到壳体的导线出现故障,IT–系统不会被断电。

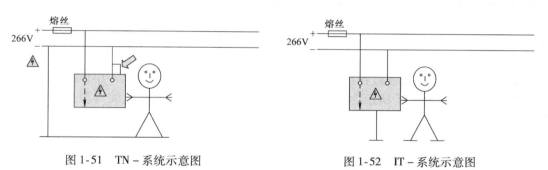

图1-51　TN–系统示意图　　　　　图1-52　IT–系统示意图

1) IT–系统出现等电位连接故障。如图1-53所示,IT–系统出现第1个故障时系统仍能工作,组合仪表上有黄色警告信息。IT–系统出现第2个故障时蓄电池管理系统会将高压系统切断(断电),同时系统内会短路,功率电子装置内的熔丝会爆开,组合仪表上会有红色警告信息,高压系统无法工作,也无法重新起动。

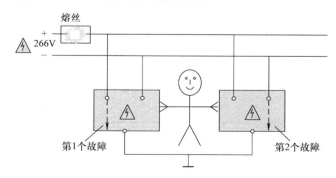

图1-53　IT–系统出现等电位连接故障

2）IT-系统出现非等电位故障。如图1-54所示,IT-系统出现第1个故障时,无安全风险。IT-系统出现第2个故障时,电流可能会流经全身。因此所有接触面应保持洁净且无油脂,导线截面不可因电缆断裂而减小,否则如果接触电阻大和电缆断裂而出现故障时,因等电位而无保护作用了,会非常危险。

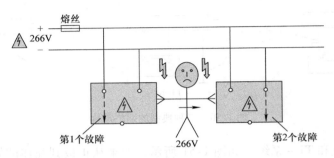

图1-54　IT-系统出现非等电位故障

综上分析,IT电网设备的导电壳体接地,外导体和导电壳体或者地之间第1次绝缘故障就意味着该导体接地了,第1次故障不会造成有害的影响。外导体和零线对地之间的绝缘,由一个绝缘监控装置(也称为绝缘监控器)在时刻监控着,必须将确定出的故障立即排除。混合动力电动汽车中所用的高压网络就是一种IT网。

2. 高压线

高压正极和高压负极通过各自单独的导线与高压部件相连接,车身不用作搭铁了。这些导线都是橙色的。图1-55所示为奥迪Q5混合动力电动汽车的高压电线(橙色),图1-56所示为奥迪单芯高压电缆的结构,图1-57所示为奥迪空调压缩机用双芯高压电缆的结构。

图1-55　奥迪Q5混合动力电动汽车的高压电线

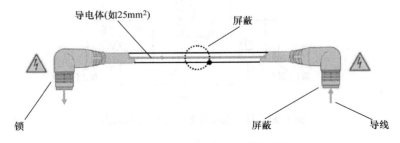

图1-56　奥迪单芯高压电缆的结构

项目1 电动汽车基础与共性技术

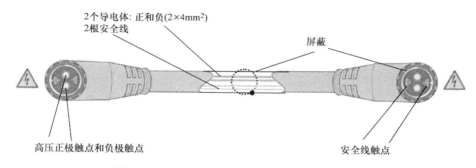

图1-57 奥迪空调压缩机用双芯高压电缆的结构

如图1-58所示,奥迪混合动力汽车高压线都是有颜色和机械编码的,如果向上拔出并松开插接环,就能看见环编码的颜色。在插上插头后,必须向下压插接环,直至其卡止,这样才算插接好。除了通过颜色环来标出编码外,高压插头和接口上还有机械编码。编码的位置用黄色标记标出。为了安全,高压电缆插头只能插拔40次。

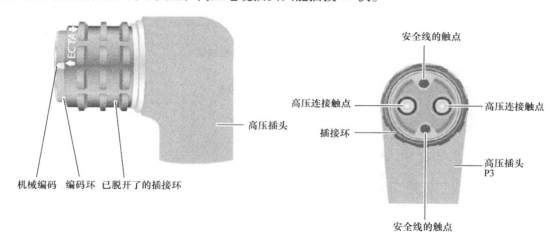

图1-58 奥迪Q5混合动力汽车高压线接头

3. 安全线与机械锁

安全线是一种安全结构,它包含一个机械元件和一个电气元件。这个安全线的作用是,一旦将某个高压部件与电网分离了,安全线会保证电网处于无电压状态。另外,安全插头与锁环一起构成了一个机械锁,该锁可防止高压线在已加电时被拔出。安全线就像一个电气开关,它通过安全插头来接合。如果拔下了维修塞,那么这个开关就断开了,高压系统也就被关闭了。在拔下高压元件的高压线前,必须拔下维修塞。这样就可保证在拔线时,整个系统是不带电的(无电压)。图1-59所示为高压蓄电池上的机械锁,图1-60所示为功率电子装置上的机械锁。

高压装置的所有部件都是通过一根单独的导线呈环状彼此相连。部件之间的连接采用常开触点式,当所有部件都可以工作时,那么常开触点就闭合了。这时如果在安全线上加上了电压,那么电流就可流动了,因为导线并未断开,所以能测得有电流,这也是安全线的所有部件都能工作的一个证明。就功能方面来说,安全线与白炽灯泡的冷监控相似。如果常开触

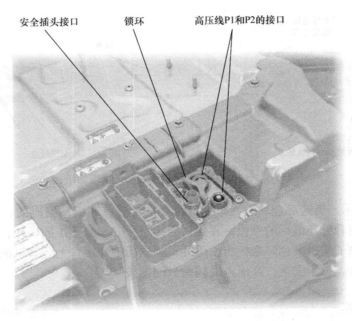

图 1-59　高压蓄电池上的机械锁

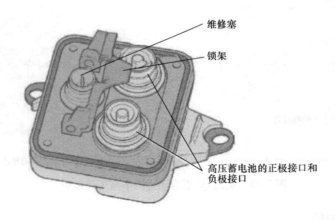

图 1-60　功率电子装置上的机械锁

点断开了（如果因为某个部件无法工作或者维修塞已拔下了），那么安全线就中断了。加载上电压后也无电流流过，这就表示高压装置不能工作了。检查安全线是接合了还是断开着，这个工作由混合动力蓄电池单元内的蓄电池调节控制单元来完成。如果该控制单元判断出安全线是断开着的，那么它就不会去操控高压触点，于是高压蓄电池与高压装置之间的连接就中断了。

只有在先拔下了维修塞后，才允许断开混合动力蓄电池单元的高压线。必须向上拔出插接环，这样才能断开安全线，且蓄电池管理控制单元才能通过高压触点来断开高压蓄电池连接。

只有在事先拨离了锁环后，才能拔下高压线的插头。由于断开了安全线，所以高压线触点上就没有电了（无电压），在拔高压线时就不会遭电击了。与此相反的是，只有在将锁环

项目 1 　电动汽车基础与共性技术

拨至两个插头上后，才可以将接功率控制电子装置的高压线与混合动力蓄电池单元相连，然后才允许插上维修塞。这也就是说，与安全线协同工作时，只有当插好维修塞后，高压装置才会通上电。插上高压接头这个操作必须在无电流时来进行。

4. 维修塞

如果拔下了维修塞，如图 1-61 所示，安全线就中断了，蓄电池两部分的连接也就断开了。

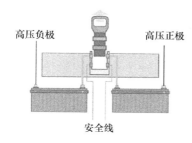
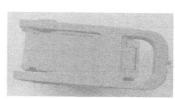
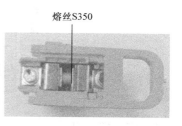

图 1-61 　奥迪 Q5 维修塞

5. 安全线

如图 1-62 所示，安全线是个环形线路，通过 12V 电网元件来监控高压电网，不可在未断开安全线的情况下就拔下高压插头。安全线要是断路的话，会导致高压系统立即被切断。

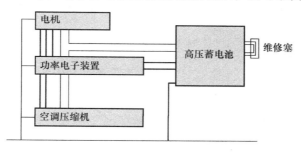

图 1-62 　奥迪 Q5 安全线示意图

6. 电气分离装置

如图 1-63 所示，DC/DC 变换器（266V - 12V，在功率电子装置内）的电气分离装置会将 DC/DC 变换器的一次线圈和二次线圈分离开，与车身搭铁的连接仍是接在 12V 车载供电网络上，因此一次线圈和二次线圈之间就不会反馈再有电压了。

图 1-63 　奥迪 Q5 电气分离装置

7. 功率电子装置的主动/被动放电

如图 1-64 所示，通过放电可以消除功率电子装置内电容器上的残余电压，主动放电是由蓄电池管理系统来操控的，每次切断高压系统或者中断控制线，都会发生这种主动放电过程。被动放电是为了保证，即使在已把部件拆卸下来的情况下，也可以把残余电压消除掉。为了能把残余电压可靠消除掉，在拔下维修塞后，需要等待一段时间，然后才可以开始高压部件的检修工作。

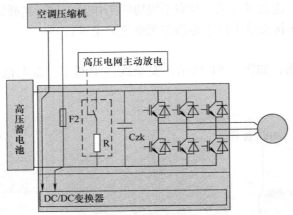

图 1-64　奥迪 Q5 高压电网主动放电

8. 碰撞切断高压电

如图 1-65 所示，在识别出碰撞时，蓄电池上的高压触点就会断开。

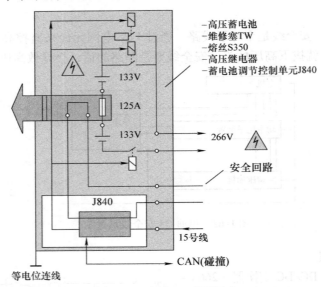

图 1-65　奥迪 Q5 高压触点

强化练习

1. 材料

电动汽车相比传统内燃机汽车内有高压电危险电路和部件。

2018 年 6 月 19 日，某丰田汽车 4S 店接到一辆丰田普锐斯事故车辆，目测检查后发现车辆行李舱由于碰撞已经严重变形，后排座椅下面外壳有刺穿的地方，周围有液体出现。

2. 请根据以上材料提示回答以下问题。

1）请结合材料信息，运用相关知识对车辆高压电部件的安全状况做一个评估。

2）结合安全评估，请详细说明你在进行故障检修前需要采取哪些安全措施。

项目 1　电动汽车基础与共性技术

任务1.3　电动汽车高压部件（系统）技术

学习目标

1. 知识目标

1）掌握电动汽车电动（混动）系统高压部件的组成和功用。

2）掌握电动汽车电动（混动）系统高压部件之间的连接关系。

3）掌握电动汽车各高压部件（包括动力电池系统、电机控制器、驱动电机、车载充电系统、再生制动和电动空调）的结构、功用与工作原理。

2. 能力目标

1）能识别典型电动汽车的高压部件，包括高压线、动力电池、高压配电箱、车载充电器、驱动电机控制总成、DC/DC变换器、电动压缩机总成、电加热正温度系数（Positive Temperature Coefficient，PTC）热敏电阻等。

2）能以能量流的方式画出电动汽车高压部件之间的连接关系。

3. 素养目标

突出电动汽车高压部件的性能指标检测、故障原因分析等环节，培养"精益求精、一丝不苟"的工匠精神。

任务描述

在整车结构上，电动汽车和传统内燃机汽车相比有相同的地方，也有不同的地方，不同的地方主要集中在电动（混动）系统的高压部件上，这些高压部件在不同种类的电动汽车上又有差异。作为汽车经销商的一名技术人员，你能结合某款电动汽车描述清楚其高压电部件吗？

任务准备

一、电动汽车高压部件组成与功用

不同种类的电动汽车高压部件组成是不同的，纯电动汽车的高压部件最多。纯电动汽车的电动系统由动力蓄电池、高压配电箱、电机控制器、驱动电机、电动压缩机、PTC加热装置、车载充电机、DC/DC变换器和再生制动组成，其中各部分高压部件的功用见表1-5。

表1-5　纯电动汽车各部分高压部件的功用

高压部件	功用
动力蓄电池	储存电能，维持电动汽车高压部件的使用
高压配电箱	把动力电池提供的高压电分配至其他高压部件，其作用和传统汽车的低压配电（熔断器）类似
电机控制器	把动力蓄电池提供的高压直流电逆变成驱动电机所需要的交流电，同时在驱动电机进行再生制动时，把交流电转换成直流电供给动力蓄电池
驱动电机	接收来自电机控制器的交流电，把电能变成动能驱动汽车车轮，在制动时作为发电机把车辆的动能变成电能，通过电机控制器给动力蓄电池充电
DC/DC变换器	把高压直流电转换为低压直流电，维持车辆低压电气设备使用，也给低压蓄电池进行充电，其作用类似于传统汽车的发电机
电动压缩机	本质上相当于使用电机代替发动机驱动压缩机，维持空调系统制冷需要
PTC加热装置	通过消耗电能产生热量以维持空调系统制热需要
车载充电机	把来自于充电接口的交流电变成直流电，给动力蓄电池充电
再生制动	再生制动本质上是依靠驱动电机和电机控制器实现能量回收，但要和车辆上的液压制动进行协调

具体到实车应用时,以上电机控制器、高压配电箱、DC/DC 变换器和车载充电机在不同的车型上可能是以不同组合形式集成在一起的,具体的组合形式也是多样的,例如有采用"四合一"的,也有采用电机控制和 DC/DC 变换器集成在一起,车载充电机和高压配电箱集成一起的"二+二"布置形式的。但不管以哪种形式布置,就各个功能模块而言本质上是没有区别的。

混合动力电动汽车的高压部件一般只有以上的部分组件,不能外接电源进行充电,很显然不需要车载充电系统,另外由于混合动力汽车还保留有发动机,因此一般也不需要 PTC 加热装置,具体到各车型又有所差异,具体的会在后面各个车型学习的章节进行讲解。

虽然不同的电动汽车配备的高压部件会有所差异,但无论是配备了以上高压部件的全部还是部分,无论是以什么形式进行集成的,它们的根本结构和工作原理都是相同的。因此在本节对这些电动汽车的共性高压部件技术进行集中讲解,在后面的车型学习中不再重复,只对和车型相关的技术特点进行论述。

二、动力蓄电池系统结构原理

动力蓄电池系统是给动力电路提供能量的所有电气设备相连的蓄电池的总称,包括蓄电池模组、蓄电池高压分配单元、蓄电池管理系统、热管理系统和结构组件。

1. 蓄电池模组

蓄电池模组将一个以上蓄电池单体按照串联、并联或串并联方式组合,且只有一对正、负极输出端子,并作为电源使用的组合体。蓄电池单体是直接将化学能转化为电能的基本单元装置,如锂离子蓄电池,由于其能量密度高的特点目前在电动汽车广泛被采用,除此之外还有在丰田混动汽车上采用的镍氢蓄电池。如图 1-66 所示,锂离子蓄电池包括电极、隔膜、电解质、外壳和端子,并被设计成可充电。

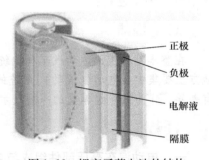

图 1-66 锂离子蓄电池的结构

(1)正极活性物质 它具有较高的电极电位,蓄电池放电时进行还原反应或阴极过程,为了与电解槽的阳极、阴极区别开,在蓄电池中被称作正极。

(2)负极活性物质 它具有较低的电极电位,蓄电池工作时进行氧化反应或阳极过程,为了与电解槽的阳极、阴极区别开,在蓄电池中被称作负极。

(3)电解质 它拥有很高的、选择性的离子电导率,提供电池内部的离子导电的介质。大多数电解质为无机电解质水溶液,也有固体电解质、熔融盐电解质、非水溶液电解质和有机电解质。有的电解质也参加电极反应而被消耗。

(4)隔膜 既要保证正、负极活性物质不直接接触而短路,又要保证正、负极之间尽可能小的距离,以使电池具有较小的内阻,在正、负极之间必须设置隔膜。

(5)外壳 作为电池的容器,外壳要有一定的机械强度,还要经得起电解质的腐蚀。

2. 蓄电池高压分配单元

蓄电池高压分配单元安装在动力蓄电池总成的正、负极输出端,由高压正极继电器(SMRB)、高压负极继电器(SMRG)、预充电继电器(SMRP)、电流传感器和预充电电阻器等组成。蓄电池高压电的接通和断开都是通过这几个继电器完成的,电流传感器主要通过采集电池充放电的电流信号来计算电池的电量。

图 1-67 所示为丰田普锐斯电池高压分配单元，下面以它为例进行工作原理说明，不同车型的高压分配单元原理上都是相似的。另外，在插电混动或者纯电动能充电的车型上可能会增加充电回路继电器，但本质上控制原理是相同的。

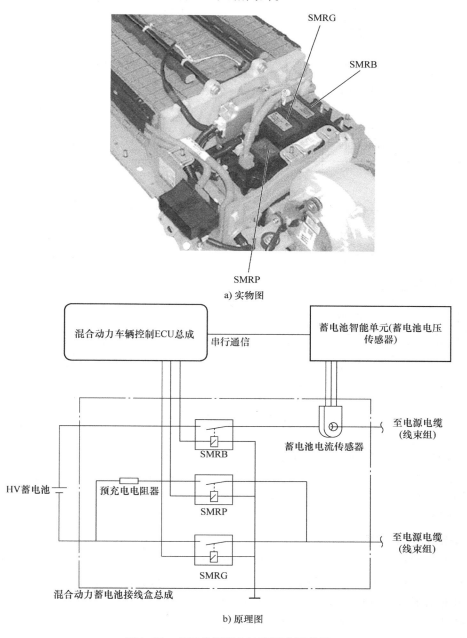

图 1-67 丰田普锐斯电池高压分配单元

如图 1-68 所示，车辆需要接通电池高压电时，混合动力车辆电子控制单元总成依次接通 SMRB 和 SMRP，并通过预充电电阻器施加电流，随后接通 SMRG 并绕过预充电电阻器施加电流，然后断开 SMRP。由于受控电流以这种方式首先经过预充电电阻器，从而保护了电路中的触点，避免其因涌流而受损。

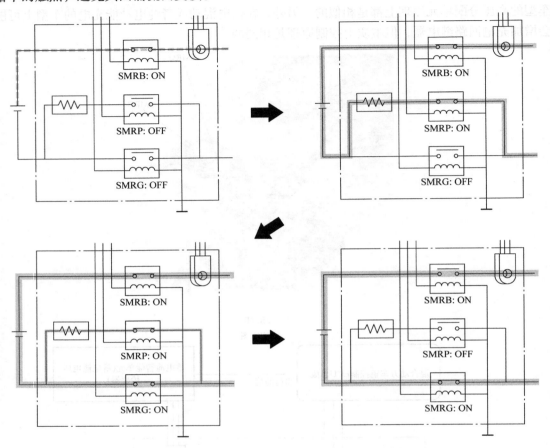

图 1-68　电池接通高压电时的系统主继电器控制图

如图 1-69 所示，车辆需要切断电池高压电时，混合动力车辆电子控制单元总成首先断开 SMRG，接下来在确定 SMRG 是否正常工作后断开 SMRB，然后在确定 SMRB 是否正常工作后接通 SMRP，然后断开 SMRP，这样混合动力车辆电子控制单元总成便可确认相关继电器已正确断开。

3. 蓄电池管理系统

蓄电池管理系统（Battery Management System，BMS）是连接车载动力蓄电池和电动汽车的重要桥梁，其作用是监控电池的状态、管理蓄电池的充放电、提高蓄电池的使用效率、防止蓄电池出现过充电和过放电、延长电池的使用寿命等。

从硬件上看，如图 1-70 所示，蓄电池管理系统主要包括主板、从板、高压分配单元、高压控制板等。需要说明的是，对于这些硬件，不同厂家可能有不同的名称。

从板（图 1-70 中的 LCU），实时监控着模组的单体电压、单体温度等信息，将信息传输给主板，具备蓄电池均衡功能，从板与主板的通信方式通常是 CAN 通信或者菊花链通信。

主板，作为蓄电池管理系统的核心控制单元，会收集来自各个从板的采样信息，实时监

项目1 电动汽车基础与共性技术

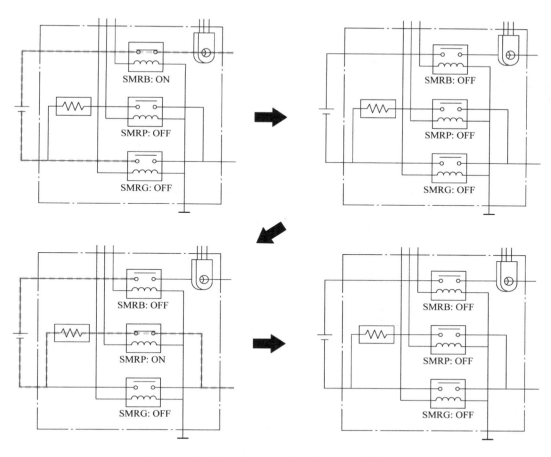

图1-69 电池断开高压电时的系统主继电器控制图

控并计算蓄电池的各项状态，保证蓄电池在充放电过程中的安全使用。它通过低压电气接口与整车进行通信，从而控制高压分配盒（图1-70中的BDU）内的继电器动作（也可能由整车电子控制单元控制）。

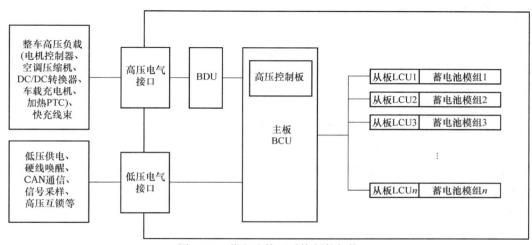

图1-70 蓄电池管理系统硬件架构

高压控制板，可集成在主板上，也可独立出来，实时监控着蓄电池包的电压电流，同时还包含预充检测和绝缘检测功能。

从功能上看，如图 1-71 所示，蓄电池管理系统功能模块主要包括数据监测模块、控制模块（包括继电器、均衡和热管理）、状态估计模块、故障诊断与预警模块以及通信模块等。

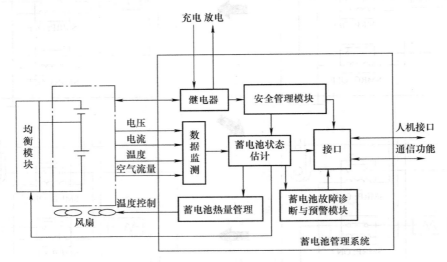

图 1-71　蓄电池管理系统功能模块

（1）监测模块　监测模块的功能是实时监测蓄电池单体的温度和电压、蓄电池组的总电压和总电流、蓄电池包的绝缘状态。监测单体电压是为了防止出现过充放，监测温度是为了防止蓄电池在过高或过低的温度下工作。总电压和总电流的监测，一方面是为了实时显示蓄电池状态，另一方面则是为了计算蓄电池组的状态，如剩余容量、最大充放电功率等。由于混合动力电动汽车上使用的电池组，电压高达几百伏，一旦出现绝缘薄弱，会造成漏电，十分危险，所以需要实时监测蓄电池包的绝缘状态。GB/T 18384—2015 规定，绝缘电阻应满足直流电路大于 $100\Omega/V$、交流电路大于 $500\Omega/V$。

（2）控制模块　控制模块的功能是通过继电器控制蓄电池组的充放电、蓄电池组的均衡控制、电池包的热管理。蓄电池管理系统与充电机相互交互，保证充电过程始终在安全状态下进行，充电方式包括了快充与慢充两种方式。单体蓄电池存在制造不一致性和使用不一致性，而不一致性会显著降低蓄电池组的使用效率，均衡的目的就是提高蓄电池的一致性，从而提高蓄电池组的使用效率。过高或过低的温度都会加速蓄电池老化，减少其寿命，热管理的目的就是保证蓄电池在合理的温度范围内工作。

（3）状态估计模块　状态估计模块的功能是估计蓄电池组的剩余电量（SOC）、最大充放电功率（SOP）、健康状态（SOH）或剩余寿命等。实时估计 SOC，一方面是为了告诉驾驶人车辆的剩余里程，另一方面是为了用作其他决策的输入变量。SOP 体现了蓄电池组实时的功率能力，整车控制器会根据这一参数来限制电机的功率。如果不进行限制，蓄电池会被过充电或过放电，影响其寿命。SOH 体现了蓄电池组的剩余寿命，对于纯电动车，一般认为当电池的实际容量下降到额定容量的 80% 之后，SOH 就下降为 0，此时的蓄电池组已不适

合作为车载动力蓄电池;对于混合动力汽车,还会考虑内阻上升的影响。

(4) 故障诊断与预警模块　故障诊断与预警模块主要包括欠电压、过电压、高温、低温、过电流、SOC 低、绝缘漏电、继电器故障、蓄电池管理系统硬件故障、通信故障等。较低等级的故障预警能够提示驾驶人及时采取应对措施,如 SOC 低,应及时充电。当出现较高等级的故障时,如严重绝缘漏电(小于 $100\Omega/V$)时,能够及时切断继电器,保证驾驶人和乘客处于安全状态。故障码的保存,能够为后期车辆维护提供参考。

需要说明的是,以上只是蓄电池管理系统的核心功能模块,在不同的车型上蓄电池管理系统所管理的模块有所差异。

4. 热管理系统

蓄电池的热管理系统对蓄电池的温度进行管理,使其工作在最佳温度区间。温度过高时,蓄电池会出现容量衰减,热失控风险增加。因此,温度过高时,就需要加强散热。温度过低时,电池会出现容量衰减、性能衰减,若此时充电,还会增加热失控隐患(析锂导致的内短路存在引发热失控的风险)。因此,温度过低时,就需要加热(或保温)。

热管理系统除了加热和散热之外,还需要尽量控制电池温度的一致性。

三、驱动电机结构原理

1. 驱动电机性能指标

图 1-72 所示为吉利帝豪 EV450 驱动电机铭牌,表 1-6 为吉利帝豪 EV450 驱动电机参数,下面结合吉利帝豪 EV450 驱动电机铭牌和参数,说明电动汽车驱动电机的性能指标。

精进电动科技(北京)有限公司			
额定功率	42kW	额定电压	137V
额定转矩	105N·m	最高功率	95kW
最高转速	11000r/min	最高转矩	240N·m
绝缘等级	H	冷却方式	液冷
相数	3相	重量	55kg
防护等级	IP67	工作制	S9
出厂编号			
永磁同步电机			

GEELY　TM5028　100802　06632079

图 1-72　吉利帝豪 EV450 驱动电机铭牌　　微课 8　电机驱动系统的基本组成及功用

表 1-6　吉利帝豪 EV450 驱动电机参数

项目	参数	项目	参数
额定功率	42kW	电机旋转方向	从轴伸端看电机逆时针旋转
最高功率	95kW	温度传感器类型	NTC
额定转矩	105N·m	温度传感器型号	SEMITEC 103NT-4 (11-C041-4)
最高转矩	240N·m	冷却液类型	50%水+50%乙二醇
最高转速	11000r/min	冷却液流量要求	2~6L/min

根据国家标准,电动汽车驱动电机系统主要性能指标及含义如下。

1) 额定功率 (kW):在额定条件下的输出功率。
2) 额定电压 (V):电机长期稳定工作的标准电压。

3）持续功率（kW）：规定的最大的、长期工作的功率。

4）最高功率（kW）：在规定的持续时间内，电机允许的最大输出功率。

5）额定转速（r/min）：额定功率下电机的最低转速。

6）额定转矩（N·m）：电机在额定功率和额定转速下的输出转矩。

7）最高转矩（N·m）：电机在规定的持续时间内允许输出的最大转矩。

8）堵转转矩（N·m）：转子在所有角位堵住时所产生的转矩最小测得值。

9）绝缘等级：电机的绝缘等级是指所用绝缘材料的耐热等级，分为 A、E、B、F、H、N 级。

10）电机外壳防护等级（IP67）：6 代表完全防止外物侵入，且可完全防止灰尘进入；7 代表防浸水电机，当电机浸入规定压力的水中经规定的时间后，电机的进水量应不达到有害的程度。

11）工作制（S9）：负载和转速在允许的范围内变化的非周期性工作制。这种工作制包括经常过载，其值可远远超过额定负载。

12）额定电流（A）：电机在额定电压下按照额定功率运行时的电流。

2. 电动汽车驱动电机性能要求

电动汽车驱动电机系统性能要求，如图 1-73 所示。

图 1-73 电动汽车驱动电机系统性能要求

3. 电动汽车驱动电机类型

适用于电力驱动的电机类型如图 1-74 所示，整体上分为直流电机（将直流电能转化为机械能的电机）和交流电机（将交流电能转化为机械能的电机）两大类。各种电机的性能比较见表1-7，永磁同步电机在电动汽车上广泛被采用。

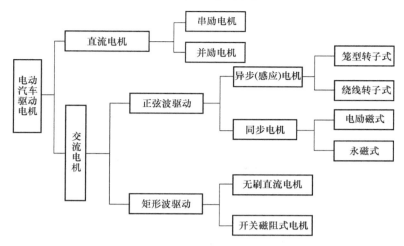

图1-74 适用于电力驱动的电机类型

表1-7 各种电机的性能比较

项目	直流电机	交流异步电机	交流永磁同步电机	开关磁阻电机
功率密度	低	中	高	较高
过载能力(%)	200	300~500	300	300~500
最高效率(%)	85~89	94~95	95~97	90
功率因数	—	0.82~0.85	0.90~0.93	0.60~0.65
恒功率区	—	1:5	1:2.25	1:3
转速范围/(r/min)	4000~6000	12000~20000	4000~15000	>15000
可靠性	一般	好	优良	好
结构的坚固性	差	好	一般	优良
电机外形	大	中	小	小
电机质量	重	中	轻	轻
控制操作性能	最好	好	好	好
控制器成本	低	高	高	一般

4. 永磁同步电机的结构原理

（1）永磁同步电机的结构组成　如图1-75所示，在其定子铁心内圆周有嵌线槽，转子采用内置永磁体结构，在转子铁心内开有插装永磁体的槽，在永磁体两侧有隔磁的空气槽以减少漏磁。

图1-76所示为定子铁心与转子铁心的立体图，在左图中显示了尚未完全插入永磁体的转子。

定子安装在机座内，机座是整个电机安装的基础，机座壁内有冷却液通道，通道是螺旋状环绕机座，分两层制作，两个冷却液管接头是冷却液的进、出口。在机座两端有端盖，端盖封闭电机并支撑转子，前端盖是传动端的端盖，后端盖是非传动端的端盖，如图1-77所示。图1-78所示为机座装入定子与绕组的剖视图。

转子铁心插入永磁体后用挡板压紧，压入转轴与轴承，如图1-79所示。

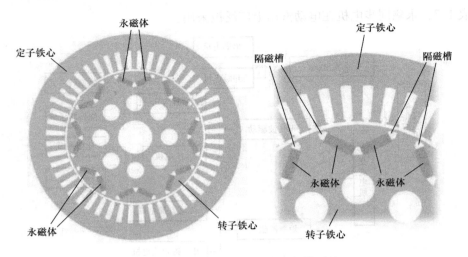

图 1-75 永磁同步电机定子铁心与转子铁心

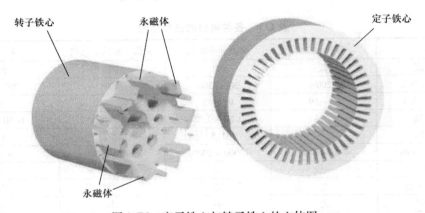

图 1-76 定子铁心与转子铁心的立体图

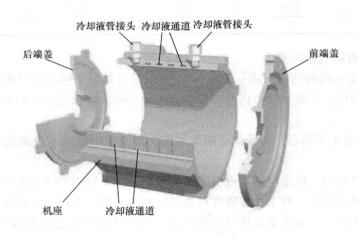

图 1-77 机座与端盖

项目1 电动汽车基础与共性技术

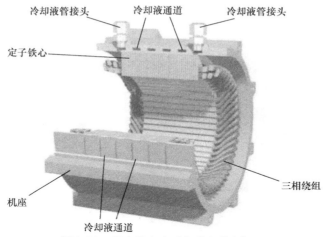

图 1-78 机座装入定子与绕组的剖视图

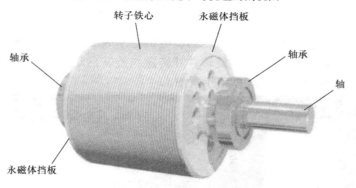

图 1-79 永磁同步电机转子

把转子插入定子铁心，封好端盖，电机就组装完成。在电机非传动端轴端安装位置与速度检测装置，主要采用旋转变压器来实现。图1-80所示为永磁同步电机的剖视图。图1-81所示为永磁同步电机外观图。

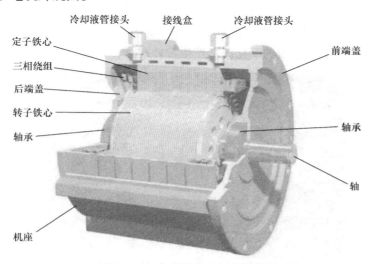

图 1-80 永磁同步电机的剖视图

45

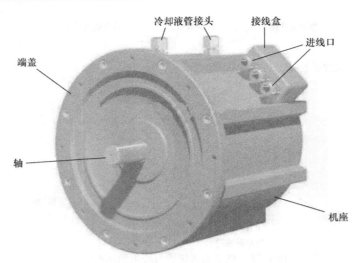

图 1-81　永磁同步电机外观图

（2）永磁同步电机的工作原理　永磁同步电机把永久磁铁转子放在能产生旋转磁场的定子铁心内，它会跟随旋转磁场同步旋转，其转速与旋转磁场一致，故称为同步电机。图1-82 所示为永磁同步电机运行原理模型示意图。

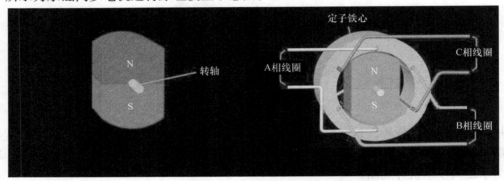

图 1-82　永磁同步电机运行原理模型示意图

图 1-83 所示为永磁同步电机模型的动画截图，为看清线圈与磁力线，定子与转子用半透明显示，由输入三相交流电流的变化波形产生旋转磁场，永磁转子跟着旋转磁场旋转。

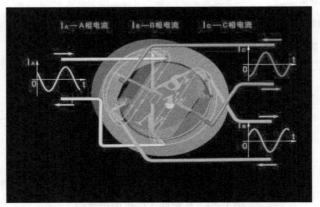

图 1-83　三相交流永磁同步电机模型的动画截图

5. 旋转变压器结构原理

（1）结构　如图 1-84 所示，电机位置传感器是一个集成在电机内部的旋转变压器（又称为解角型传感器），它用来监控电机的转子转向、位置和速度。旋转变压器包含了一个主动线圈和两个被动线圈，以及一个不规则形状的金属转子。不规则金属转子的位置变化，会导致反馈信号大小和形状的改变。

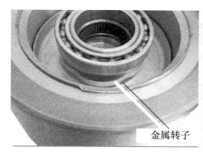

图 1-84　旋转变压器的结构

（2）原理　旋转变压器包含三个绕组，即一个转子绕组和两个定子绕组，转子绕组随电机旋转，两个定子绕组位置固定且两者在空间上相差 90°（图 1-85）。将施加在转子绕组上的正弦载波耦合至定子绕组，对定子绕组输出进行与转子绕组角度相关的幅度调制。由于安装位置的原因，两个定子绕组的调制输出信号的相位差为 90°。通过专用芯片解调两个信号可以获得电机的角度位置信息，即首先要接收纯正弦波及余弦波，然后将其相除得到该角度的正切值，最终通过"反正切"函数求出角度值。

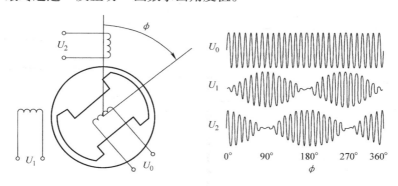

图 1-85　旋转变压器工作原理
U_0—传感器激励输入信号　U_1—正弦输出信号　U_2—余弦输出信号

四、电机控制器结构原理

不同类型的驱动电机控制器具有相似的结构，具体到电动汽车上时，电机控制器可与其他电力电子功能部件组合，例如奥迪 Q5 Hybrid、宝马 X5 PHEV 和吉利 EV450 的电机控制器和 DC/DC 变换器集成在一起，丰田普锐斯电机控制器、DC/DC 变换器和增压转换集成在一起，下面结合第一种说明驱动电机控制器的结构原理。

1. 电机控制器结构

电动汽车使用的驱动电机控制器结构和内部结构原理图分别如图 1-86 和图 1-87 所示，

其内部包含控制单元、逆变器、DC/DC 变换器、高压滤波电容等,外部包含高压电池正负极连接口两个、相线连接口三个、12V 车载电网充电接口一个（DC/DC 变换器输出）、信号插头一个、冷却液接口两个（一个进口、一个出口）。

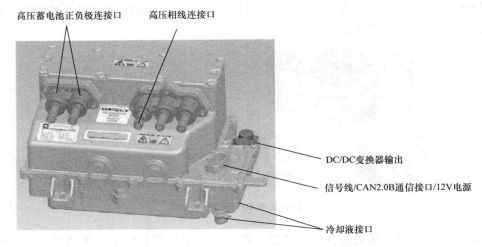

图 1-86　电动汽车使用的驱动电机控制器结构

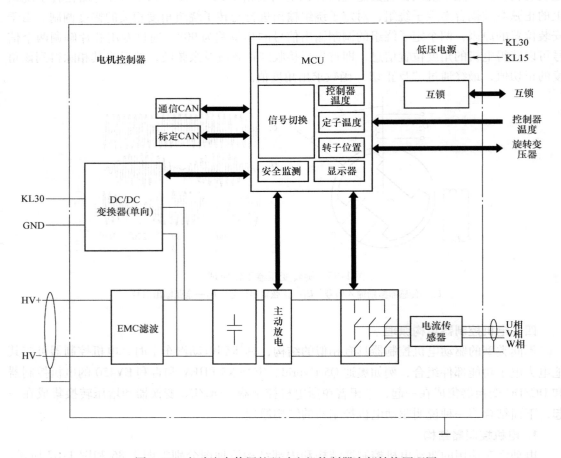

图 1-87　电动汽车使用的驱动电机控制器内部结构原理图

（1）控制单元（MCU） 控制单元（MCU）用于对所有的输入信号进行处理，并将驱动电机控制系统运行状态的信息通过CAN2.0网络发送给整车控制器。控制单元内含故障诊断电路，当诊断出异常时，它会激活一个故障码并发送至整车控制器，同时也会存储该故障码和数据。它使用以下传感器来提供驱动电机系统的工作信息。

1）电流传感器：用以检测电机工作的实际电流（包括母线电流、驱动电机相电流）。图1-88所示为霍尔电流传感器的外形和电气特性。

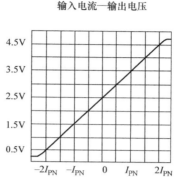

图1-88 霍尔电流传感器的外形和电气特性

2）电压传感器：用以检测供给电机控制器工作的实际电压（包括动力蓄电池电压、12V蓄电池电压）。

3）温度传感器：用以检测电机控制系统的工作温度（包括电机定子温度、IGBT模块温度、控制器温度），一般采用NTC。

（2）高压滤波电容 高压滤波电容用于滤波，即把控制器电路中纹波电压控制在一定范围内。图1-89所示为用于电动汽车的高压滤波电容，主要参数有CR 500μF（1±10%）、VR 450 VDC。

图1-89 用于电动汽车的高压滤波电容

（3）逆变器 逆变器是指用于将直流电转换为交流电的变换器。在电动汽车上驱动电机控制器的逆变器主要采用三相电压桥式逆变电路，如图1-90所示，采用的电力电子器件一般是IGBT或IPM。

IGBT是将功率MOSFET和GTR集成在一个芯片上的复合器件。功率MOSFET是单极型电压驱动器件，具有工作速度快、输入阻抗高、热稳定性好以及驱动电路简单等特点，但其导通电阻较大，电流容量也较低。而GTR是双极型电流驱动器件，其阻断电压高、载流能力强，但工作速度较慢、驱动电流大、控制电路较复杂。

由于实现一个较高的击穿电压BUDSS需要一个源漏通道，而这个通道却具有很高的电阻率，因而造成功率MOSFET具有RDS（ON）数值高的特征，IGBT则消除了现有功率MOSFET的这些主要缺点。

与同一个标准的双极型器件相比，IGBT的结构可支持更高的电流密度，并简化了IGBT驱动器的电路，因此IGBT发展得很快，这种复合器件属于晶体管类，既可以作为开关使

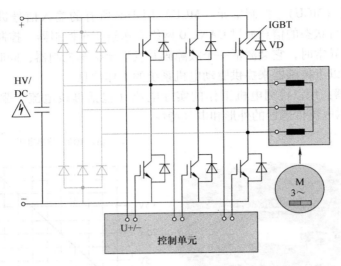

图 1-90 三相电压桥式逆变电路

用,也可以作为放大器使用。功率 MOSFET 和 IGBT 的结构对比如图 1-91 所示。

IGBT 是通过在功率 MOSFET 的漏极上追加 p^+ 层而形成的理想等效电路,如图 1-92 所示,是对 PNP 双极型晶体管和功率 MOSFET 进行达林顿连接后形成的单片型 Bi – MOS 晶体管。

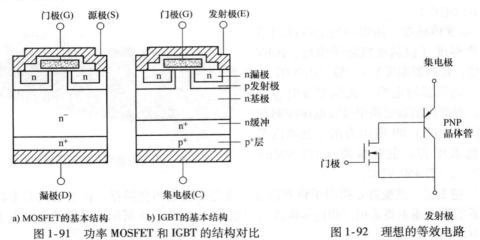

a) MOSFET的基本结构　　b) IGBT的基本结构

图 1-91 功率 MOSFET 和 IGBT 的结构对比　　图 1-92 理想的等效电路

因此,在门极和发射极之间外加正电压使功率 MOSFET 导通时,PNP 晶体管的基极和集电极之间就连接上了低电阻,从而使 PNP 晶体管处于导通状态。在门极和发射极之间的电压为 0V 时,功率 MOSFET 处于断路状态,PNP 晶体管的基极电流被切断,从而处于断路状态。如上所述,IGBT 和功率 MOSFET 一样,通过电压信号可以控制开通和关断动作。

IPM 是 Intelligent Power Module 的缩写,IPM 等于 IGBT + 驱动 + 保护(过电流、短路、过热、欠电压) + 制动,IPM 中的每个功率组件都设置有独立的驱动电路和多种保护电路,能够实现过电流、短路电流、控制电压降低及过热保护等功能。一旦发生负载事故或使用不当等异常情况,模块内部即以最快的速度进行保护,同时将保护信号送给外部 CPU 进行第二次保护。这种多重保护措施可保证 IPM 自身不受损坏,与 IGBT 模块相比,可靠性显著提高。

2. 电机控制器工作原理

驱动电机系统处于电动状态时，控制单元通过驱动电路在 IGBT 的门极加上脉宽调制（PWM）信号电压控制 IGBT 的开关，高压蓄电池的直流电压就变为脉宽、频率按规律变化的三相交流电压加在驱动电机的三相绕组上，产生的三相正弦波电流驱动电机旋转，如图 1-93 所示。

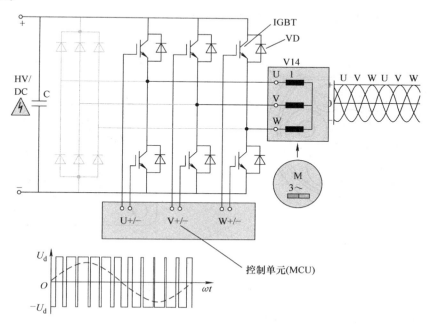

图 1-93　驱动电机控制器在电动状态时的工作原理

驱动电机系统处于发电状态时，该电路等同于常规三相交流发电机，变频器和蓄电池调节控制单元调节对高压蓄电池充电的 AC/DC 转换器的功率输出，DC/DC 变换器、负荷管理与蓄电池监测控制单元调节车载电源的功率输出及车载电源蓄电池的充电，如图 1-94 所示。

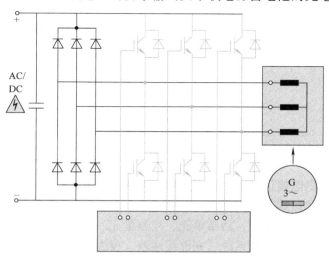

图 1-94　驱动电机控制器在发电状态时的工作原理

五、车载充电系统结构原理

电动汽车的车载充电系统一般包含高压蓄电池充电系统和低压蓄电池充电系统。

1. 动力蓄电池车载充电系统组成

一般来说,动力蓄电池车载充电系统由直流充电口(带高压线束)、交流充电口(带高压线束)和车载充电机组成。

交流充电接口和供电接口端子布置方式如图1-95所示。

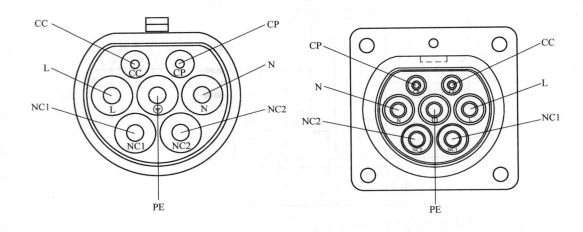

图1-95 交流充电接口和供电接口端子布置方式

其中,交流充电接口端子定义见表1-8。

表1-8 交流充电接口端子定义

触头编号/标识	额定电压和额定电流	功能定义
1—(L)	250V/440V 16A/32A	交流电源
2—(NC1)	—	备用触点
3—(NC2)	—	备用触点
4—(N)	250V/440V 16A/32A	中线
5—(⏚)	—	保护搭铁(PE),连接供电设备搭铁线和车辆车身搭铁线
6—(CC)	30V 2A	充电连线确认
7—(CP)	30V 2A	控制确认

直流充电接口和供电接口端子布置方式如图1-96所示。

其中,直流充电接口端子定义见表1-9。

车载充电机由交流输入接口、功率单元、控制单元、直流输出接口等部分组成,充电过程中由车载充电机提供电池管理系统、充电接触器、仪表板、冷却系统等低压用电电源。车载充电机系统组成及连接示意图如图1-97所示。

项目1 电动汽车基础与共性技术

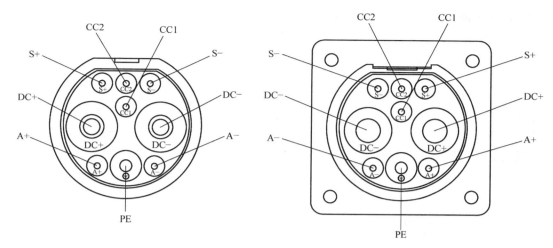

图1-96 直流充电接口和供电接口端子布置方式

表1-9 直流充电接口端子定义

触头编号/标识	额定电压和额定电流	功能定义
1—(DC+)	750V 125A/250A	直流电源正,连接直流电源正与蓄电池正极
2—(DC-)	750V 125A/250A	直流电源负,连接直流电源负与蓄电池负极
3—(⏚)	—	保护搭铁(PE),连接供电设备搭铁线和车辆车身搭铁线
4—(S+)	30V 2A	充电通信CAN-H,连接非车载充电机与电动汽车的通信线
5—(S-)	30V 2A	充电通信CAN-L,连接非车载充电机与电动汽车的通信线
6—(CC1)	30V 2A	充电连线确认1
7—(CC2)	30V 2A	充电连线确认2
8—(A+)	30V 20A	低压辅助电源正,连接非车载充电机为电动汽车提供的低压辅助电源
9—(A-)	30V 20A	低压辅助电源负,连接非车载充电机为电动汽车提供的低压辅助电源

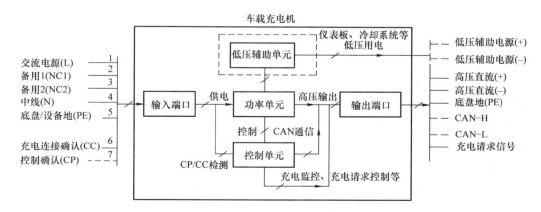

图1-97 车载充电机系统组成及连接示意图

53

2. 动力电池车载充电系统工作原理

电动汽车的车载充电系统都遵循国标充电框架，不同车型的充电控制原理类似。

（1）交流充电控制原理　交流充电控制原理图如图 1-98 所示，具体控制原理如下。

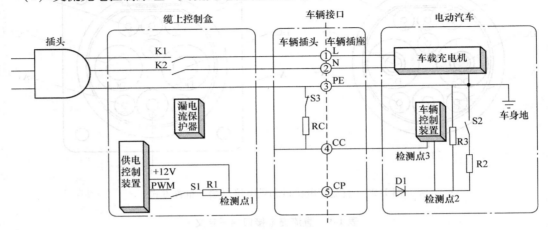

图 1-98　交流充电控制原理图

1）车辆插头与车辆插座插合，使车辆处于不可行驶状态。当车辆插头与车辆插座插合后，车辆的总体设计方案可以自动起动某种触发条件（如打开充电门、车辆插头与车辆插座连接或者对车辆的充电按钮、开关等进行功能触发设置），通过互锁或者其他控制措施使车辆处于不可行驶状态。

2）确认供电接口已完全连接。供电控制装置通过测量检测点 1 的电压值来判断供电插头与供电插座是否完全连接。

3）确认车辆接口已完全连接。车辆控制装置通过测量检测点 3 与检测点 2 之间的电阻值来判断车辆插头是否连接。

4）确认充电连接装置是否已完全连接。在操作人员对供电设备完成充电起动设置后，如供电设备无故障，并且供电接口已完全连接，则开关 S1 从连接 12V＋状态切换至 PWM 连接状态，供电控制装置发出 PWM 信号。供电控制装置通过测量检测点 1 的电压值来判断充电连接装置是否完全连接。车辆控制装置通过测量检测点 2 的信号，判断充电连接装置是否已完全连接。

5）车辆准备就绪。在车载充电机自检完成没有故障的情况下，并且蓄电池组处于可充电状态时，车辆控制装置闭合开关 S2。如果车辆设置有"充电请求"或"充电控制"功能时，则同时应满足车辆处于"充电请求"或"可充电"状态。

6）供电设备准备就绪。供电控制装置通过测量检测点 1 的电压值判断车辆是否准备就绪。当检测点 1 的峰值电压为表 1-10 中状态 3 对应的电压值时，则供电控制装置通过闭合接触器 K1 和 K2 使交流供电回路导通。

7）充电系统的起动。当电动汽车和供电设备建立电气连接后，车辆控制装置通过判断检测点 2 的信号占空比确认供电设备的最大可供电能力，并且通过判断检测点 3 与 2 之间的电阻值来确认电缆的额定容量。车辆接口的连接状态及 RC 的电阻值见表 1-11。车辆控制装置对供电设备当前提供的最大供电电流值、车载充电机的额定输入电流值及电缆的额定容量

进行比较,将其最小值设定为车载充电机当前最大允许输入电流。当车辆控制装置判断充电连接装置已完全连接,并完成车载充电机最大允许输入电流设置后,车载充电机开始对电动汽车进行充电。

表1-10 检测点1的峰值电压状态表

充电过程状态	充电连接装置是否连接	S2	车辆是否可以充电	检测点1峰值电压(稳定后测量)/V	说明
状态1	否	断开	否	12	S1切换至与PWM连接状态,车辆接口未完全连接,检测点2的电压为0
状态2	是	断开	否	9	可检测到R3
状态3	是	闭合	可	6	车载充电机及供电设备处于正常工作状态

表1-11 车辆接口的连接状态及RC的电阻值

状态	RC	S3	车辆接口连接状态及额定电流
状态A	—	—	车辆接口未完全连接
状态B	—	断开	机械锁止装置处于解锁状态
状态C	680Ω/0.5W	闭合	车辆接口已完全连接,充电电缆容量为16A
状态D	220Ω/0.5W	闭合	车辆接口已完全连接,充电电缆容量为32A

电阻RC的精度为±3%

当车辆接口处于完全连接状态,并且车辆控制装置没有接收到检测点2的信号时,如果车辆控制装置接收到驾驶人的强制充电请求信号时,则车载充电机的功率设置按照输入电流不大于13A的模式对电动汽车进行充电。在充电过程中,如果接收到检测点2的信号,则车载充电机最大允许输入电流设置取决于供电设备的可供电能力和车载充电机额定电流的最小值。

8)检查充电接口的连接状态及供电设备的供电能力变化情况。在充电过程中,车辆控制装置通过周期性监测检测点2和检测点3,供电控制装置通过周期性监测检测点1,确认供电接口和车辆接口的连接状态,监测周期不大于5s。车辆控制装置对检测点2的信号进行不间断检测,当占空比有变化时,车辆控制装置实时调整车载充电机的输出功率,检测周期不大于5s。

9)正常条件下充电结束或停止。在充电过程中,当达到车辆设置的结束条件或者驾驶人对车辆实施了停止充电的指令时,车辆控制装置断开开关S2,并使车载充电机处于停止充电状态。

在充电过程中,当达到操作人员设置的结束条件、操作人员对供电装置实施了停止充电的指令或检测到开关S2断开时,则供电控制装置控制开关S1切换到12V连接状态,并通过断开接触器K1和K2切断交流供电回路。

10)非正常条件下充电结束或停止。在充电过程中,车辆控制装置通过检测PE与检测点3之间的电阻值来判断车辆插头和车辆插座的连接状态,如判断开关S3由闭合变为断开,并在一定时间内(如300ms)持续保持,则车辆控制装置控制车载充电机停止充电,并断开S2。车辆控制装置通过对检测点2的PWM信号进行检测,当信号中断时,则车辆控制装置控制车载充电机停止充电。如果检测点 1 的电压值为 12V、9V 或者其他非 6V 的状态，则供电控制装置断开交流供电回路。供电控制装置通过对检测点 4 进行检测，如检测到供电接口由完全连接变为断开，则供电控制装置控制开关 S1 切换到与 12V 连接状态并断开交流供电回路。如果漏电流保护器动作，则车载充电机处于欠压状态，车辆控制装置断开开关 S2。

（2）直流充电控制原理　直流充电控制原理图如图 1-99 所示。电路包括非车载充电机控制装置、电阻 R1、电阻 R2、电阻 R3、电阻 R4、电阻 R5、开关 S、直流供电回路接触器 K1 和 K2（可以仅设置一个）、低压辅助供电回路接触器 K3 和 K4（可以仅设置 K3）、充电回路接触器 K5 和 K6（可以仅设置一个）、电子锁以及车辆控制装置，其中车辆控制装置可以集成在电池管理系统中。电阻 R2 和 R3 安装在车辆插头上，电阻 R4 安装在车辆插座上。开关 S 为车辆插头的内部常闭开关，当车辆插头与车辆插座完全连接后，开关 S 闭合。在整个充电过程中，非车载充电机控制装置应能监测接触器 K1 和 K2、接触器 K3 和 K4 及电子锁状态并控制其接通及关断。电动汽车车辆控制装置应能监测接触器 K5 和 K6 状态并控制其接通及关断。

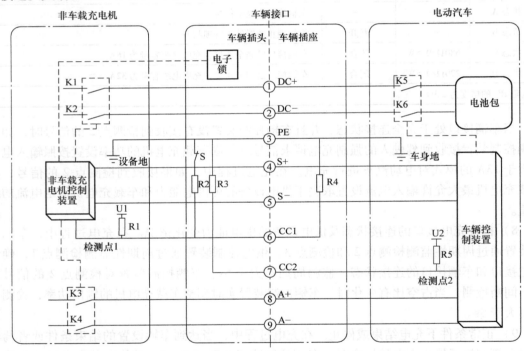

图 1-99　直流充电控制原理图

1）车辆插头与车辆插座插合，使车辆处于不可行驶状态。当车辆插头与车辆插座插合后，车辆的总体设计方案可以自动起动某种触发条件（如打开充电门、车辆插头与车辆插座连接或者对车辆的充电按钮、开关等进行功能触发设置），通过互锁或者其他控制措施使车辆处于不可行驶状态。

2）进行充电人机交互设置。控制装置对车辆接口完全连接状态进行确认，操作人员对非车载充电机进行充电设置后，非车载充电机控制装置通过测量检测点 1 的电压值判断车辆插头与车辆插座是否已完全连接，如检测点 1 的电压值为 4V，则判断车辆接口完全连接。

当操作人员对充电机人机交互设置完成且非车载充电机判断车辆接口已完全连接后,非车载充电机控制电子锁锁止。整个充电过程中,只有在操作人员对非车载充电机设置充电停止指令后,才可对电子锁解锁。直流充电控制状态表见表1-12。

表1-12 直流充电控制状态表

充电过程状态	充电接口状态	开关S状态	充电机自检是否完成	握手和配置是否完成	通信状态	可否充电	电压1/V	电压2/V	说明
状态1	断开	断开	—	—	—	否	12		没有建立通信
状态2	断开	闭合	—	—	—	否	6		没有建立通信
状态3	连接	闭合	否	—	—	否	4		充电机没有完成自检,没有建立通信
状态4	连接	闭合	是	否	有	否	4	6	闭合接触器K3和K4,建立通信
状态5	连接	闭合	是	是	有	是	4	6	闭合接触器K5和K6,闭合接触器K1和K2
状态6	连接	闭合	是	是	无	否	4	6	通信中断,起动相应的保护策略
状态7	连接	断开	是	是	—	否	6	6	如在一定时间内(如200ms)持续保持,则非车载充电机起动相应的保护策略
状态8	断开	断开	是	是	—	否	12	6/12	非车载充电机和车辆分别起动相应的保护策略

3)非车载充电机完成自检。在车辆接口完全连接后,如非车载充电机完成自检,则闭合接触器K3和K4,使低压辅助供电回路接通,同时开始周期性发送"充电机辨识报文"。在得到非车载充电机提供的低压辅助电源供电后,车辆控制装置通过测量检测点2的电压值判断车辆接口是否已完全连接,如检测点2的电压值为6V,则车辆控制装置开始周期性发送"车辆控制装置(或电池管理系统)辨识报文",该信号也可作为车辆处于不可行驶状态的触发条件之一。

4)充电准备就绪。车辆控制装置与非车载充电机控制装置通过通信完成握手和配置后,车辆控制装置闭合接触器K5和K6,使充电回路导通;非车载充电机控制装置闭合接触器K1和K2,使直流供电回路导通。

5)充电阶段。在充电阶段,车辆控制装置通过向非车载充电机控制装置实时发送电池充电级别需求来控制整个充电过程。非车载充电机控制装置根据电池充电级别需求来调整充电电压和充电电流以确保充电过程正常进行。此外,车辆控制装置和非车载充电机控制装置还相互发送各自的状态信息。

6)常规条件下充电结束。车辆控制装置根据电池系统是否达到满充状态或是否收到"充电机中止充电报文"来判断是否结束充电。在满足以上充电结束条件时,车辆控制装置开始周期性发送"车辆控制装置(或电池管理系统)中止充电报文",在一定时间后断开接触器K5和K6。当达到操作人员设定的充电结束条件或收到"车辆控制装置(或电池管理系统）中止充电报文"后，非车载充电机控制装置开始周期性发送"充电机中止充电报文"，并控制充电机停止充电，之后断开接触器 K1 和 K2。当操作人员实施了停止充电指令时，非车载充电机控制装置开始周期性发送"充电机中止充电报文"，并控制充电机停止充电，之后断开接触器 K1、K2、K3 和 K4，然后电子锁解锁。

7) 故障条件下的安全保护。在充电过程中，如果车辆出现不可以继续进行充电的严重故障，则车辆控制装置开始周期性发送"车辆控制装置（或电池管理系统）中止充电报文"，在一定时间后断开接触器 K5 和 K6。

在充电过程中，如果非车载充电机出现不可以继续进行充电的严重故障，则非车载充电机控制装置开始周期性发送"充电机中止充电报文"，并控制充电机停止充电，之后断开接触器 K1、K2、K3 和 K4。

在充电过程中，非车载充电机控制装置如确认通信中断，则非车载充电机停止充电，并断开接触器 K1、K2、K3 和 K4。

在充电过程中，非车载充电机控制装置通过对检测点 1 的电压进行检测，如果判断开关 S 由闭合变为断开，并在一定时间内持续保持，则控制充电机停止充电，之后断开接触器 K1、K2、K3 和 K4。

在充电过程中，非车载充电机控制装置通过对检测点 1 的电压进行检测，如果判断车辆接口由完全连接变为断开，则控制充电机停止充电，并断开接触器 K1、K2、K3 和 K4，然后电子锁解锁。

3. 低压充电系统结构原理

低压充电系统其实就是 DC/DC 变换器，该部件把高压直流电变成低压直流电供低压电气设备使用并给低压蓄电池进行充电。DC/DC 变换器原理图如图 1-100 所示，DC/DC 变换器首先把高压直流电变成交流电，再经过变压器对其降压，然后把低压交流电进行整流和滤波处理，最终输出稳定的低压直流电。

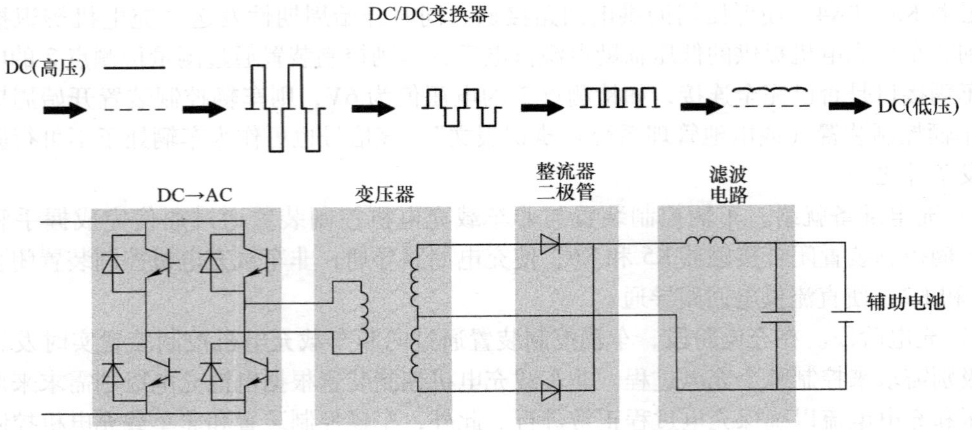

图 1-100 DC/DC 变换器原理图

六、再生制动系统组成及工作原理

电动汽车上应用的再生制动系统有两种：一是并联再生制动系统，即电制动和机械制动按某种比例分配，电制动比例较小；二是串联再生制动系统，按照先电制动，制动能力不足部分再机械制动的原则，可以提高能量回收的效果，但其结构和控制复杂，成本高。目前国际上有博世（Bosch）、美国 TRW、日本电装等公司拥有该技术，我国的串联再生制动系统已经实现小批量生产。

1. 博世基本（并联）再生制动系统结构原理

（1）系统组成　博世基本再生制动系统组成如图 1-101 所示。

（2）工作原理　博世基本再生制动系统（并联再生）的功能结构图如图 1-102 所示，其制动踏板开度和制动转矩关系曲线示意图如图 1-103 所示。

在制动踏板开度很小时存在一个死区，即没有机械制动，与传统汽车相同。目的是防止驾驶人将脚轻搭在制动踏板上，准备制动并未制动时有明显减速。随制动踏板开度增加，制动液压相应升高，机械制动转矩缓慢增加，目的是使驾驶人在需要缓慢减速时获得精确控制。当驾驶人深踩制动踏板时，机械制动转矩快速增加，这是因为驾驶人需要急减速，这个控制与传统汽车一致。

当加速踏板开度为零时，制动踏板开度也为零，没有机械制动（死区），但已经有小转矩的能量回收，即滑行能量回收。随制动踏板开度增加，电制动转矩相应增加。除制动踏板死区外，机械制动与电制动是同时进行的，即并联。在并联再生制动系统中，除制动踏板开度很小的区间（包括死区），机械制动转矩一般要大于电制动转矩，总制动转矩是两个制动转矩的叠加。

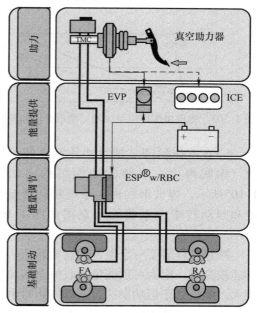

图 1-101　博世基本再生制动系统组成

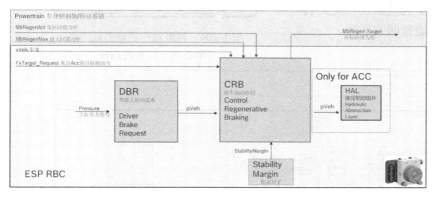

图 1-102　博世基本再生制动系统（并联再生）的功能结构图

微课 9　再生制动能量回收系统基本原理

2. 博世协作（串联）再生制动系统结构原理

该系统遵循尽量先电机制动再机械制动的原则，可以有效提升电动汽车的经济性。

（1）系统组成　博世协作制动能量回收（串联再生）系统组成如图 1-104 所示。

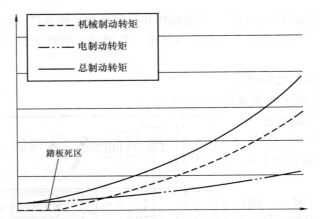

图 1-103 博世协作再生系统制动踏板开度和制动转矩关系曲线示意图

微课 10 再生制动能量回收系统的方法和类型

（2）工作原理 博世协作制动能量回收（串联再生）系统的功能结构图如图 1-105 所示，博世串联再生系统制动踏板开度和制动转矩关系曲线示意图如图 1-106 所示。

减速过程需要一个恒定的制动转矩。在车速较高时，因为可供能量回收的车辆动能很大，电机处于恒功率区，所以高速时电机的最大转矩可能不能完全满足制动需求，不足部分由机械制动弥补。在车速很低时，由于车辆动能已经很小，且电机效率低，电机退出能量回收，减速由机械制动完成。

由此可见，串联再生能量回收系统的转矩和能量多于并联再生能量回收系统。

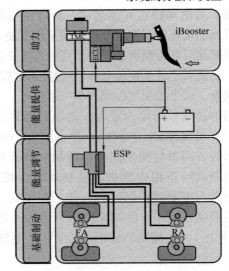

图 1-104 博世协作制动能量回收（串联再生）系统组成

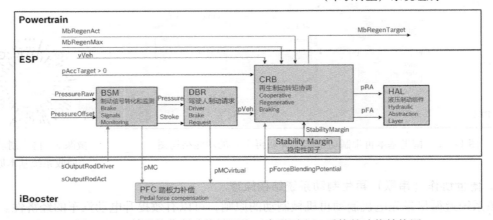

图 1-105 博世协作制动能量回收（串联再生）系统的功能结构图

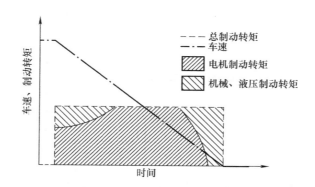

图 1-106　博世协作再生系统制动踏板开度和制动转矩关系曲线示意图

七、电动空调系统结构原理

（1）结构　对比传统汽车的空调系统，电动汽车的空调系统在结构组成上除了压缩机之外，其他部件基本相同，这里不再赘述。电动汽车使用的压缩机有三种：一是复合式压缩机，二是全电动压缩机，三是热泵型压缩机。其中，全电动压缩机在电动汽车上广泛应用，如图 1-107 所示。

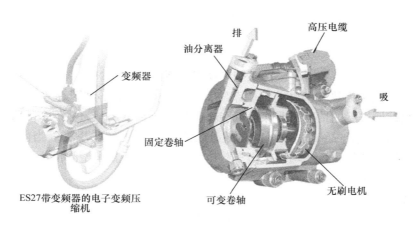

图 1-107　全电动压缩机

关于制热，由于纯电动汽车上没有发动机，所以需要依靠 PTC（加热芯体）进行加热，具体结构如图 1-108 所示。

（2）工作原理　动力蓄电池组的直流电经逆变器转变后为空调压缩机驱动电机供电，从而使驱动电机带动压缩机产生制冷效果。控制器将传感器送来的蓄电池组电量信号以及温度控制信号进行处理后，通过输出端控制驱动逆变器，从而通过驱动电机控制压缩机的功率和转速。电动压缩机制冷与电加热器制热混合调节空调系统，制冷工况采用电动空调，制热工况采用 PTC 加热，制冷、制热迅速。该空调系统可以在发动机不工作的情况下正常运行，从而满足舒适性要求。

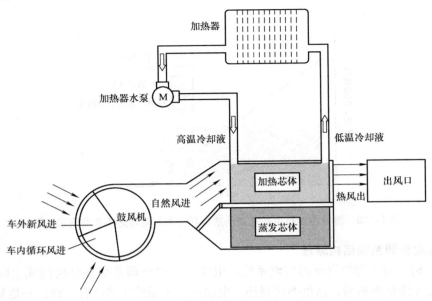

图 1-108 电动空调系统制热结构

任务实施

1) 对电动汽车高压部件进行实车识别与记录。
2) 对电动汽车高压部件之间的连接关系进行描述。

知识与能力拓展

范课 2　电动汽车高压部件认知实训

热泵型电动空调系统

热泵空调（全称为热泵型电动空调系统）是纯电动汽车制热的有效解决方案。在动力蓄电池没有突破性进展的情况下要保证低能耗制热，热泵空调是为数不多的可行技术，其效能系数比 PTC 加热高出 2~3 倍，可以有效延长 20% 以上的续驶里程。当前电装、法雷奥、翰昂、马勒等国际热管理巨头均已推出车载热泵空调且有多款车型问世，热泵空调在电动汽车领域深度替代 PTC 的趋势已经显现。

1. 系统组成

热泵空调的结构相对复杂，关键零部件有四通换向阀、电动压缩机、电子膨胀阀、换热器、气液分离器、电子阀等，其他零部件则与传统汽车空调差别不大，如图 1-109 所示。

（1）电动压缩机　电动压缩机是电动机与压缩机的一体化产品，两者共用同一主轴，由于电动涡旋压缩机具有结构紧凑、可靠性高、排液连续等特点，是电动汽车压缩机的最佳选择。

（2）四通换向阀　四通换向阀是热泵空调运转的核心，由电磁先导阀和四通主阀通过导向毛细管连接构成，控制冷却液的流向从而转换制冷制热模式，结构复杂容易损坏。

（3）电子膨胀阀　电子膨胀阀在温度调节范围、控制精度、过热度控制以及反应速度上对比传统的热力膨胀阀都有明显优势，尤其适合作为热泵空调的主要节流零件。

（4）换热器　换热器需要冷热两用，既是冷凝器，又是蒸发器，一般采用微通道平行流换热器。换热器制造门槛较低，但在热泵系统中可以决定使用温度下限。

项目 1　电动汽车基础与共性技术

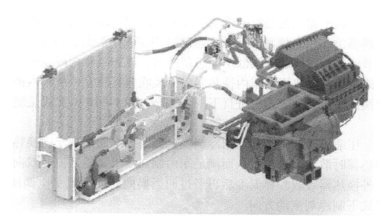

图 1-109　格力双级增焓热泵空调系统

热泵空调关键零部件的外形及用途见表 1-13 所示。

表 1-13　热泵空调关键零部件的外形及用途

关键零部件	用途
电动压缩机	将气态冷媒压缩为高温高压流体，其排量决定制冷制热功率
四通换向阀	通过改变制冷剂的流动通道，改变制冷剂流向，切换室内外换热器功能
电子膨胀阀	使中温高压的液态制冷剂通过其节流成为低温低压的湿蒸气
换热器	低温低压蒸气吸热升温，高温高压液体散热降温

2. 工作原理

热泵空调是在原有蒸气压缩制冷的基础上改进而来的，空调压缩机直接由电机驱动，其结构及工作原理如图 1-110 所示。

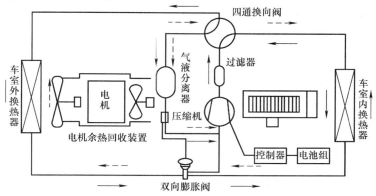

图 1-110　热泵空调的结构及工作原理

制冷模式下，空调压缩机在电机的带动下压缩制冷剂，制冷剂通过四通换向阀来到车外换热器（车外换热器的作用是把高温高压气态制冷剂变成中温高压气态制冷剂），然后经过双向膨胀阀进行节流作用转换成低温低压液态制冷剂，液态制冷剂流经车内换热器时吸收周围温度从而形成冷风，鼓风机再把车内换热器的冷风吹向驾驶室，从车内换热器出来的气态制冷剂经过四通换向阀再回到压缩机进行下一个循环。图1-110中实线是制冷模式下制冷剂流动方向。

制热模式下，压缩机压缩制冷剂，制冷剂经过四通换向阀来到车内换热器，高温高压制冷剂经过车内换热器时散发大量的热从而满足车内制热需求，然后流经双向膨胀阀来到车外换热器，通过车外换热器吸收外界温度后再经过四通换向阀又回到了空调压缩机。图1-110中虚线是制热模式下制冷剂流动方向。

强化练习

1）大多数混合动力电动车用哪种电动机作为牵引电动机？

A. 直流电机

B. 交流感应电机

C. 永磁同步电机

D. 开关磁阻电机

2）技术员A说DC/DC变换器用于把电池的12V电压转成更高电压来运转混合动力电动车里的电机。技术员B说DC/DC变换器用于把电动机/发电机的电压转成更高电压来给高压蓄电池充电。哪个说得对？

A. 仅技术员A

B. 仅技术员B

C. 技术员A和B

D. 技术员A和B都说错了

3）目前电动汽车使用的动力蓄电池主要是以下哪种类型？

A. 铅酸蓄电池

B. 镍氢蓄电池

C. 锂蓄电池

D. 燃料电池

4）名词解释：再生制动。

5）新能源汽车动力电池性能指标主要有能量密度、循环寿命、充电速度、耐高低温和安全性等，其中（　　）和安全性最受关注，也因此磷酸铁锂蓄电池和三元锂蓄电池跻身主流市场，分别应用于客车市场和乘用车市场。

A. 能量密度

B. 循环寿命

C. 充电速度

D. 耐高低温

6）蓄电池是将所获得的电能以（　　）的形式储存，并可以转化成电能的电化学装置，可以重复充电和放电。

A. 机械能

B. 化学能

C. 动能

D. 势能

7)（　　）的作用是将动力蓄电池的高压直流电转换为整车低压12V直流电，给整车低压用电系统供电及铅酸蓄电池充电。

A. 车载充电机

B. 电机控制器

C. 高压控制盒

D. DC/DC变换器

8)（　　）的作用是将220V交流电转换为动力蓄电池的直流电，实现蓄电池电量的补给。

A. 车载充电机

B. 电机控制器

C. 高压控制盒

D. 整车控制器

9) DC/DC变换器相当于传统汽车的（　　），将动力蓄电池的高压电转为低压电给蓄电池及低压系统供电，具有效率高、体积小、耐受恶劣工作环境等特点。

A. 发电机

B. 起动机

C. 发动机

D. 电动机

10) 判断题：电动汽车的动力蓄电池不是直接和高压用电设备相连接的，而是通过接触器，并且接触器的通断受控制器控制。（　　）

11) 从功用的角度来看，旋转变压器和发动机的哪个传感器类似？

A. 爆燃传感器

B. 空气流量计

C. 曲轴位置传感器

D. 节气门位置传感器

12) 以下哪项不是电动汽车旋转变压器的功用？

A. 检测电机转子位置

B. 检测电机旋转速度

C. 检测电机旋转方向

D. 检测电机转子温度

13) 判断题：永磁同步电机的转矩大小由电流大小控制，转速由电流频率控制。（　　）

项目 2

混合动力汽车结构原理与故障诊断

任务 2.1　通用 BAS 轻度混合动力系统

📚 学习目标

1. 知识目标

掌握通用 BAS 轻度混合动力系统的组成、功用与运行原理。

2. 能力目标

1）能以能量流的方式画出通用 BAS 轻度混合动力系统的组成。

2）能通过自主查阅资料收集市场上的其他轻度混合动力车型并能将本节所学知识扩展到其他车型，阐述这些车型的混合动力系统组成与原理。

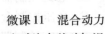

微课 11　混合动力电动汽车基础知识

3. 素养目标

思考汽车技术的革新在突破石油瓶颈、减少环境污染方面的作用，树立节能意识、环保意识，增强社会责任感。

📋 任务描述

由于 BSG 电机的轻度混合动力系统没有技术壁垒，结构简单，成本低，又有一定的节油效果，是现阶段比较占据优势的一个过渡产品，在未来一段时间内将保持较快增长。作为汽车经销商的一名技术人员，你能从节油的角度描述清楚它是如何运行的吗？

📒 任务准备

一、通用 BAS 轻度混合动力系统组成与功用

如图 2-1 所示，别克君越轿车所搭载的 BAS（Belt Alternator Starter）轻度混合动力系统

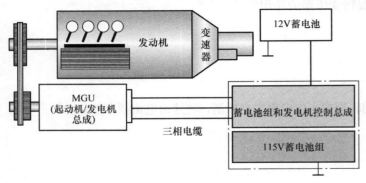

图 2-1　通用 BAS 系统的组成

微课 12　混合动力电动汽车组成结构

项目 2　混合动力汽车结构原理与故障诊断

由起动机/发电机总成 MGU（Motor Generator Unit）、蓄电池组和发电机控制总成、12V 蓄电池、驱动带、双张紧器及三相电缆总成等组成。其主要部件的实物如图 2-2 所示。

1. 起动机/发电机

起动机/发电机采用高性能紧凑型交流永磁同步电机，作为发电机工作时，它能够提供高达 15kW 的三相交流电，作为起动机工作时，它能够产生 60N·m 的转矩，转矩通过传动带传动为发动机提供辅助动力。起动机/发电机采用液体冷却方式来保持适宜的运行温度，采用旋转变压器检测电机转速和转子位置。起动机/发电机安装位置及电机结构如图 2-3 所示。

2. 蓄电池组和发电机控制总成

蓄电池组和发电机控制总成的外形和结构分别如图 2-4 和图 2-5 所示，内部包含蓄电池组总成、蓄电池组断流继电器总成、蓄电池能量控制模块接线盒、蓄电池组能量控制模块和发电机控制模块。

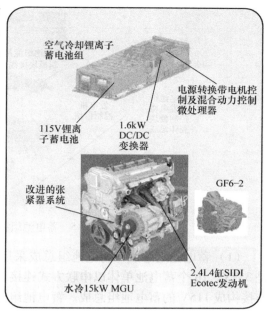

图 2-2　通用 BAS 系统主要部件的实物

蓄电池组和发电机控制总成连接着 115V 高压直流电池组与三相交流起动机/发电机，实现直流电和三相交流电之间的相互转换，将 115V 直流电转换成 14V 直流电，对低压蓄电池充电及向汽车低压电器供电。

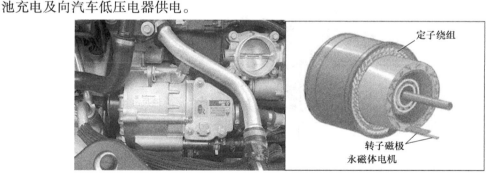

图 2-3　起动机/发电机安装位置及电机结构

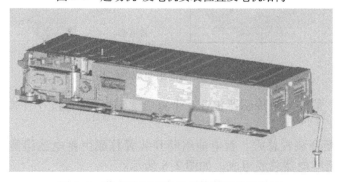

图 2-4　蓄电池组和发电机控制总成的外形

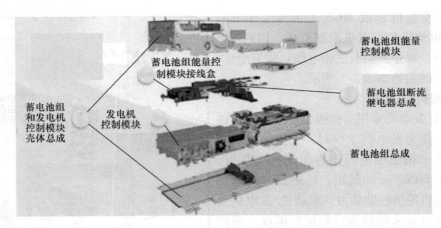

图 2-5 蓄电池组和发电机控制总成的结构

（1）蓄电池组总成　蓄电池组总成采用圆柱形锂蓄电池，每个蓄电池单体的额定电压是 3.7V，16 个蓄电池单体以串联方式连接，形成 60V 蓄电池组，两个蓄电池组以串联方式连接构成 115V 的蓄电池组总成。蓄电池组总成的结构如图 2-6 所示。

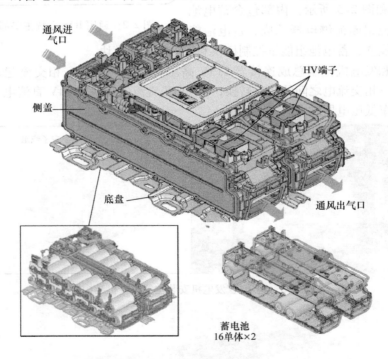

图 2-6 蓄电池组总成的结构

如图 2-7 所示，蓄电池组传感器包含 6 个蓄电池温度传感器、1 个空气温度传感器、36 根电压感知线。

（2）蓄电池组断开装置总成　蓄电池组断开装置总成由蓄电池组能量控制模块接线盒总成和蓄电池组断流继电器总成组成，如图 2-8 所示。

蓄电池组能量控制模块接线盒总成安装在发电机控制模块顶部的三相高压接头上，通过

项目 2　混合动力汽车结构原理与故障诊断

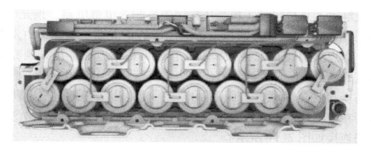

图 2-7　蓄电池组传感器

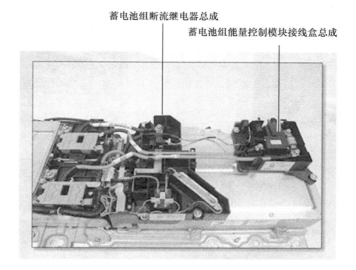

图 2-8　蓄电池组断开装置总成的组成

125A 熔丝和手动分离开关将两个蓄电池组串联起来，启用手动分离开关必须按下红色按钮，使其移动到 ON 位置，开关外壳用于固定和定位高压互锁电路接头，如图 2-9 所示。

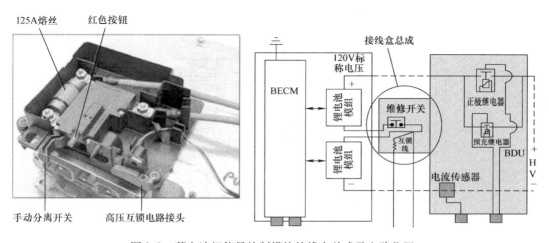

图 2-9　蓄电池组能量控制模块接线盒总成及电路位置

69

蓄电池组断流继电器总成包括正极高压接触器、预充电继电器、预充电电阻器、电流传感器，如图2-10所示。正极高压接触器与蓄电池组的正极端子相连，由发电机控制模块控制其断开与闭合。当点火钥匙OFF或故障时，接触器中断电流输出，预充电继电器与接触器并联连接；当点火钥匙ON时接触器闭合，防止高压触点出现电火花，预充电电阻器通过预充电继电器与高压接触器并联，从而限制电流，使电压缓慢地建立，防止潜在的电压损坏。电流传感器套在电池组的负极线缆上，用于监测通过线缆的充放电电流。蓄电池组断流继电器总成的电路连接如图2-11所示。

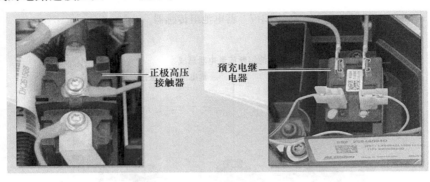

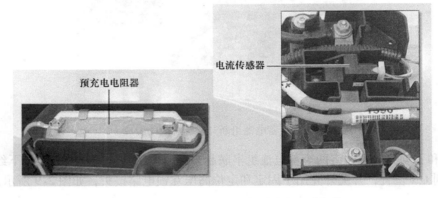

图 2-10　蓄电池组断流继电器总成的组成部件

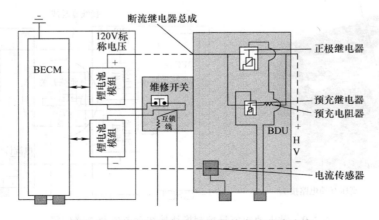

图 2-11　蓄电池组断流继电器总成的电路连接

（3）蓄电池组能量控制模块　蓄电池组能量控制模块的外形如图2-12所示，相当于蓄电池管理系统的传感器电路，其作用是监测蓄电池组电流、蓄电池单体电压、蓄电池组温度、执行蓄电池电量平衡。

蓄电池组电流从第一个蓄电池组正极流出，经125A熔丝、手动分离开关到第二个蓄电池组负极，从第二个电池组正极流出后经正极高压接触器、发电机控制模块最终输送到起动机/发电机，返回的电流经过发电机控制模块、电流传感器流回第一个电池组的负极，如图2-13所示。

3. 起动机/发电机控制模块

起动机/发电机控制模块集成了交流永磁同步电机控制器和DC/DC变换器，其功能包括模块输入监控、模块输出控制、模块通信、电源逆变和电能转换，如图2-14所示。

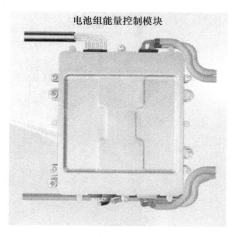

图2-12　蓄电池组能量控制模块的外形

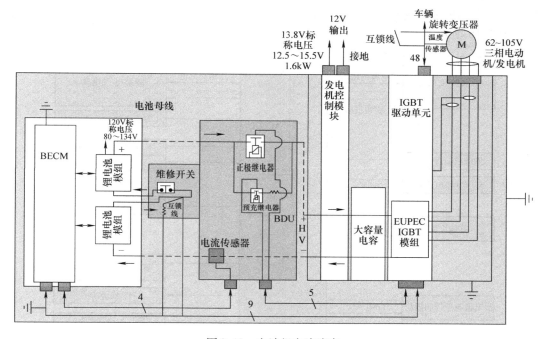

图2-13　电池组电流流向

模块输入监控的输入信号包括蓄电池组温度、充放电电流、发动机舱盖位置开关、高压互锁电路和起动机/发电机的转速、位置和温度。

模块输出控制的部件有预充电继电器、正极高压接触器、变速器辅助油泵、蓄电池组冷却风扇、高压互锁电路、起动机/发电机冷却泵。

模块通信的作用是利用GMLAN和动力扩展总线与蓄电池组能量控制模块及其他模块之间进行通信。电源逆变采用IGBT实现DC/AC和AC/DC的双向转换。

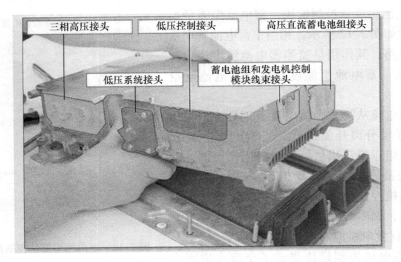

图 2-14　起动机/发电机控制模块的结构

电能转换采用 DC/DC 变换器,将高压直流电转换为低压直流电,为汽车低压电气元件运行提供所需的电能,通过跨接辅助功能为 12V 电池充电。起动机/发电机控制模块的控制框图如图 2-15 所示。

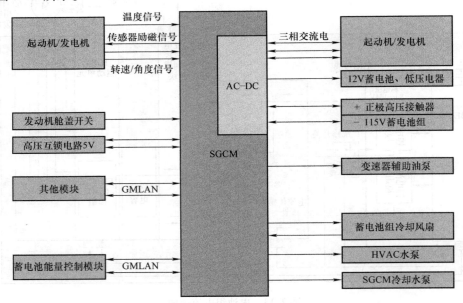

图 2-15　起动机/发电机控制模块的控制框图

控制模块冷却系统的组成如图 2-16 所示。该冷却系统通过鼓风机采用空气冷却方式进行冷却,内部的温度传感器实时监测温度变化,鼓风机据此及时改变转速调整送风量,将空调空气吸入电池组后电池热量首先会被带走,接下来空气被导入到发电机控制模块,如图 2-17 所示。

图 2-16　控制模块冷却系统的组成

1—电池组进风口　2—电池组出风口　3—冷却风扇　4—风扇出风口

图 2-17　控制模块冷却系统工作示意图

二、通用 BAS 轻度混合动力系统运行原理

如图 2-18 所示,通用 BAS 轻度混合动力系统的工作模式包括初始起动、燃油供给、电力辅助、智能充电、减速断油、再生制动、电机短暂工作、自动停机和自动起动,这些模式涵盖了车辆的整个行驶工况。

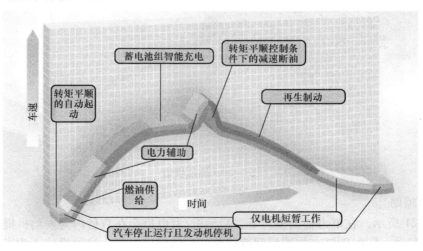

图 2-18　通用 BAS 轻度混合动力系统的工作模式

1. 初始起动

如图 2-19 所示,通用 BAS 轻度混合动力系统使用常规 12V 起动机来起动发动机,当发

动机运行后，将驱动起动机/发电机产生三相电能，三相电能通过控制模块转换为低压直流电，以维持12V蓄电池的电量，同时为运行的低压电器系统提供电源。

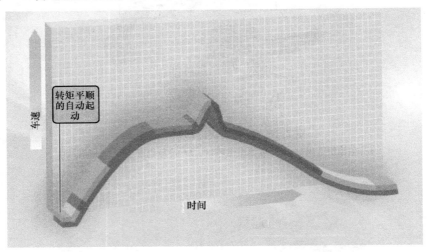

图2-19　初始起动

2. 燃油供给

如图2-20所示，与传统汽车相似，一旦发动机起动，燃油会供给发动机，然后由发动机输出转矩并传递给车轮。

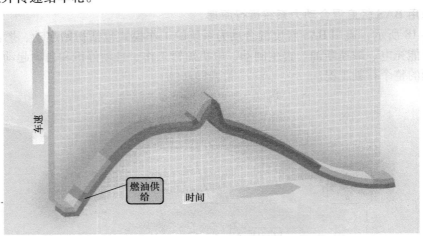

图2-20　燃油供给

3. 电力辅助

如图2-21所示，在电力辅助模式下，起动机/发电机会在数秒内为发动机提供附加的动力使其快速起动，同时能够在加速期间改善节气门的响应时间，这种模式下为发动机提供的辅助动力约为11kW。在电力辅助的作用下，汽车可实现更为省油的运行模式，若电池组电量低于40％，则电力辅助可能不会工作。

4. 智能充电

如图2-22所示，当高压蓄电池组的电量变低时，起动机/发电机会为蓄电池组充电；当

项目2　混合动力汽车结构原理与故障诊断

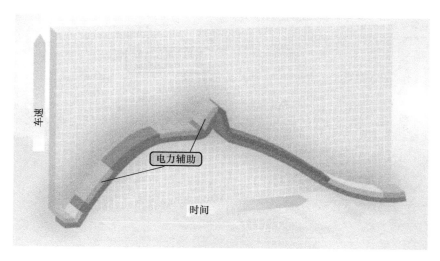

图 2-21　电力辅助

汽车处于加速工况且蓄电池组电量低于期望值时，通用 BAS 轻度混合动力系统将会选择最有效的发动机运行工况，以便在驱动汽车的同时为蓄电池组充电；当汽车处于巡航速度行驶时，发动机也会以最有效的方式为蓄电池组充电。

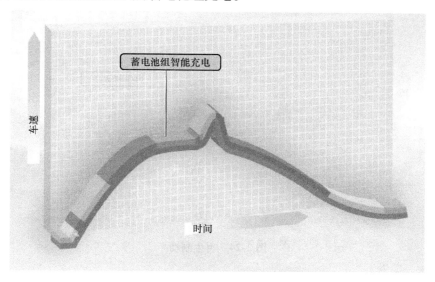

图 2-22　智能充电

5. 减速断油

如图 2-23 所示，当汽车惯性滑行或减速时，燃油会切断供给且发动机会被变速器反拖，变速器辅助油泵可以保持变速器油压，从而保证离合器处于工作状态，发动机的连续旋转能够确保其在收到请求后立即响应，来自电机的附加动力能够保证任何时候加速过程的平顺性。

6. 再生制动

如图 2-24 所示，当踩下制动踏板后或车辆惯性滑行过程中，可产生高达 15kW·h 的电

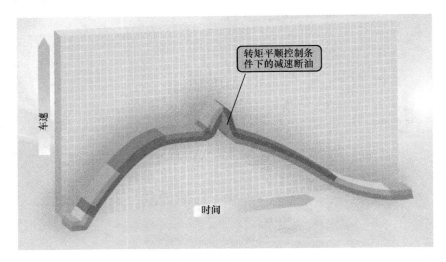

图 2-23　减速断油

能，再生制动可将其储存在高压电池组中并将在汽车加速情况下使用，进一步改善燃油经济性。

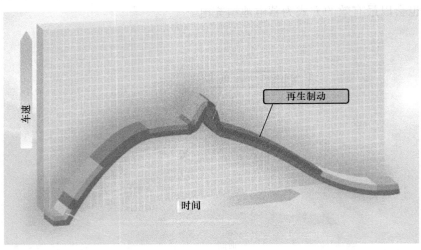

图 2-24　再生制动

7. 电机短暂工作

如图 2-25 所示，当汽车接近停止时，电机短暂运行可以在燃油切断和供给的过渡期间改善传动系统的平稳性；在自动起动模式时，起动机/发电机也会短暂运行，保证供油前发动机平稳起动。

8. 自动停机

如图 2-26 所示，当汽车将要停止时，起动机/发电机继续旋转以带动发动机平稳停机，高压蓄电池组会通过控制模块为音响、空调和其他附件提供电能，当高压蓄电池组电量较低、发动机温度过低、空调请求发出或特定的故障码出现时，发动机自动停机的情况不会发生。

项目2　混合动力汽车结构原理与故障诊断

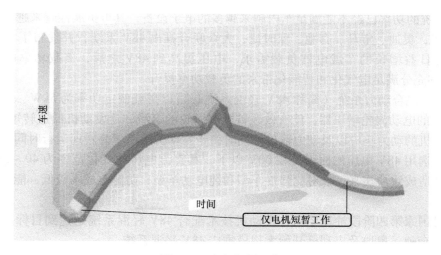

图 2-25　电机短暂工作

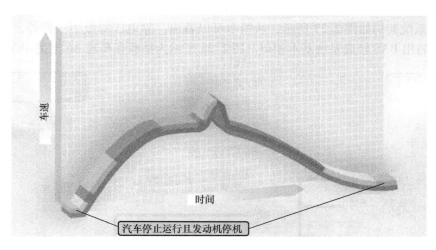

图 2-26　自动停机

释放制动踏板后，起动机/发电机会迅速重起发动机且会在汽车加速前期为发动机提供辅助动力，使其在过渡阶段能够输出平顺的转矩。

任务实施

1）查阅资料收集市场上在售中度混合动力车型。
2）选取一款车型并描述其混合动力系统的组成与运行原理。

知识与能力拓展

48V 轻度混合动力系统

1. 48V 轻度混合动力系统简介

目前乘用车电器系统的电压是 12V，12V 电器系统的最大电流是 300A，最大负载功率是 3.6kW。随着电动化和智能化的提升、整体电器设备的增多，负载功率显著增加，车内

12V电器系统的功率已经不能满足车内越来越多的电子设备,其可扩展性越来越小。

2011年,奥迪、宝马、奔驰、保时捷、大众联合推出48V系统,并发布了48V系统规范,以满足日益增长的车载电器负载需求,电压提高到48V之后,负载功率可以提升到14kW,能够充分满足电气化和智能化带来的负载功率提升。

48V轻度混合动力系统(简称48V轻混系统)可以搭载额定功率为5kW、最高转速为72000r/min的电动涡轮增压器,能有效改善废气涡轮的迟滞,让发动机低速转矩更加充沛,增强了发动机的动力响应以及动力输出,同时由于发动机阻断了高转速运行时间,进一步降低了油耗。选用48V电压的原因是在60V以下,其直流电压的变化范围为40~55V,一般不会对人体造成致命伤害,且对比强混车型和纯电动车型,防触电成本较低,能满足升级成本控制要求。

为满足国家第四阶段油耗要求,发动机技术配合48V轻混系统是达到目标的经济且快速的方案,奔驰、奥迪及吉利已开始大规模推广48V轻混系统。

2. 48V轻混系统的组成

48V轻混系统主要有起动发电一体机、逆变器、48V锂蓄电池和DC\DC变换器。典型的48V轻混系统架构如图2-27所示,从图中可以看出,除电压等级不一样外,48V轻混系统的组成与通用BAS轻混系统基本相似。图2-28所示为搭载在奥迪A6上的48V轻混系统。

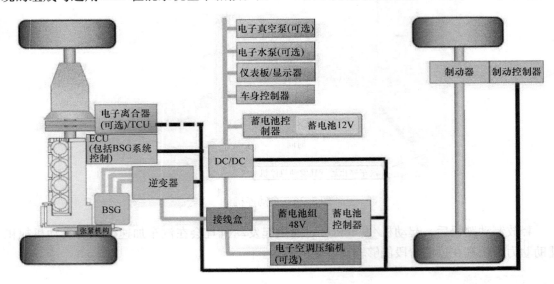

图2-27 典型的48V轻混系统架构

3. 48V轻混系统的工作原理

48V轻混系统具有更加完善的怠速起停技术,可以实现能量回收、电子助力等功能。首先,由于蓄电池容量和输出功率得到了大幅提升,48V轻混系统可以将发动机达到怠速的时间缩减至原来的80%左右。系统本身配备的高速起动电机可以直接将发动机起动至800~1000r/min,减少了以往通过多喷油来增加混合气浓度来保证发动机顺利起动过程中所产生的油耗,从而降低了排放。

其次,48V轻混系统配备了使用特性更好的锂离子蓄电池。在以往的汽车加速过程中,整车正向转矩都是由发动机来提供的,在使用48V轻混系统后,汽车加速时的部分正向转

项目 2　混合动力汽车结构原理与故障诊断

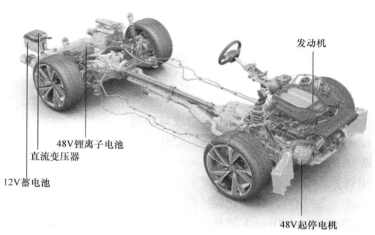

图 2-28　搭载在奥迪 A6 上的 48V 轻混系统

矩可以由 48V 锂蓄电池产生的电能驱动起动发电一体机来提供，这就实现了电子助力的功能。通过电机辅助提供正向转矩，可以使发动机保持在一个较为经济的工况下工作，从而减少了整车的燃油消耗，并改善了其排放性能。

此外，汽车减速时的负向转矩来自制动时制动片的摩擦阻力，48V 轻混系统的起动发电一体机可以将部分负向转矩转化为电能储存在 48V 锂电池中，实现能量回收功能。48V 轻混系统通过电机辅助，可以在降挡过程中补偿自动变速器增矩的要求，延长了发动机起动供油的时间，使得发动机在停机之前都可以保持断油状态，减少了降挡过程中产生的多余油耗。

强化练习

请你评价一下 BAS 轻混系统的优、缺点，要求通过调查市场上的轻混车型的销量、价格和油耗等数据进行佐证。

任务 2.2　奥迪 Q5 Hybrid 中度混合动力系统

学习目标

1. 知识目标

掌握奥迪 Q5 Hybrid 中度混合动力系统的组成、功用与运行原理。

2. 能力目标

1）能以能量流的方式画出奥迪 Q5 Hybrid 中度混合动力系统的组成。
2）能通过自主查阅资料收集市场上的其他中度混合动力车型并能将本节所学知识扩展到其他车型，阐述这些车型的混合动力系统组成与原理。

3. 素养目标

自主查阅中度混合动力车型资料，培养自主学习能力、拓展专业知识，树立自力更生、艰苦奋斗的精神。

任务描述

P2 架构的中度混合动力系统从技术角度看较容易实现，同时又能保持变速器生产线不用做大的调整，可充分发挥传统汽车厂商的优势，初期投资低，节油效果又优于轻度混合动力系统，因此被广泛应用，在德系品牌上最为常见。作为经销商的一名技术人员，你能从节油的角度描述清楚它是如何运行的吗？

任务准备

一、奥迪Q5 Hybrid中度混合动力系统组成与功用

奥迪Q5 Hybrid混合动力汽车（图2-29）配备了2.0L带涡轮增压的燃油直喷四缸汽油发动机，动力系统的最大输出功率为180kW，最高输出转矩为480N·m，按照欧洲新行驶循环标准（NEDC），二氧化碳排放水平低于160g/km，0—100km/h加速所需时间为7.1s，在纯电力驱动模式下续航里程约为3km，最高速度为100km/h。纯电力驱动达到3km续航里程时，速度需要控制在60km/h左右，最高速度下的续航里程将有所降低。

奥迪Q5 Hybrid整个混合动力系统的总重量不到130kg，体积紧凑，可避免占据较大的前舱空间。

图2-29 奥迪Q5 Hybrid混合动力汽车

如图2-30所示，奥迪Q5 Hybrid中度混合动力系统由发动机、高压蓄电池、电机、功率电子模块、空调压缩机、保养插头和高压电缆组成。

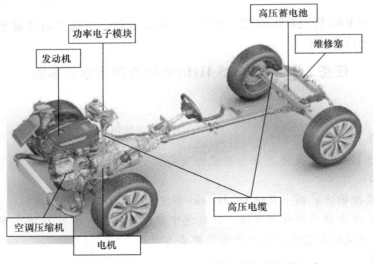

图2-30 奥迪Q5 Hybrid中度混合动力系统的组成

1. 高压蓄电池系统

如图2-31所示，高压蓄电池系统安装在行李舱内的备胎坑中，由高压蓄电池A38、蓄电池监控控制单元J840、维修塞接口TW、维修塞接口TV44、高压线束接口PX1等组成。

（1）高压蓄电池 如图2-32所示，高电压蓄电池的额定电压为266V，采用单体电压为

3.7V 的锂蓄电池，蓄电池单体数为 72（串联），容量为 5.0A·h，工作温度为 15～55℃（-30℃以下则无法保证起动功能），总能量为 1.3kW·h，充电状态在 30%～80% 时的可用能量为 0.8kW·h，安装重量为 38kg。

图 2-31 高压蓄电池系统

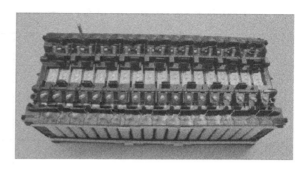

图 2-32 高压蓄电池

（2）冷却模块　高压蓄电池有一个冷却模块，如图 2-33 所示，有自己的蒸发器，并连接在电动空调压缩机的冷却液循环管路上，使用 12V 的车载电网电压工作。冷却模块包括循环风扇 V457、循环空气翻板 1 的伺服电动机 V479、混合动力蓄电池循环空气翻板 2 的伺服电动机 V480、蒸发器前的温度传感器 G756、蒸发器后的温度传感器 G757、冷却液截止阀 1 N516、冷却液截止阀 2 N517。

（3）蓄电池监控控制单元　蓄电池监控控制单元 J840（电池管理系统）在图 2-34 左侧。每 30 秒控制单元 J840 对高压电网上的系统电压进行一次绝缘测量，就是要识别整个高压回路上的绝缘故障，包括高压蓄电池内部、动力线、功率控制电子装置、电驱动装置电机的三相线和连接空调压缩机（包括空调压缩机）的导线，如果有绝缘故障，那么组合仪表上会有信息。

高压蓄电池的工作状态如图 2-35 所示。

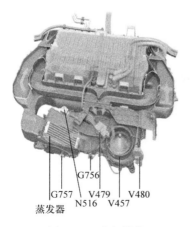

图 2-33 冷却模块

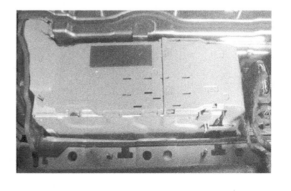

图 2-34 蓄电池监控控制单元 J840 的安装位置

2. 驱动电机

驱动电机 VX54 由一台三相交流永磁同步电机和位置传感器、温度传感器组成，如图

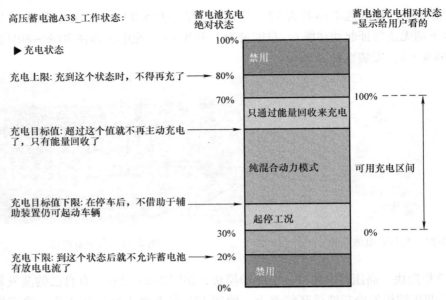

图 2-35　高压蓄电池的工作状态

2-36 所示。电机 V141 用作发电机、发动机的起动机和牵引电机，位置传感器 1 – G713 用于检测转子的实际转速和位置，须在控制单元 J841 内进行基本设定，温度传感器 1 – G712 装在线圈间，用于测量电机的温度。

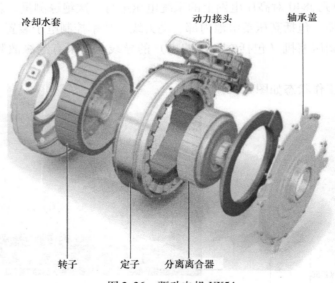

图 2-36　驱动电机 VX54

3. 功率电子模块

功率电子模块包含电驱动功率和控制电子装置，如图 2-37 所示，该模块组成及电路如图 2-38 所示。功率电子模块的作用是将高电压转换成低电压，为 12V 车辆电气系统供电，将高压蓄电池的直流电转换成交流电驱动电机。

项目 2　混合动力汽车结构原理与故障诊断

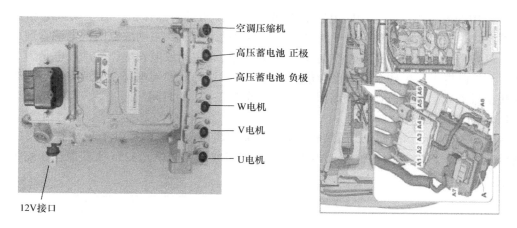

图 2-37　功率电子模块 JX1

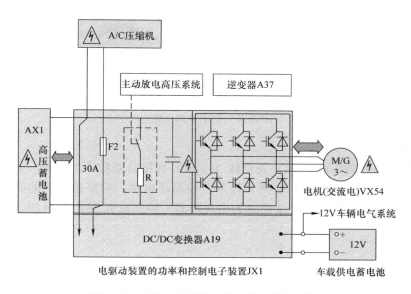

图 2-38　功率电子模块的组成及电路连接图

（1）电驱动控制单元 J841　电驱动控制单元 J841 通过混合动力 CAN 总线和驱动 CAN 总线，接收发动机控制单元提供的信息来控制电机，让电机工作在驱动或者发电状态。

（2）双向 DC/DC 变换器 A19　双向 DC/DC 变换器应用于将高压蓄电池或逆变器 A37 的直流电压（266V）转换成车载电网用直流电压（12V），同时也能将车载电网的 12V 电压转换成高压蓄电池的高压（266V）。该功能用于跨接起动（给高压蓄电池充电），常见于 12V 车载供电网。

（3）牵引电机逆变器 A37　牵引电机逆变器 A37 将高压蓄电池的直流电转换成三相交流电，供交流电机使用。在能量回收和发电机工况时，会将三相交流电转换成直流电，用于给高压蓄电池充电。

（4）中间电容器 1 C25　中间电容器 1 C25 用作电机的蓄能器。在"15 号线关闭"或者高压系统切断（因有撞车信号）时，该中间电容器会通过一个电阻主动放电。

（5）中间电容器电路　中间电容器电路的主要作用是附加保护，有主动放电和被动放电两种模式，放电会降低功率电子装置的电容器的剩余电压。主动放电由蓄电池管理系统来控制，每当高压系统被切断或者控制线中断时，就会有主动放电发生。被动放电是为了保证即使在元件已拆下后，残余电压也会很小。为了可靠地降低参与电压，要遵守规定的等待时间（拔下维修塞后，在开始检修高压部件之前需要等一定的时间）。

4. 电动空调压缩机

如图 2-39 所示，电动空调压缩机 V470 是采用高压来工作的，其上集成有空调压缩机控制单元 J842，J842 连接在扩展 CAN 总线上，通过空调控制单元 J255 来获取让压缩机工作的信息。

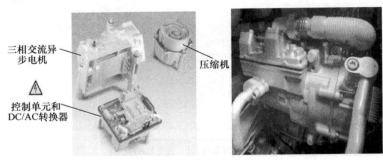

图 2-39　电动空调压缩机

5. 维修塞

维修塞及电路如图 2-40 所示，安全线（互锁）在维修塞拉下时断开。如图 2-41 所示，安全线是环形结构的，通过 12V 电网元件来监控高压电网，它穿过所有的高压部件。功率控制电子系统提供一个信号，安全回路如出现断路，控制单元 J840 会分析这个信号，并立即切断高压系统。

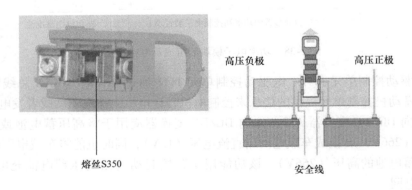

图 2-40　维修塞及电路

二、奥迪 Q5 Hybrid 中度混合动力系统运行原理

1. 停止状态

当奥迪 Q5 Hybrid 中度混合动力系统处于停止状态时，组成混合动力系统的发动机、高电压蓄电池、电机、功率电子模块、变速器（含 12V 起动机）、离合器 K0 和 K1 等部件的

项目2　混合动力汽车结构原理与故障诊断

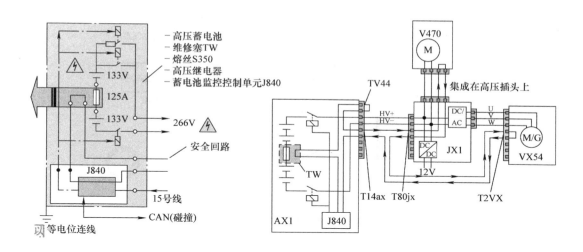

图 2-41　安全回路

连接及工作状态如图 2-42 所示，此时离合器 K0 和 K1 打开，发动机、电机都处于停止状态。

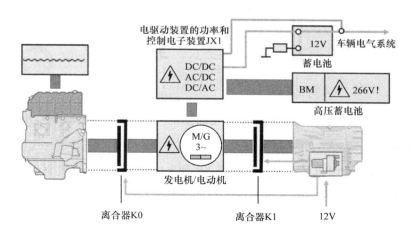

图 2-42　奥迪 Q5 Hybrid 中度混合动力系统停止状态

2. 起动模式

如果系统认为驾驶人把车停住了，那么发动机立即就被关闭。如图 2-43 所示，车辆需要加速时，离合器 K0 闭合，高压蓄电池供电，功率电子模块驱动电机立即起动发动机（与蓄电池充电状态有关），能量方向如图中箭头所示，发动机供油，电机由高压蓄电池供电。

3. 纯电动行驶模式

如图 2-44 所示，纯电动行驶模式下，离合器 K0 打开而离合器 K1 闭合，高压蓄电池供电，功率电子模块驱动电机，车辆只靠电机驱动来行驶，能量方向如图中箭头所示，电机由高压蓄电池供电。

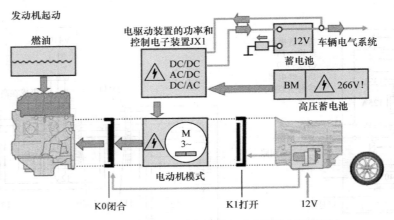

图 2-43 奥迪 Q5 Hybrid 中度混合动力系统起动模式

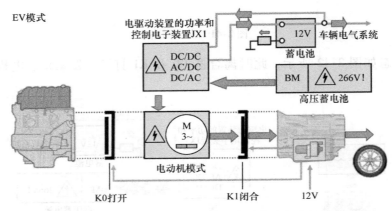

图 2-44 奥迪 Q5 Hybrid 中度混合动力系统纯电动行驶模式

4. 发电机模式

如图 2-45 所示,发电机模式下,离合器 K0 和 K1 均闭合,发动机驱动汽车,同时带动电机发电,功率电子模块把高压交流电转换为直流电,为高电压蓄电池充电,能量方向如图中箭头所示,电机为高压蓄电池充电。

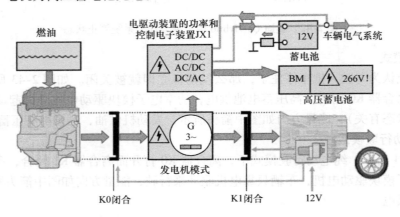

图 2-45 奥迪 Q5 Hybrid 中度混合动力系统发电机模式

5. 能量回收模式

如图 2-46 所示，能量回收模式下，离合器 K0 打开而离合器 K1 闭合，发动机停机，车轮经过变速器带动电机发电，功率电子模块把高压交流电转换为直流电，为高电压蓄电池充电，能量方向如图中箭头所示，电机为高压蓄电池充电。

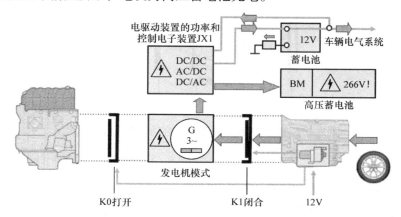

图 2-46　奥迪 Q5 Hybrid 中度混合动力系统能量回收模式

6. 助力（Boost）模式

如图 2-47 所示，助力模式下，离合器 K0 和 K1 均闭合，高电压蓄电池供电，功率电子模块驱动电机，同时发动机运行，发动机和电机一起来给车辆加速并驱动汽车，与传统汽车相比，车辆性能大幅提高，能量方向如图中箭头所示，电机由高压蓄电池供电。

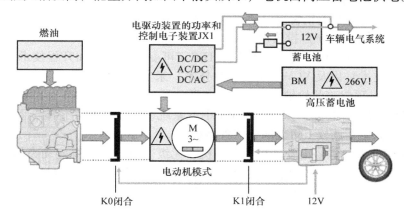

图 2-47　奥迪 Q5 Hybrid 中度混合动力系统助力模式

7. 滑行模式

如图 2-48 所示，滑行模式下，离合器 K0 打开而离合器 K1 闭合，发动机停机，车轮经过变速器带动电机发电，功率电子模块把高压交流电转换为直流电，为高电压蓄电池充电，同时经过 DC-DC 转换器转换为 12V 供电，能量方向如图中箭头所示，电机为高压蓄电池充电。

车辆不消耗任何能量（惯性滑行），根据车速可以判断发动机处于超速断油状态或者关闭状态，如果需要再起动发动机，由电机或者辅助起动机来完成。

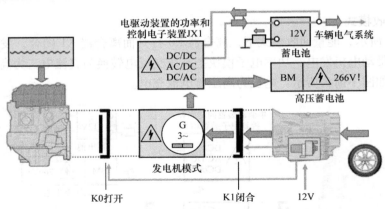

图 2-48 奥迪 Q5 Hybrid 中度混合动力系统滑行模式

任务实施

1) 查阅资料收集市场上其他在售中度混合动力车型。
2) 选取一款车型并描述其混合动力系统的组成与运行原理。

知识与能力拓展

本田 IMA 中度混合动力系统

1. IMA 中度混合动力系统的组成

1997 年，本田（Honda）公司开发出第一代 IMA（Integrated Motor Assist）中度混合动力系统（简称 IMA 中混系统）。1999 年 12 月，搭载 IMA 中混系统的 Insight 在美国正式上市，本田成为第一个在北美销售混合动力汽车的公司。2003 年，装配第二代 IMA 中混系统的四门小型轿车思域（Civic）投放市场。

IMA 中混系统的发动机通过本田的 i-VTEC（可变气门正时和升程技术）、i-DSI（双火花塞顺序点火技术）以及 VCM（可变气缸技术）来实现降低油耗的目的。国内进口的本田 CR-Z 采用的是顶置单凸轮轴 1.5L 的 i-VTEC 发动机，最大功率为 83kW，最大转矩为 145N·m，实测百公里油耗约为 5.4L。IMA 中混系统中的发动机和传统车型中的发动机并没有太大区别，只是在调校上更偏向于节省燃料。

本田 IMA 中混系统主要由发动机、电动机、无级变速器以及智能动力单元组成，以发动机提供动力为主，电动机作为辅助动力，发动机与电动机常连接，电动机取代了传统的飞轮用于保持曲轴的运转惯性。图 2-49 所示为 2012 款思域混合动力电动汽车 IMA 中混系统总体布局图。

如图 2-50 所示，IMA 中混系统的电机安装在发动机与变速器之间，由于电机较薄且结构紧凑，故而俗称薄片电机。在国内销售的本田 CR-Z 上采用的薄片电机最大功率为 10kW，最大转矩为 78N·m。显然，这样的电机只能起到辅助作用。

IMA 中混系统的变速器采用的是普通无级变速器。在国内销售的本田 CR-Z 上采用的变速器是模拟 7 速无级变速器，以获得平顺的换档体验及较高的换档效率。IMA 中混系统的 IPU 智能动力单元是由动力控制单元和蓄电池组成，其中动力控制单元又包括 BCM 蓄电池监控模块、MCM 电机控制模块以及 MDM 电机驱动模块。

2. IMA 中度混合动力系统的运行原理

如图 2-51 所示，IMA 中混系统的工作过程包括起步加速、急加速、低速巡航（匀速驾驶）、轻加速和高速巡航（匀速驾驶）、减速以及停车。

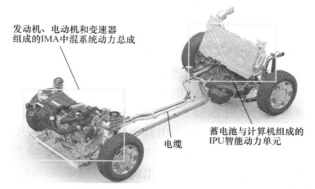

图 2-49　2012 款思域混合动力电动汽车 IMA 中混系统总体布局图

图 2-50　IMA 中混系统的动力总成

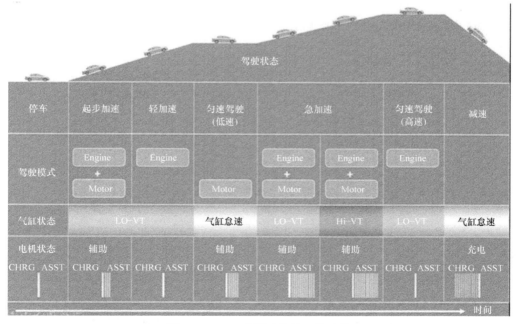

图 2-51　IMA 中混系统的工作过程

(1) 起步加速 如图 2-52 所示，起步加速时，发动机以低速配气正时状态运转，同时电机提供辅助动力，以实现快速加速性能，同时达到节油的目的。

(2) 急加速 如图 2-53 所示，急加速时，发动机以高速配气正时状态运转，此时蓄电池给电动机供电，电动机与发动机共同驱动车辆，提高了整车的加速性能。

(3) 低速巡航 如图 2-54 所示，低速巡航时，发动机四个气缸的进、排气阀全部关闭，发动机停止工作，IMA 中混系统以纯电动方式驱动车辆。

(4) 轻加速和高速巡航 如图 2-55 所示，轻加速和高速巡航时，发动机以低速配气正时状态运转，此时发动机的工作效率较高，由其单独驱动车辆，电机不工作。

(5) 减速 如图 2-56 所示，减速或制动时，发动机关闭，电机此时以发电机方式工作，将机械能最大限度地转化为电能储存到蓄电池包中。车辆制动时，制动踏板位置传感器给智能动力单元一个信号，智能动力单元控制制动系统使机械制动和电机能量回馈之间的制动力协调，以得到最大程度的能量回收。

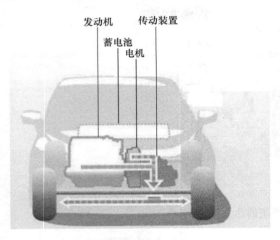

图 2-52 IMA 中混系统起步工况的工作原理简图

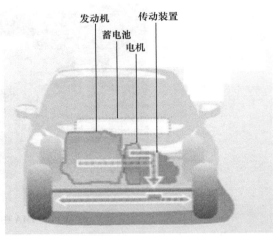

图 2-53 IMA 中混系统急加速工况的工作原理简图

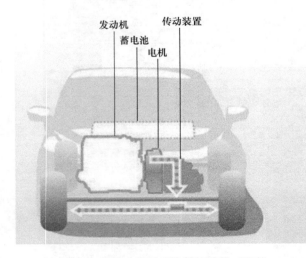

图 2-54 IMA 中混系统低速巡航工况的工作原理简图

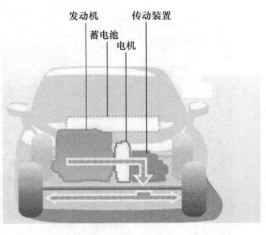

图 2-55 IMA 中混系统轻加速和高速巡航工况的工作原理简图

（6）停车 如图2-57所示，车辆停止时，发动机自动关闭，减少了燃料损失和尾气排放。当制动踏板松开时，发动机自动起动。

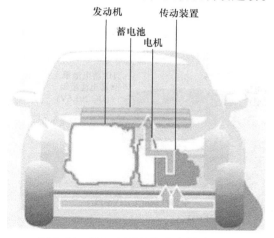

图2-56 IMA中混系统减速制动工况的工作原理简图

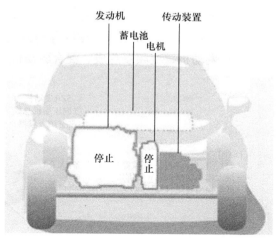

图2-57 IMA中混系统停车工况的工作原理简图

由此可以看出，本田IMA中混系统有个很大的缺陷，就是电机和发动机曲轴连接在一起，无论是纯电驱动还是制动，能量回收效率都会受到影响，如今这样的P1布置形式已经淘汰了。

强化练习

请你评价一下IMA中混系统的优、缺点，要求通过调查市场上的中混车型的销量、价格和油耗等数据进行佐证。

任务2.3 丰田普锐斯重度混合动力系统

学习目标

1. 知识目标

掌握通用丰田普锐斯重度混合动力系统的组成、功用与运行原理。

2. 能力目标

1）能以能量流的方式画出丰田普锐斯重度混合动力系统的组成。

2）能通过自主查阅资料收集市场上的其他强混车型并能将本节所学知识扩展到其他车型，阐述这些车型的混合动力系统的组成与原理。

3. 素养目标

通过学习普锐斯混合动力系统，激发创新意识、培养创新思维、提高创新能力。

任务描述

由于PS架构的重度混合动力系统，能够通过电机更多自由度地调节转矩和转速，让发动机尽可能地工作在高效区间，实现效率最优、动力最优。作为汽车经销商的一名技术人员，你能从节油的角度描述它是如何运行的吗？

任务准备

一、丰田普锐斯重度混合动力系统组成与功用

丰田普锐斯（ZVW30）重度混合动力系统的组成和安装位置如图 2-58 和图 2-59 所示，主要包括发动机、变频器总成、混合驱动桥和 HV 蓄电池。

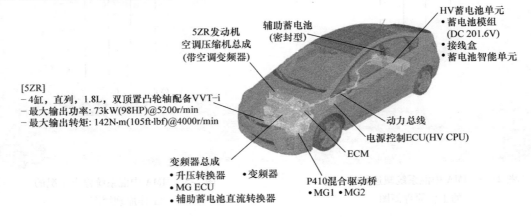

图 2-58　丰田普锐斯重度混合动力系统的组成和安装位置（一）

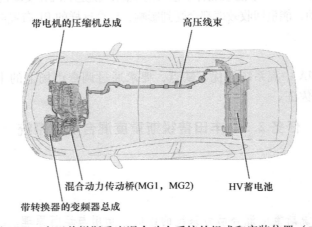

图 2-59　丰田普锐斯重度混合动力系统的组成和安装位置（二）

丰田普锐斯（ZVW30）重度混合动力系统主要组件的连接关系如图 2-60 所示，HV 蓄电池连接至变频器，变频器总成把高压直流电进行升压之后逆变成交流电提供给混合传动桥里面的两个电机使用。混合传动桥中的电机在特定的工况下也可以作为发电机使用，此时两个电机发出的交流电通过变频器转换成直流电给 HV 蓄电池充电。变频器总成里面还集成了 DC/DC 变换器，用来把 HV 蓄电池的高压直流电转变成低压直流电供给低压电气设备使用，同时给低压蓄电池充电。HV 蓄电池还经过变频器把高压直流电供给电动压缩机使用，电动压缩机自带变频器。

1. 蓄电池系统

丰田普锐斯采用密封镍氢混合动力（Ni－MH）蓄电池作为 HV 蓄电池。这种蓄电池具有高能、重量轻、配合 THS－Ⅲ 系统特征使用时间较长等特点。车辆正常工作时，由于

项目 2　混合动力汽车结构原理与故障诊断

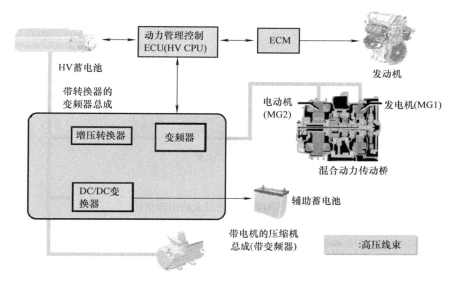

图 2-60　丰田普锐斯重度混合动力系统主要组件的连接关系

THS-Ⅲ系统通过充放电来保持 HV 蓄电池 SOC（荷电状态）为恒定数值，所以车辆不依赖外部设备来充电。

如图 2-61 所示，HV 蓄电池、蓄电池电子控制单元和 SMR（系统主继电器）集成在一起，该装置位于后座的行李舱中，这样可更有效地使用车内空间。蓄电池系统中还包含一个维修塞，用于必要时切断电源。维修高压电路的任何部分时，切记将维修塞拔下。充放电时，HV 蓄电池散发热量，为保护蓄电池的性能，蓄电池电子控制单元控制冷却风扇工作，帮助散热。

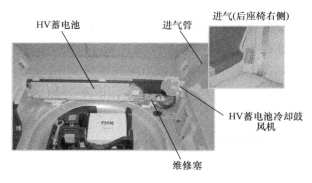

图 2-61　蓄电池位置图

HV 蓄电池总成的内部结构如图 2-62 所示。

（1）HV 蓄电池模块　HV 蓄电池的功能是储存电机 MG1 和 MG2 产生的电能。同时，当使用电动机驱动车辆时，HV 蓄电池给 MG1 和 MG2 供电。空调工作时，通过 DC/AC 转换器，向压缩机供电。为控制车辆正常运行，HV 蓄电池和辅助蓄电池都需要正常工作。如图 2-63 所示，HV 蓄电池采用镍氢（Ni-MH）蓄电池，蓄电池单体数量为 168 个，6 个蓄电池单体组成 1 个模块，共 28 个模块。一般 HV 蓄电池单体间为单点连接，而新车型中的蓄电池单体间为双点连接，这样做可以使蓄电池内部的电阻减小。

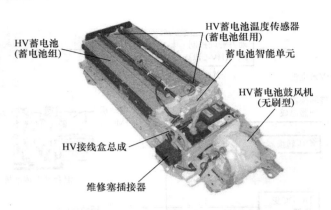

图 2-62　HV 蓄电池总成的内部结构

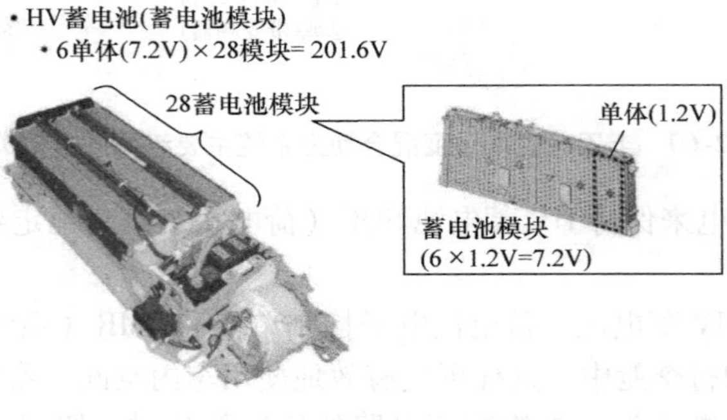

图 2-63　HV 蓄电池模块

（2）维修塞　在 HV 蓄电池模块电路中串联了维修塞，用于手动切断高压电路，确保维修期间的安全性，同时电路中还安装了可检测维修塞安装状态的互锁开关。把手解锁时，互锁开关断开，动力管理控制电子控制单元（HV 电子控制单元）切断系统主继电器。因此，为确保操作安全，拆下维修塞前务必将电源开关置于 OFF 位置。高压电路的主熔丝（125A）位于维修塞内，如图 2-64 所示。维修后应在维修塞连接后再起动车辆，否则会损坏蓄电池的电子控制单元。

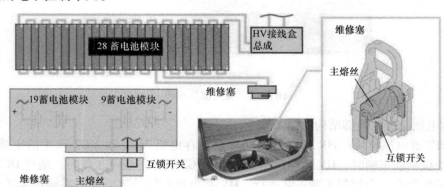

图 2-64　维修塞的结构及位置

（3）高压继电器　在 HV 蓄电池接线盒中安装了三个继电器 SMR。SMR 是根据来自动

力管理控制电子控制单元（HV 电子控制单元）的信号以连接和断开 HV 蓄电池和电源电缆的继电器。如图 2-65 所示，SMRB 位于 HV 蓄电池正极侧，SMRG 位于 HV 蓄电池负极侧，SMRP 位于连接至预充电电阻器的蓄电池负极侧。高压继电器的接通与断开顺序参考任务 1.3，这里不再赘述。

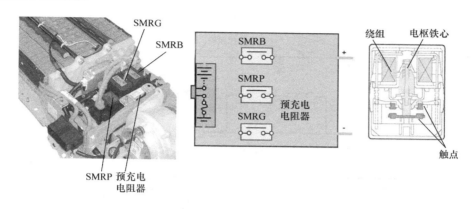

图 2-65　高压继电器

（4）HV 蓄电池冷却系统　HV 蓄电池在充放电过程中会产生热量，如果蓄电池温度过高，则其性能将下降。HV 镍氢蓄电池工作在 10~40℃ 时能输出较大的功率密度，两者之间的关系曲线如图 2-66 所示。

蓄电池电子控制单元控制冷却风扇工作。蓄电池电子控制单元根据 HV 蓄电池内部三个蓄电池温度传感器和进气温度传感器给出的信号将 HV 蓄电池温度控制在合适的范围内。

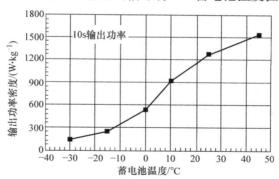

图 2-66　HV 镍氢蓄电池输出功率密度与温度之间的关系曲线

HV 蓄电池依靠冷却鼓风机从车厢吸入空气传送至 HV 蓄电池，以使 HV 蓄电池保持适当的工作温度。HV 蓄电池冷却装置如图 2-67 所示。

HV 蓄电池冷却鼓风机采用无刷直流电动机。电动机控制器根据来自动力管理控制电子控制单元（HV CPU）的信号控制鼓风机运转。HV 蓄电池冷却鼓风机控制原理图如图 2-68 所示。

（5）HV 蓄电池的荷电状态控制　HV 蓄电池的荷电状态（SOC）是反映蓄电池的剩余容量，其数值上定义为蓄电池剩余电荷量占蓄电池标称电荷容量的比值。动力管理控制电子控制单元（HV CPU）持续进行充放电控制，以使 SOC 保持在 60% 目标值上下水平（能量

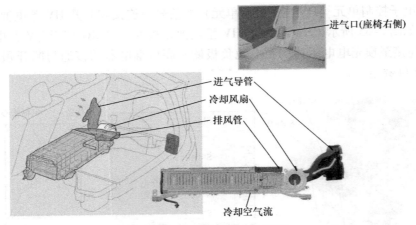

图 2-67 HV 蓄电池冷却装置

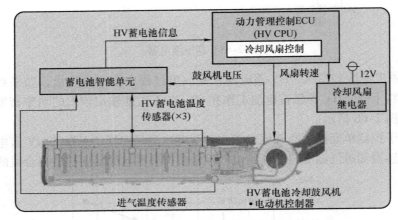

图 2-68 HV 蓄电池冷却鼓风机控制原理图

监控器 SOC 显示约为 6 个格），因此可以通过累积的电流强度计算 SOC，电流传感器如图 2-69 所示。能量控制器 SOC 显示如图 2-70 所示，SOC 目标控制如图 2-71 所示。

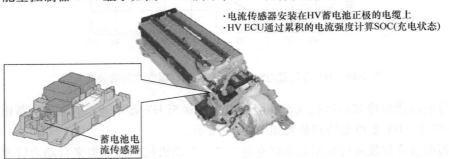

图 2-69 电流传感器

2. 带变换器的逆变器总成

如图 2-72 所示，带变换器的逆变器总成安装在前机舱内，外部接口为 HV 蓄电池高压线接口、MG1 和 MG2 高压线接口、空调压缩机高压线接口和低压线束接口。

项目 2　混合动力汽车结构原理与故障诊断

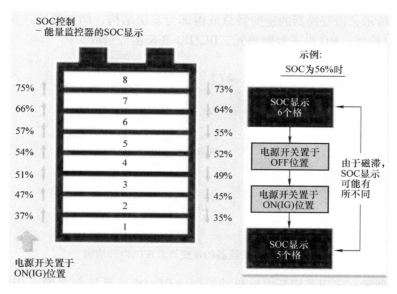

图 2-70　能量控制器的 SOC 显示

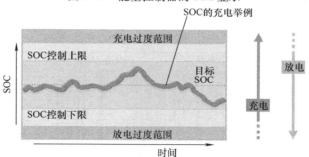

图 2-71　SOC 目标控制

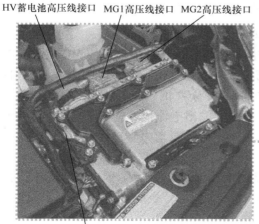

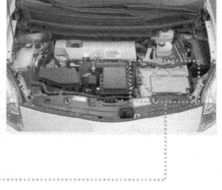

图 2-72　带变换器的逆变器总成的安装位置与外部接口

如图 2-73 所示，带变换器的逆变器总成内部为多层结构，结构紧凑，主要由电容、智能动力模块、电抗器、MG 电子控制单元、DC/DC 变换器等组成。

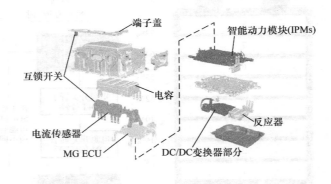

图 2-73 带变换器的逆变器总成的内部结构

如图 2-74 所示，丰田普锐斯电机驱动控制（DC/DC）系统包含增压变换器、逆变器、DC/DC 变换器、MG 电子控制单元和两个电机。逆变器总成的外部接口和电机传感器安装位置如图 2-75 所示。

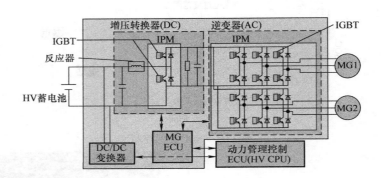

图 2-74 丰田普锐斯电机驱动控制（DC/DC）系统结构组成

（1）MG 电子控制单元　MG 电子控制单元主要有三大功能：第一，根据接收自动力管理控制电子控制单元（HV CPU）的信号控制逆变器和增压变换器，使 MG1 和 MG2 运行在电动机或发电机模式，如图 2-76 所示；第二，从动力管理控制电子控制单元（HV CPU）接收控制 MG1 和 MG2 的运行状态信息（如 MG1 和 MG2 的转速、转矩、温度以及目标升高电压）；第三，将车辆控制所需的信息，如逆变器输出电流值、逆变器电压、逆变器温度、MG1 和 MG2 转速、大气压力以及任何故障信息，传输至动力管理控制电子控制单元（HV CPU）。

（2）逆变器　逆变器的作用是将 HV 蓄电池或增压变换器直流电转换成用于驱动 MG1 和 MG2 的交流电，反之则将 MG1 和 MG2 输出的交流电转换成直流电，具体原理参考任务 1.3，这里不再赘述。

（3）增压变换器　增压变换器的作用是将 HV 蓄电池额定 201.6V 的直流电压升至最高 650V 的直流电压，反之则将 650V 直流电压逐步降至 201.6V 直流电压，如图 2-77 所示。

项目 2　混合动力汽车结构原理与故障诊断

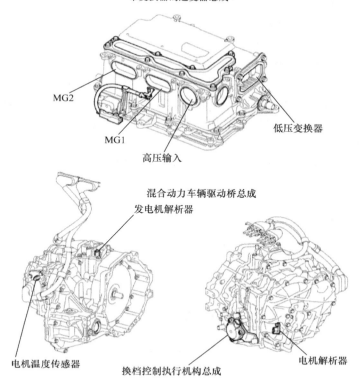

图 2-75　逆变器总成的外部接口和电机传感器安装位置

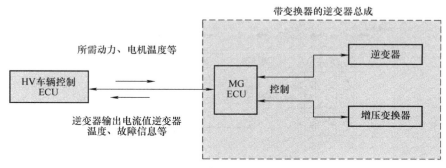

图 2-76　MG 电子控制单元控制原理

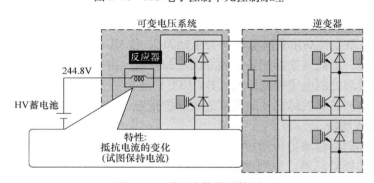

图 2-77　增压变换器系统图

增压变换器由带内置式 IGBT 的增压 IPM、电抗器和高压电容组成。增压 IPM 内含两个 IGBT，一个用于升压，一个用于降压。电抗器抑制电流变化，提供稳定的升压和降压电流。高压电容储存升高的电压，为逆变器提供所需的稳定电压。

（4）DC/DC 变换器　车辆的电气零部件（如前照灯和音响系统）和各电子控制单元使用直流电压 12V 作为电源。在常规车辆中，交流发电机（使用发动机拖动）用于为 12V 蓄电池充电并为电气零部件供电。然而，在混合动力车辆中，发动机为间歇性运行，因此混合动力车辆不使用交流发电机，而是采用 DC/DC 变换器，通过 DC/DC 变换器的晶体管桥接电路将 HV 蓄电池的 201.6V 直流电压先转换为交流并通过变压器降至低压，然后将交流再转换为 14V 直流电压，稳定地输出至 12V 低压直流电源系统，如图 2-78 所示。

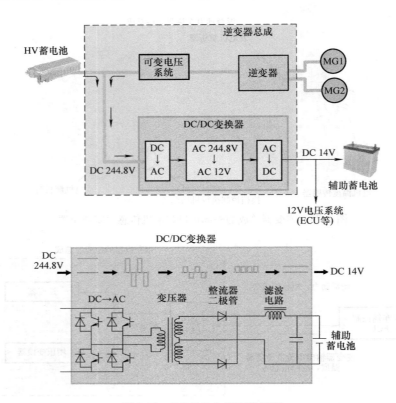

图 2-78　DC/DC 电压变换原理

3. 逆变器冷却系统

逆变器将 HV 蓄电池高压直流电转换为驱动 MG1 和 MG2 运行的交流电，在转换过程中逆变器会产生热量，因此逆变器配备了独立的冷却系统，由逆变器冷却水泵、冷却风扇和散热器组成，动力管理控制电子控制单元（HV CPU）监控逆变器的工作温度，在冷却水泵和冷却风扇运转时检测系统故障并及时采取失效保护措施，如图 2-79 所示。

4. 混合动力传动桥

普锐斯采用丰田混合动力传动桥 P410。混合动力传动桥 P410 由电机 MG1 和 MG2、复合齿轮装置、传动桥阻尼器、中间轴齿轮、减速齿轮、差速器齿轮机构和油泵组成，如图 2-80 所示。该传动桥改进上一代四轴结构为三轴结构，复合齿轮装置、传动桥阻尼器、油

项目 2　混合动力汽车结构原理与故障诊断

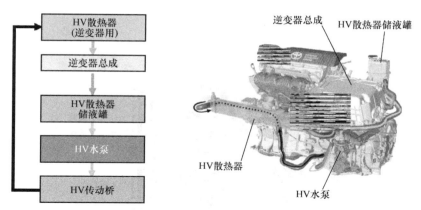

图 2-79　逆变器冷却系统的组成

泵、MG1 和 MG2 连接至输入轴，中间轴从动齿轮和减速主动齿轮连接至第二轴，减速从动齿轮和差速器齿轮机构连接至第三轴。

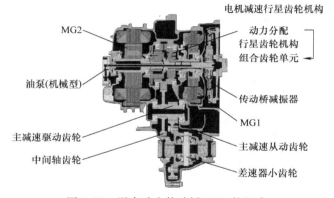

图 2-80　混合动力传动桥 P410 的组成

（1）MG1 和 MG2　新普锐斯与上一代 MG1 和 MG2 参数对比见表 2-1。

表 2-1　新普锐斯与上一代的 MG1 和 MG2 参数对比

	参数	新普锐斯	上一代车型
MG1	类型	永久磁体	←
	最大系统电压	AC 650V	AC 500V
MG2	类型	永久磁体	←
	最大输出功率	60kW	50kW
	最大输出转矩	546N·m	400N·m
	最大系统电压	AC 650V	AC 500V
冷却系统	MG1	水冷	←
	MG2	风冷	水冷

内置于混合动力传动桥的 MG1 和 MG2 为结构紧凑、量轻且高效的交流永磁同步电机，由定子、定子线圈、转子、永久磁铁和解析器（旋转变压器）组成，其结构如图 2-81 所示。

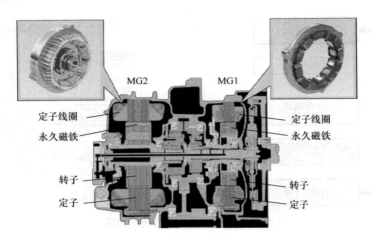

图 2-81 MG1 和 MG2 的结构

MG1 主要用作发电机，为 MG2 驱动车辆提供电能并对 HV 蓄电池充电，此外在起动发动机时还用作起动机。MG1 的定子采用集中型绕组，使电机端部绕组较短，铜耗量显著减少，结构更加紧凑。

MG2 的主要作用是利用 MG1 和 HV 蓄电池提供的电能，以电动机模式运行驱动车辆，此外在减速过程中还用作发电机，对 HV 蓄电池充电并提供再生制动能量。MG2 采用分布型绕组，能使定子绕组产生理想的正弦波磁通势，降低高次谐波，使电机运转更加平稳。MG1 和 MG2 都配有旋转变压器，用于检测位置、转速和方向，其安装位置如图 2-82 所示。

图 2-82 旋转变压器的安装位置

（2）复合齿轮装置　如图 2-83 所示，复合齿轮装置由动力分配行星齿轮机构和电机减速行星齿轮机构组成，动力分配行星齿轮机构的太阳轮齿数为 30 齿，齿圈齿数为 78 齿，电机减速行星齿轮机构的太阳轮齿数为 22 齿，齿圈齿数为 58 齿。

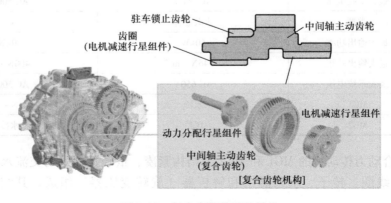

图 2-83 复合齿轮装置的结构

图 2-84 所示为复合齿轮装置的动力分配连接图,通过采用两套行星齿轮机构的齿圈和中间轴主动齿轮及驻车锁止齿轮做成一体的复合齿轮,使复合齿轮装置的结构更为紧凑和轻量化。动力分配行星齿轮机构的太阳轮连接至 MG1,行星轮支架连接至发动机,齿圈连接至复合齿轮(车轮);电机减速行星齿轮机构的太阳轮连接至 MG2,齿圈连接至复合齿轮(车轮);行星轮支架固定至传动桥外壳,两套行星齿轮机构的齿圈组合在一起。

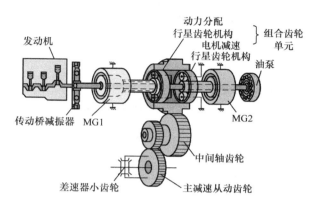

图 2-84　复合齿轮装置动力分配连接

与上一代丰田混合动力驱动电机 MG2 相比较,THS-Ⅲ驱动电机 MG2 通过电机减速行星齿轮机构降低了转速,从而使紧凑且量轻的电动机能够产生较大的转矩。

(3) 传动阻尼器　混合动力车辆在发动机运转停止或起动瞬间会产生发动机扭转振动,而在传动装置结构上又取消了液力变矩器的液力减振作用,因此在 THS-Ⅲ发动机与传动桥之间安装了传动桥阻尼器,如图 2-85 所示。传动桥阻尼器减小了发动机传输动力时产生的扭转振动力矩,同时在车辆振动控制方面增加了发动机转矩脉冲补偿控制程序,降低了发动机与传动桥减速机构耦合的共振影响,如图 2-86 所示。

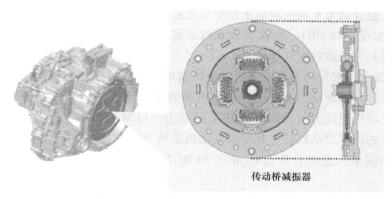

图 2-85　混合传动桥阻尼器的安装位置

(4) 传动桥油泵　机械油泵采用余摆线型油泵,内置于混合动力传动桥,如图 2-87 所示。它由发动机驱动,采用压力润滑各齿轮。另外,传动桥还通过减速齿轮旋转使集油箱内的润滑油甩出润滑齿轮,减小了机械油泵的运转负载。

电动汽车结构原理与故障诊断 第2版

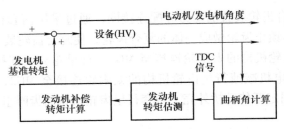

图 2-86 发动机转矩脉冲补偿控制框图

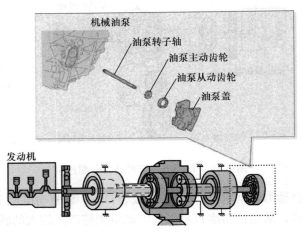

图 2-87 传动桥油泵的结构

二、丰田普锐斯重度混合动力系统运行原理

混合动力车辆控制电子控制单元利用来自加速踏板位置传感器总成的信号检测加速踏板踩下的角度，并检测变速杆档位信号，同时通过 MG 电子控制单元接收来自 MG1 和 MG2 解析器的转速信号，根据此信息确定车辆行驶状态，并对 MG1、MG2 和发动机原动力进行优化控制。此外，混合动力车辆控制电子控制单元总成监视动力蓄电池的 SOC 及动力蓄电池、MG1 和 MG2 的温度，对 MG1、MG2 及发动机的输出功率和输出转矩进行最佳控制，以实现更低的燃油消耗和更清洁的废气排放。

如图 2-88 所示，混合动力车辆控制电子控制单元总成根据档位传感器、加速踏板踩下的角度和车速计算目标原动力，并结合动力电池的 SOC 和温度计算发动机原动力。从目标原动力中减去发动机原动力所得的值即 MG2 原动力。ECM 根据接收自混合动力车辆控制电子控制单元总成的目标发动机转速和所需发动机原动力对发动机进行控制。此外，混合动力车辆控制电子控制单元总成合理运行 MG1 和 MG2，以提供所需的 MG1 发电力和 MG2 原动力。

1. 动力传输路线

（1）原动力传输路径 由发动机和 MG2 产生的原动力经过复合齿轮装置的中间轴主动齿轮、中间轴从动齿轮、减速主动齿轮，然后传至差速器齿轮机构，以驱动前轮，如图 2-89 所示。

（2）发动机原动力和 MG2 原动力传输路径 经由行星轮架输入的发动机原动力传输至

齿圈，MG2 的原动力通过电动机减速行星齿轮机构也传输至齿圈，这两个原动力之和由复合齿轮传输以驱动车轮，如图 2-90 所示。

（3）MG2 原动力传输路径　MG2 的原动力由太阳轮传输至齿圈以驱动车轮，由于电机减速行星齿轮机构的行星轮架是固定的，所以电机减速行星齿轮机构按照固定的传动比降低 MG2 的转速，增大转矩，旋转方向（正转和倒转）颠倒，如图 2-91 和图 2-92 所示。

（4）发动机原动力传输路径　经由行星齿轮架输入的发动机原动力输出至太阳轮，进而使 MG1 作为发电机运行，如图 2-93 所示。

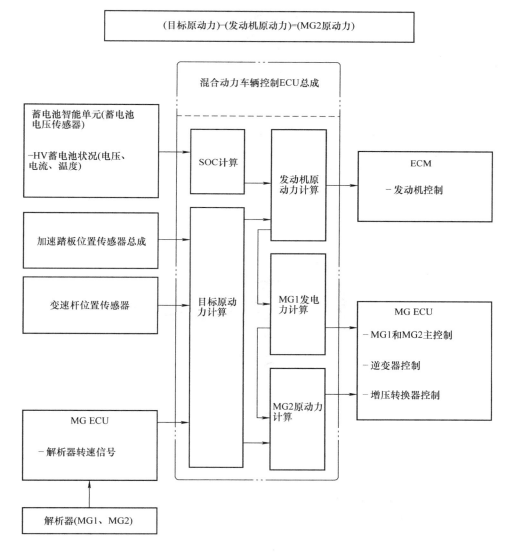

图 2-88　混合动力车辆控制原理图

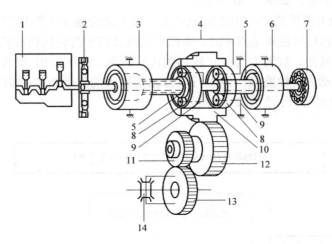

图 2-89 原动力传输路径

1—发动机 2—变速器输入减振器总成 3—MG1 4—复合齿轮装置 5—太阳轮 6—MG2 7—油泵 8—齿圈 9—齿轮架 10—中间轴主动齿轮（复合齿轮） 11—减速主动齿轮 12—中间轴从动齿轮 13—减速从动齿轮 14—差速器齿轮机构

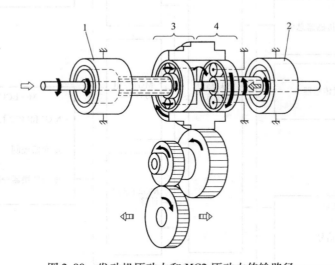

图 2-90 发动机原动力和 MG2 原动力传输路径

1—MG1 2—MG2 3—动力分配行星齿轮机构 4—电机减速行星齿轮机构

➡—旋转方向 ⇨—自发动机 ⇨—自 MG2 ⇨—至车轮

（5）MG1 原动力传输路径 MG1 的原动力通过太阳轮传输至行星轮架，进而起动发动机，如图 2-94 所示。

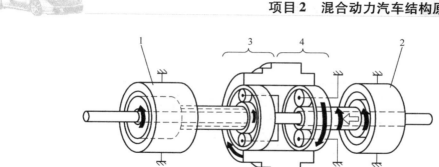

图 2-91 MG2 原动力传输路径（一）

1—MG1　2—MG2　3—动力分配行星齿轮机构　4—电机减速行星齿轮机构

➡—旋转方向　⇨—自 MG2　⇨—至车轮

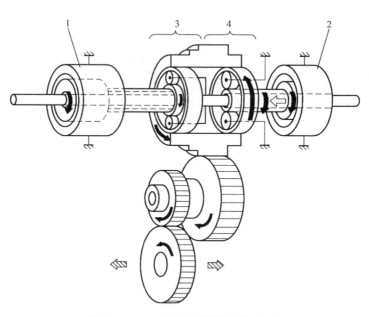

图 2-92 MG2 原动力传输路径（二）

1—MG1　2—MG2　3—动力分配行星齿轮机构　4—电机减速行星齿轮机构

➡—旋转方向　⇨—自 MG2　⇨—至车轮

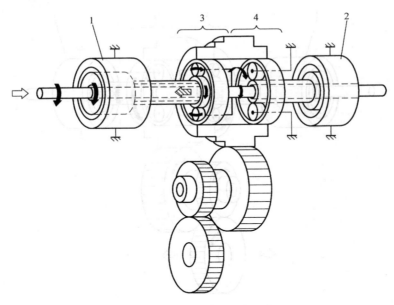

图 2-93 发动机原动力传输路径
1—MG1 2—MG2 3—动力分配行星齿轮机构 4—电机减速行星齿轮机构
➡—旋转方向 ⇨—自 MG2 ⇨—至车轮

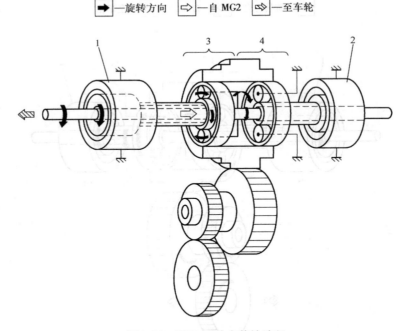

图 2-94 MG1 原动力传输路径
1—MG1 2—MG2 3—动力分配行星齿轮机构 4—电机减速行星齿轮机构
➡—旋转方向 ⇨—自 MG2 ⇨—至车轮

2. 列线图识读方法

列线图识读方法如图 2-95 所示,对行星轮的旋转方向、转速和转矩平衡进行了直观表示。在列线图中,直线用于表示行星齿轮机构中三个齿轮的旋转方向和转速间的关系。各齿轮的转速由距 0r/min 点的距离表示。由于行星齿轮机构的结构，三个齿轮的转速间的关系总是用一条直线表示。以下说明中各车辆行驶状态的列线图和传动机构运行图仅为示例。

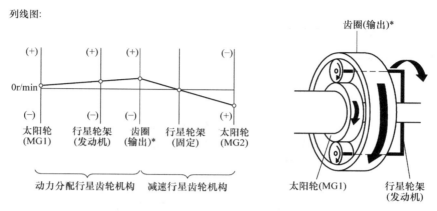

*：MG2通过电机减速行星齿轮机构作用于齿圈。

图 2-95　列线图识读方法

对于混合动力系统，电机根据不同情况具有不同的作用。了解旋转方向和转矩间的关系有助于理解电机的作用。表 2-2 表明了正转矩或负转矩和正向旋转或反向旋转进行不同组合时驱动和发电的关系。

表 2-2　电机运转状态表

旋转方向	转矩状态	零部件的作用
正向（+）旋转	正转矩	驱动
	负转矩	发电
反向（-）旋转	正转矩	发电
	负转矩	驱动

例如：如果电机正向（+）旋转，并有负转矩，则将发电（产生电能）；另外，如果电机反向（-）旋转，并有负转矩，则将作为驱动源（消耗电能）。

3. 运行原理

混合动力系统使用发动机和 MG2 提供的原动力，并将 MG1 用作发电机。系统根据各种行驶状态对这些力进行优化组合。混合动力车辆控制电子控制单元总成持续监视发动机冷却液温度、SOC、HV 蓄电池温度和电气负载情况。如果任一监视条件未满足要求，电源开关置于 ON（READY）位置，且变速杆处于 N 位以外的任一位置，则混合动力车辆控制电子控制单元总成起动发动机。

混合动力系统根据下列行驶状态对发动机、MG1 和 MG2 的运转进行优化组合，驱动车辆。图 2-96 所示为典型的车辆行驶状态。

（1）车辆起步　如图 2-97 所示，车辆起步时由 MG2 为车辆提供动力，如果仅由 MG2 驱动运行时所需的驱动转矩增加，则激活 MG1 以起动发动机。

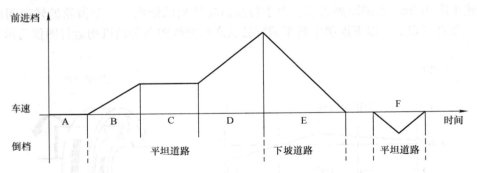

图2-96 典型的车辆行驶状态
A—电源开关置于ON（READY）位置　B—起动　C—定速巡航
D—节气门全开加速期间　E—减速器期间　F—倒车期间

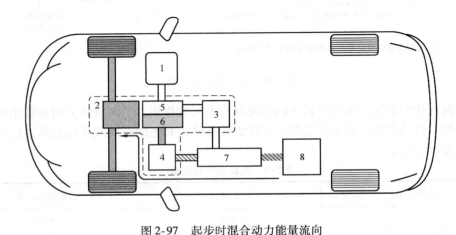

图2-97 起步时混合动力能量流向
1—发动机（停止）　2—混合动力车辆变速器总成　3—MG1（自由旋转）　4—MG2（主动）
5—动力分配行星齿轮机构　6—电机减速行星齿轮机构　7—带变换器的逆变器总成
8—HV蓄电池　▨—电力路径（DC）　▨—电力路径（AC）　▨—机械动力路径

如图2-98所示，车辆在正常情况下起步时使用MG2的原动力行驶，此时发动机停止运转，行星轮架（发动机）的转速为零，MG1未产生任何转矩，因此没有转矩作用于太阳轮（MG1），太阳轮沿反转（-）方向自由旋转以平衡旋转的齿圈。

由于电机MG1处于旋转状态，所以会产生电压，当该电压高于电源电压时，就会有电流流动，为使电机MG1产生的电压偏置，逆变器将IGBT切换至ON状态，防止电流流动，从而使电机MG1无转矩输出，如图2-99所示。

（2）定速巡航　如图2-100所示，车辆在低负载状态下行驶时，动力分配行星齿轮机构传输发动机原动力，其中一部分原动力直接输出，剩余的原动力则通过MG1发电。利用逆变器的电力路径，该电能被传输至MG2，作为MG2的原动力输出。如果HV蓄电池的SOC水平低，则由发动机驱动的MG1进行充电。

如图2-101所示，发动机转矩以正转（+）方向作用于行星轮架，使太阳轮（MG1）在负转矩的反作用力下沿正转（+）方向转动，MG1利用作用于太阳轮（MG1）的负转矩发电。

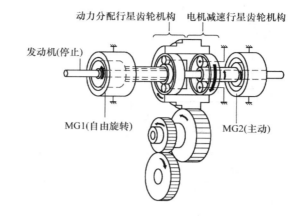

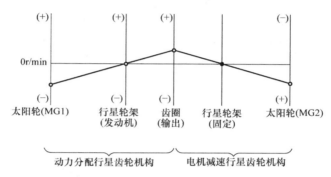

图 2-98 起步时各部件运动方向和列线图

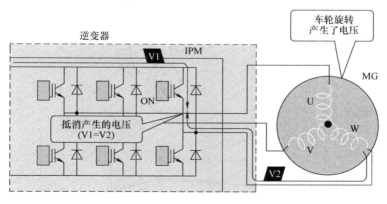

图 2-99 MG1 电机零转矩控制

（3）节气门全开加速 如图 2-102 所示，车辆行驶状态从低负载巡航变为节气门全开加速时，系统利用来自 HV 蓄电池的电能为 MG2 补充原动力。

如图 2-103 所示，当需要更多发动机动力时，相关齿轮将做相应的改变以提高发动机转速，发动机转矩以正转（+）方向作用于行星轮架，使太阳轮（MG1）在负转矩的反作用力下沿正转（+）方向转动，MG1 利用作用于太阳轮（MG1）的负转矩发电。

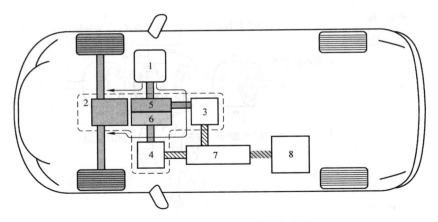

图 2-100　定速巡航时混合动力能量流向

1—发动机（停止）　2—混合动力车辆变速器总成　3—MG1（自由旋转）　4—MG2（主动）
5—动力分配行星齿轮机构　6—电动机减速行星齿轮机构　7—带变换器的逆变器总成
8—HV 蓄电池　▨—电力路径（DC）　▨—电力路径（AC）　▨—机械动力路径

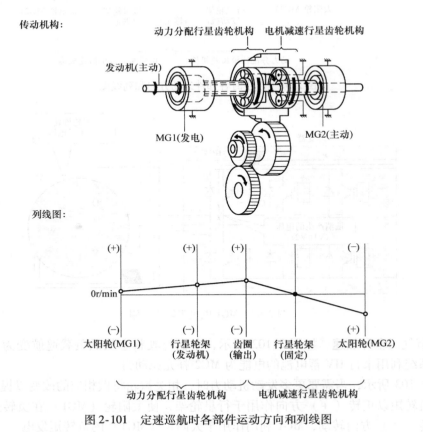

图 2-101　定速巡航时各部件运动方向和列线图

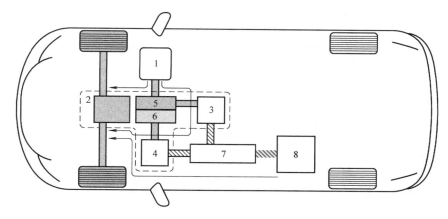

图 2-102　节气门全开加速时混合动力能量流向

1—发动机（停止）　2—混合动力车辆变速器总成　3—MG1（自由旋转）　4—MG2（主动）
5—动力分配行星齿轮机构　6—电机减速行星齿轮机构　7—带变换器的逆变器总成
8—HV 蓄电池　▨—电力路径（DC）　▨—电力路径（AC）　▨—机械动力路径

传动机构：

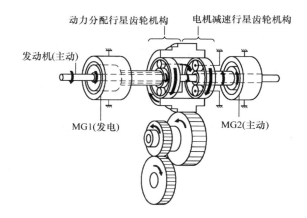

列线图：

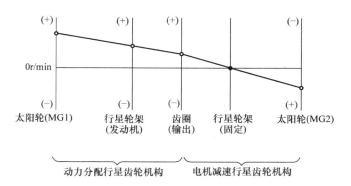

图 2-103　节气门全开加速时各部件运动方向和列线图

（4）减速　如图 2-104 所示，选择前进档（D）的情况下使车辆减速时，发动机关闭且原动力为零，此时车轮驱动 MG2 使其作为发电机运行，从而为 HV 蓄电池充电。如果车辆从较高车速开始减速,发动机将保持预定转速而非停止,以保护行星轮。

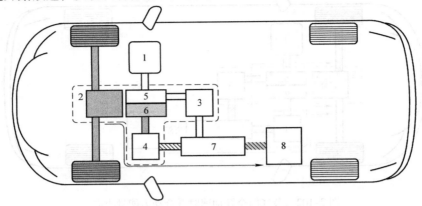

图 2-104　减速时混合动力能量流向

1—发动机（停止）　2—混合动力车辆变速器总成　3—MG1（自由旋转）　4—MG2（主动）
5—动力分配行星齿轮机构　6—电机减速行星齿轮机构　7—带转换器的逆变器总成
8—HV 蓄电池　▨—电力路径（DC）　▨—电力路径（AC）　■—机械动力路径

如图 2-105 所示,减速期间齿圈由车轮驱动旋转,在此情况下,由于发动机停止,行星轮架（发动机）的转速为零,MG1 未产生任何转矩,没有转矩作用于太阳轮（MG1）,太阳轮（MG1）沿反转（-）方向自由旋转以平衡旋转的齿圈。

传动机构:

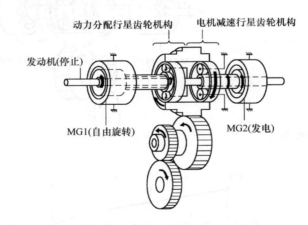

列线图:

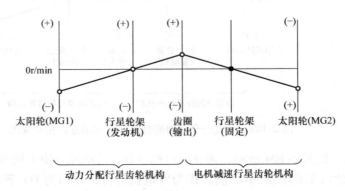

图 2-105　减速时各部件运动方向和列线图

项目 2　混合动力汽车结构原理与故障诊断

（5）倒车　如图 2-106 所示，车辆以倒档行驶时所需的动力由 MG2 提供，此时 MG2 反向旋转，发动机保持停止，MG1 正向旋转而不发电。

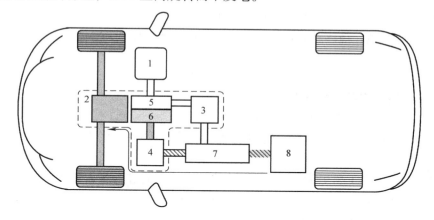

图 2-106　倒车时混合动力能量流向

1—发动机（停止）　2—混合动力车辆变速器总成　3—MG1（自由旋转）　4—MG2（主动）
5—动力分配行星齿轮机构　6—电机减速行星齿轮机构　7—带变换器的逆变器总成
8—HV 蓄电池　▨—电力路径（DC）　▧—电力路径（AC）　▦—机械动力路径

如图 2-107 所示，倒车时行星齿轮机构的状态与起步时相反，由于发动机停止，行星轮架（发动机）的转速为零，太阳轮（MG1）沿正转（＋）方向自由旋转以平衡旋转的齿圈。

传动机构：

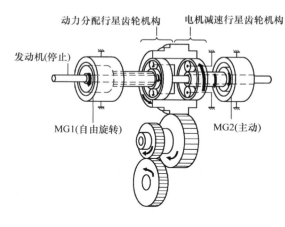

列线图：

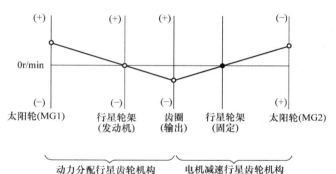

图 2-107　倒车时各部件运动方向和列线图

115

任务实施

1）查阅资料收集市场上的其他在售强混车型。
2）选取一款车型并描述其混合动力系统的组成与运行原理。

知识与能力拓展

一、电子无级变速器（ECVT）解析

1. ECVT 和普通无级变速器结构上的区别

无级变速器（CVT）是钢带与滑轮的组合，如图 2-108 所示。ECVT 结构的核心就是一套行星齿轮机构和多个电机，ECVT 中有的电机负责发电，有的负责驱动调节车速，与现在的普通 CVT 相比，ECVT 要更为简单。ECVT 的关键就是通过行星齿轮机构上的行星轮和调速电机来实现变速，这个过程完全是无缝衔接的，称其为无级变速器也无可厚非，再加上采用电控和电驱动，因此被称为 ECVT。

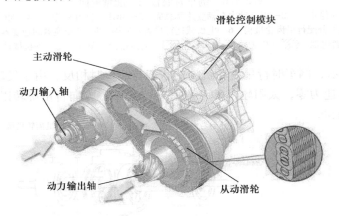

图 2-108 无级变速器结构

2. ECVT 的特点

ECVT 传动效率高，可以直接承受大转矩，但控制软件更为复杂。与现在普通的 CVT 相比，ECVT 有行星齿轮机构，但没有液力变矩器、钢带等结构（从这点来看也远比普通的 AT 简单），变速器更紧凑（这对于本身尺寸较小的车型来说非常重要），也可以直接承受大转矩（比如凯雷德的最大转矩接近 500N·m，这对于普通的 CVT 无法想象）。

由于没了液力变矩器等动力耦合部件，ECVT 的传动效率也非常高。丰田普锐斯等混动车型之所以节省，一方面是因其发动机处于阿特金森（或类似阿特金森）循环状态，工况非常经济，另一方面也得益于变速器较高的传动效率。

ECVT 不但具有物理档位，而且对于多个电机、发动机等的协作提出了非常高的要求，因此控制软件也比普通的 CVT 复杂（实际上 CVT 的控制逻辑在自动变速器里面几乎是最简单的），这不但需要进行非常多的试验，同时也需要长期的市场反馈积累，对于丰田等混动系统开发经验丰富的汽车厂商来说更具优势。

另外，ECVT 对于控制电机的可靠性、功率与运行精度要求也非常高。对于普通自动变速器，如果个别电磁阀失效，还能勉强行驶；而对于 ECVT，其上电机一旦失效，则会完全

停摆,这也是 ECVT 潜在的风险之一。

3. ECVT 的应用车型

ECVT 主要集中在凯迪拉克、雪佛兰、雷克萨斯等品牌的混动车型。

常见的横置发动机车型如沃蓝达、普锐斯、凯美瑞,纵置发动机车型如雷克萨斯 GS、LS 等,都采用了不同设计方案而原理类似的 ECVT,这些车型往往在动力和经济性方面表现得非常均衡。

二、本田 i-MMD 混合动力系统结构与工作原理

纵使之前本田已经开发过一款被称为 IMA(Integrated Motor Assist)系统的并联式混合动力系统,并且先后推出过包括前后两代车型的 Insight 以及思域 hybrid、雅阁 hybrid、CR-Z、飞度 hybrid、飞度 shuffle hybrid、Insight Exclusive、讴歌 ILX hybrid 在内的一共九款混合动力量产车型,但因受限于 IMA 系统本身的结构和设计,即便这些车型其他方面的水准在同级车中算作上乘,就节能性方面而言,却要比丰田旗下那些采用 THS 的车型略逊一筹。

IMA 系统效率低有三大原因:第一,缺少电子变速结构,在 IMA 系统整个运行过程中,既没有"切换"发动机与电机输出时机的控制单元,也没有通过变速结构来"分配"两者动力输出的混合比例;第二,IMA 系统的两套动力相互消耗输出,在巡航状态下电机会消耗发动机输出的功率,而在纯电动状态下由于和曲轴连接在一起,电机运转还会被发动机曲轴消耗动力,没有专用的发电机,充电主要靠收油滑行与制动回收电能;第三,电机占到的运转比例低也直接影响动力输出的效率。

本田 i-MMD(Intelligent Multi Mode Drive,智能化多模式驱动)是用于中端车型(新雅锐·混动 Accord hybrid 和新思铂睿·混动 Spirior hybrid)的高效混合动力系统,具有高效率的双电机混合动力系统,动力输出强劲且稳定,能提供强劲的动力输出和优异的燃油经济性。如图 2-109 所示,i-MMD 系统由 2.0L 阿特金森循环的汽油机、发电机、驱动电机和动力分离装置的 ECVT、动力控制单元(Power Control Unit,PCU)、锂蓄电池组等部分组成。

图 2-109 i-MMD 系统总体布局图

如图 2-110 所示,该系统采用以电机为主、汽油机为辅的设计,混合模式下起动汽油机为的只是给电机充电,让电机驱动车轮,而汽油机真正与车轮连接只在汽油机驱动模式下才进行。相比许多现有的主流混合动力车型,i-MMD 系统有更为出色的动力与节油优势,其节能和动力的控制性能表现极佳。

从运转的模式上来分,i-MMD 系统有以下三种。

(1)纯电动驱动模式 对于此种运作模式下的 i-MMD 系统运作模式与纯电动汽车完全相同,如图 2-111 所示,发动机并不起动,动力分离装置(主要构成部分为一台湿式多片

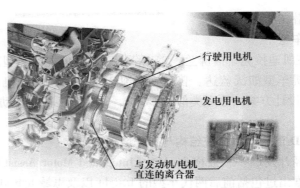

图 2-110 i-MMD 混合动力系统结构图

离合器）断开，驱动车辆行驶的能源直接来源于车载的锂电池组，锂蓄电池组内储存的电能经由动力控制单元提供给驱动电机，驱动两个前轮转动，从而驱动车辆前进或者后退。另外，在此驱动模式下，车辆制动所产生的能量将被回收，重新充入锂蓄电池组。

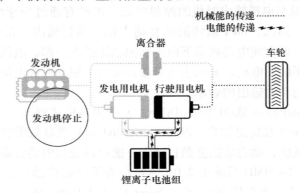

图 2-111 i-MMD 纯电动驱动模式原理图

（2）混合动力驱动模式 对于此种运作模式下的 i-MMD 系统搭载车，其运作模式大致相当于增程式电动车，如图 2-112 所示，发动机起动，但动力分离装置断开，发动机转速被维持在能发挥最高热效率的转速区间内，驱动 ECVT 内的电机产生电能，经由动力控制单元为位于车体后部的锂蓄电池组进行充电，电能再经由锂蓄电池组提供给驱动电机，从而驱动车辆行进。当车辆制动时，配

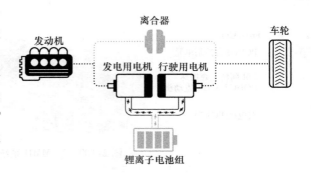

图 2-112 i-MMD 混合动力驱动模式原理图

备了起停装置的发动机将由起停装置控制停止运作，节省了燃料，同时制动能量回收系统依旧起作用，可为锂蓄电池组提供额外的能量。而当车辆需要急加速时，锂蓄电池组可以提供额外的电能，让电机瞬时产生最大转矩输出。

（3）发动机驱动模式 如图 2-113 所示，在此模式下，发动机起动，同时动力分离装置正常连接，发动机转速由驾驶人踩下加速踏板的深浅直接控制，并通过 ECVT 将机械能直接传递给车轮。同时，为了在加速时提供更大的动力，其蓄电池组同时也处于待机状态，在需要时可提供电能给电机，让电机和发动机一起运作。

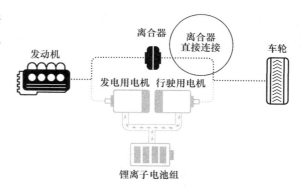

图 2-113　i-MMD 发动机驱动模式原理图

强化练习

详细地对本田 i-MMD 系统和丰田 THS 技术进行技术比较，可以通过调查动力性、油耗等关键数据进行佐证。

任务 2.4　丰田普锐斯动力蓄电池系统故障诊断与排除

学习目标

1. 知识目标

1）掌握丰田普锐斯动力蓄电池系统的组成与工作原理。
2）掌握丰田普锐斯动力蓄电池系统和其他系统关联信号的作用。

2. 能力目标

1）能用故障诊断仪读取丰田普锐斯动力蓄电池系统的车辆故障码，并通过查阅维修手册和电路图手册，确定车辆故障区域。
2）能识读丰田普锐斯动力蓄电池系统电路（原理）图，并把实车和电路一一对应，在实车上识别出电路图中的熔丝、继电器、互锁线、通信电路、风扇控制电路、高压继电器控制电路和各传感器等。
3）能根据维修手册中的相关标准值或波形对上述丰田普锐斯动力蓄电池系统的电源电路、各个传感器信号电路和通信电路进行基本检测。
4）在具备以上能力的基础上，能针对丰田普锐斯动力电池系统故障现象按照现代故障诊断方法流程进行故障诊断与排除。
5）能明确、清晰、有条理地完成丰田普锐斯动力蓄电池系统故障诊断与排除记录。

3. 素养目标

在普锐斯动力蓄电池系统的故障诊断过程中，充分发挥各小组成员积极性、分工合作，培养团队协作精神、提高任务实施效率。

任务描述

丰田普锐斯不能上高压电，READY 灯不亮，混动系统故障指示灯亮，连接故障诊断仪读取故障码，发现混合动力控制系统报"P0A0D-高压系统互锁电路电压高"故障码。根据以上现象，作为一名汽车经销商的维修人员，你将如何开展维修工作？

任务准备

一、丰田普锐斯蓄电池系统工作原理

1. 蓄电池系统传感器工作原理

（1）电流传感器　蓄电池电流检测采用霍尔式电流传感器，其连接电路及传感器特性如图 2-114 所示。直流母线上放电（电流从电池正极流出），传感器输出电压随电流增加逐渐降低；充电（电流从电池正极流入），传感器输出电压随电流增加逐渐增大。

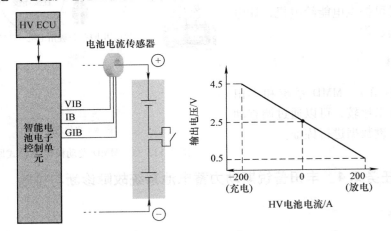

图 2-114　电流传感器的连接电路及传感器特性

（2）蓄电池温度传感器　蓄电池温度传感器检测 HV 蓄电池温度，HV 电子控制单元根据 HV 蓄电池温度控制蓄电池冷却风扇。蓄电池温度传感器的连接电路及传感器特性如图 2-115 所示，传感器采用 NTC 热敏电阻，阻值随着温度升高而降低。

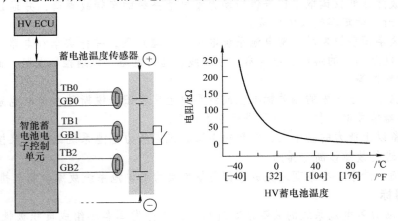

图 2-115　蓄电池温度传感器的连接电路及传感器特性

进气温度传感器用于检测冷却风扇进气温度，其连接电路及传感器特性如图 2-116 所示，传感器采用 NTC 热敏电阻。

（3）电压采集　蓄电池组电压检测 17 个蓄电池组的电压，一组蓄电池由两个模块组成，如图 2-117 所示。

2. 蓄电池系统工作原理

（1）蓄电池 SOC 控制原理　如图 2-118 所示，蓄电池智能单元将动力蓄电池的相关参数（电压、电流和温度）转换为数字信号，并通过串行通信将其传输至混合动力车辆控制电子控制单元总成，混合动力车辆控制电子控制单元总成计算确定 SOC 时需要这些信号。混合动力车辆控制电子控制单元总成通过估算动力蓄电池的充放电电流值计算 SOC，根据计

项目 2　混合动力汽车结构原理与故障诊断

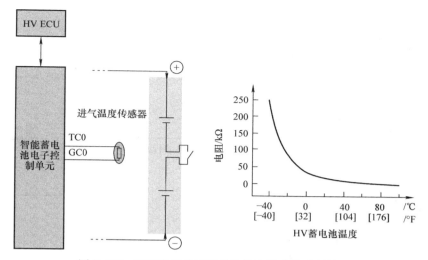

图 2-116　进气温度传感器的连接电路及传感器特性

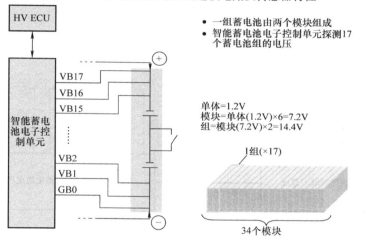

图 2-117　蓄电池组电压采集电路

算出的 SOC 持续进行充放电控制，以将 SOC 保持在目标范围内。车辆行驶过程中，动力蓄电池会进行反复的充放电循环，在加速过程中由 MG2 放电，在减速过程中由再生制动充电，而当 SOC 过低时，则通过混合动力车辆控制电子控制单元提高发动机的输出功率来操作 MG1 对动力电池充电。

（2）蓄电池冷却控制原理　如图 2-119 所示，为了使动力蓄电池的温度保持在最佳水平，蓄电池智能单元将 HV 蓄电池的相关信号（电压、电流和温度）转换为数字信号，并通过串行通信将其传输至混合动力车辆控制电子控制单元总成，混合动力车辆控制电子控制单元总成接收来自 HV 蓄电池温度传感器和 HV 蓄电池进气温度传感器的信号，然后，使用占空比控制对蓄电池冷却鼓风机总成进行无级驱动，以使 HV 蓄电池的温度保持在规定范围内，同时蓄电池智能单元检测执行冷却系统控制所需的鼓风机转速反馈频率并将其传输至混合动力车辆控制电子控制单元总成。

3. 蓄电池高压继电器控制原理

为确保能够可靠地连接和断开高压电路，混合动力车辆控制 ECU 总成控制三个系统主

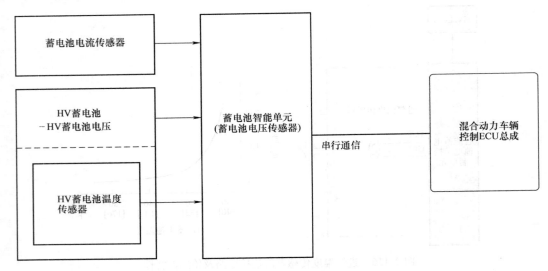

图 2-118 SOC 控制原理图

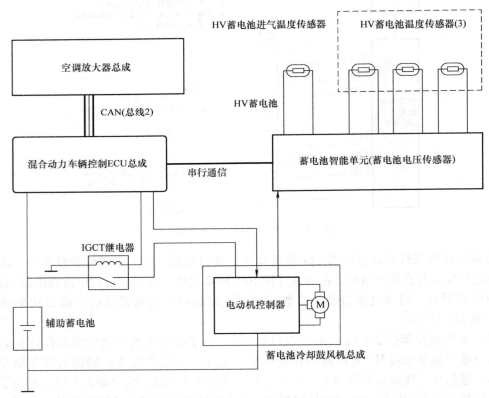

图 2-119 蓄电池冷却控制原理图

继电器连接和断开来自动力蓄电池的高压电路。图 2-120 所示为蓄电池高压主继电器控制原理图,混合动力车辆控制电子控制单元总成还利用三个系统主继电器的工作正时监视继电器触点的工作情况。系统主继电器共采用三个继电器以确保正常工作,一个用于正极侧(SMRB),两个用于负极侧(SMRP、SMRG)。

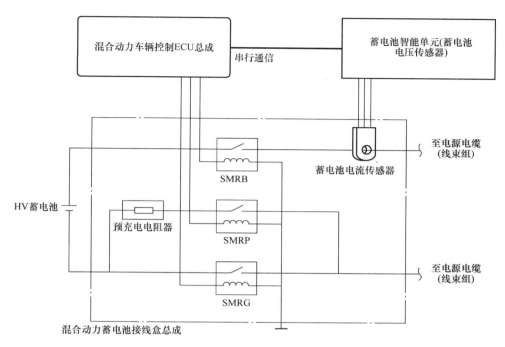

图 2-120　蓄电池高压主继电器控制原理图

二、丰田普锐斯蓄电池系统电路识读

1. 蓄电池系统电气原理图

丰田普锐斯蓄电池系统各组件的电气原理图分别如图 2-121～图 2-124 所示，包括蓄电池智能单元的电源供电、蓄电池继电器控制、蓄电池冷却风扇控制、蓄电池数据通信以及蓄电池的电流、电压和温度采集。

2. 蓄电池系统电路图

蓄电池系统的电路图如图 2-125～图 2-128 所示。

蓄电池系统的智能控制单元在蓄电池总成里面，该控制单元的端子无法直接测量，只能通过蓄电池总成的外部低压连接线束接口 Sc1 进行测量，在检测蓄电池系统相关电路时，只需要把蓄电池系统的各个信号与 Sc1 端子对应即可，其端子图如图 2-129 所示。

三、丰田普锐斯蓄电池系统故障分析与诊断计划

1. 故障分析

根据任务描述中的故障信息"P0A0D－高压系统互锁电路电压高"可以初步判断电路故障区域主要集中在互锁电路上。互锁电路主要用来检测电动汽车高压部件是否正确连接，在没有正确连接时，电动汽车一般会禁止接通蓄电池的高压电。任务描述中的故障现象也指出了车辆无法上高压电。

如图 2-130 所示，丰田普锐斯在三个不同的位置设置有互锁监测点，分别是维修塞插头、变频器盖子和高压线束。如果卸下维修塞夹具，逆变器端子盖或框架线，则互锁信号线将打开。

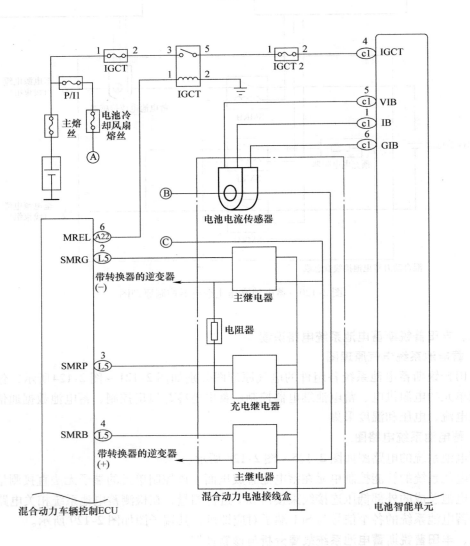

图2-121 蓄电池系统电气原理图(电源、继电器)

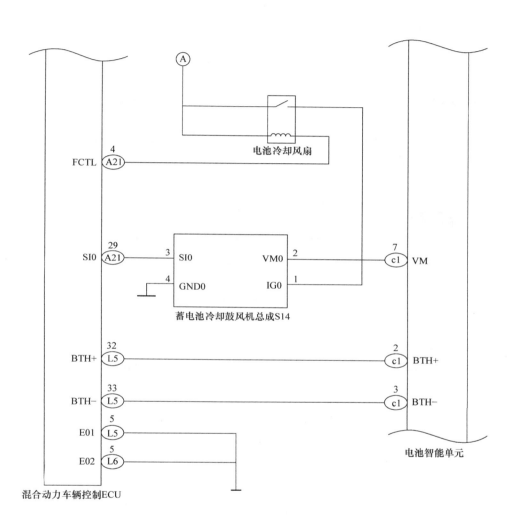

图 2-122　蓄电池系统电气原理图（冷却风扇、串行）

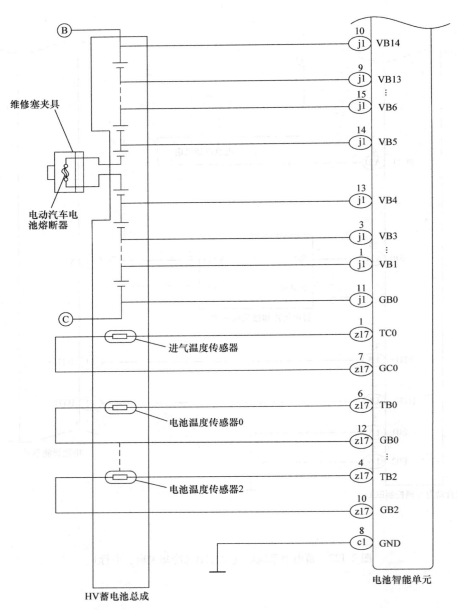

图 2-123 蓄电池系统电气原理图（电压、温度采集）

项目2　混合动力汽车结构原理与故障诊断

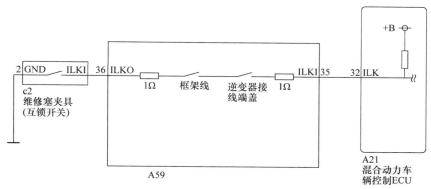

图 2-124　蓄电池系统电气原理图（互锁）

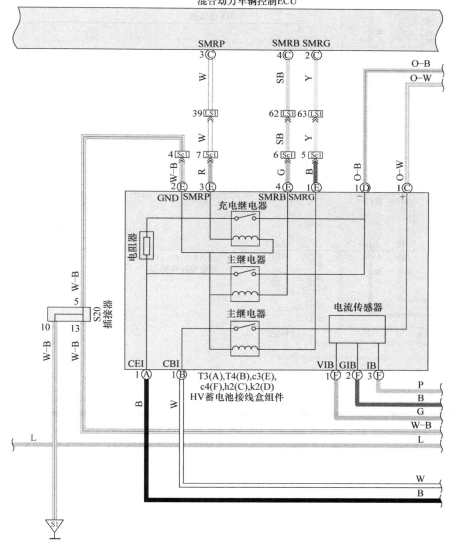

图 2-125　蓄电池系统电路图（一）

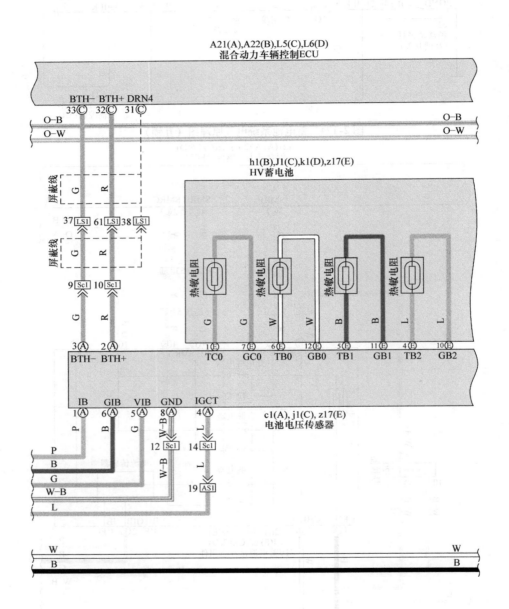

图 2-126 蓄电池系统电路图（二）

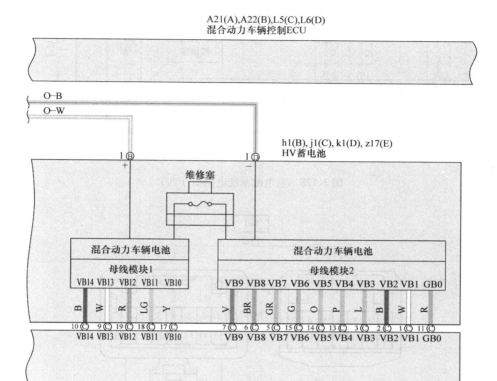

图 2-127 蓄电池系统电路图（三）

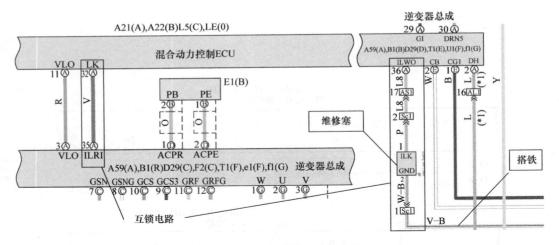

图 2-128 蓄电池系统电路图（四）

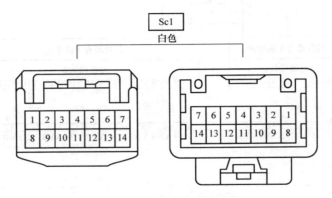

图 2-129 蓄电池系统外部低压线束端子

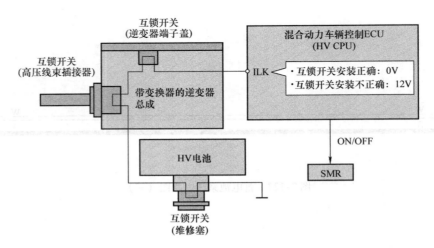

图 2-130 丰田普锐斯高压互锁

项目2 混合动力汽车结构原理与故障诊断

2. 诊断计划

综上分析,查阅电路图(图2-124和图2-128)可以按照以下步骤进行故障诊断排除。

1)检查维修塞是否损坏和是否正确安装。
2)检查变频器总成端子盖是否正确安装。
3)检查高压线束是否正确安装。
4)检查互锁线路。
5)检查接地点是否正常。
6)更换混合动力车辆控制电子控制单元。

任务实施

1)检查维修塞是否损坏和是否安装好,如果正常,检查步骤2。

2)如图2-131所示,检查带变换器的逆变器总成端子盖是否正确安装,如果正常,检查步骤3。

3)如图2-132所示,拆下逆变器总成端子盖,检查高压插头互锁线是否正确连接,如果正常,检查步骤4。

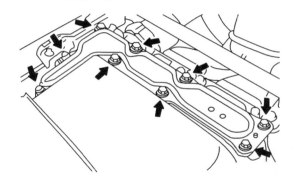

图2-131 带变换器的逆变器总成端子盖紧固螺栓

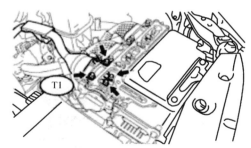

图2-132 高压插头互锁线

4)点火开关置于ON,如图2-133所示,拔下维修塞低压互锁端子c2,测量ILK端子对地电压,标准值应为0~14V。如果符合标准值,检测步骤6,如果不符合标准值,检测步骤5。

5)点火开关置于ON,如图2-134所示,断开变频器总成低压连接线束A59,测量ILKO端子的对搭铁电压,标准值应为0~14V。如果符合标准值,则修理(ILKO-ILKI);如果不符合标准,检测步骤6。

6)点火开关置于OFF,如图2-135所示,断开变频器总成低压连接线束A59,测量插座ILKO至ILKI端子之间的电阻,标准值为小于3Ω。如果符合标准值,检测步骤7;如果不符合标准值,则修理。

7)如图2-136所示,点火开关置于ON,测量混合动力车辆控制ECU的ILK端子的对搭铁电压,标准值为10~14V。如果不符合标准值,更换电子控制单元;如果符合标准值,修理A59至A21之间的互锁线。

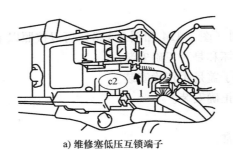

a) 维修塞低压互锁端子

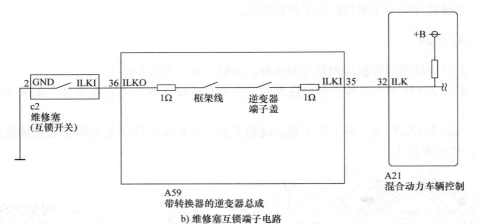

b) 维修塞互锁端子电路

图 2-133　维修塞低压互锁端子及其连接电路

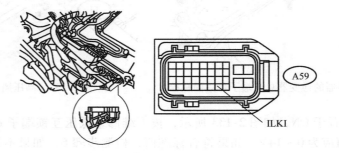

图 2-134　检测 A59 的 ILKI 端子

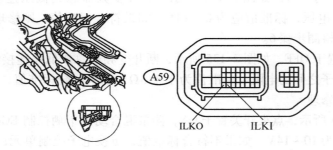

图 2-135　检测 ILKO 至 ILKI 端子之间的电阻

项目 2 混合动力汽车结构原理与故障诊断

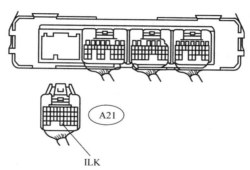

图 2-136 测量 ILK 对地电压

8）如图 2-133 所示，点火开关置于 OFF，拔下维修塞互锁端子，测试 GND 端子对搭铁之间的电阻，标准值为小于 1Ω。如果符合标准值，检查各插头、插座的连接情况；如果不符合标准值，则修理。

知识与能力拓展

卡罗拉双擎混合动力蓄电池系统

当今，丰田普锐斯已经不在我国内地销售，但在内地销售的卡罗拉和雷凌双擎所搭载的混动系统本质上与普锐斯是同源的，下面以对雷凌双擎的蓄电池系统进行讲解，以供比较。

图 2-137 所示为雷凌双擎蓄电池系统结构图。

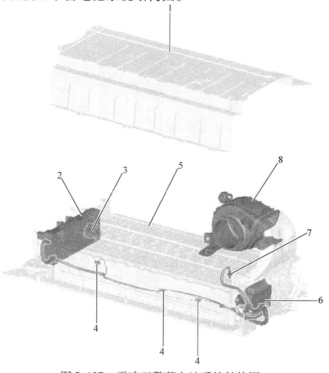

图 2-137 雷凌双擎蓄电池系统结构图
1—蓄电池总成上盖 2—动力蓄电池接线盒总成 3—维修塞 4—蓄电池温度传感器 5—蓄电池
6—蓄电池智能控制单元 7—蓄电池进气温度传感器 8—蓄电池冷却鼓风机总成

图 2-138 所示为卡罗拉双擎动力蓄电池的冷却系统。

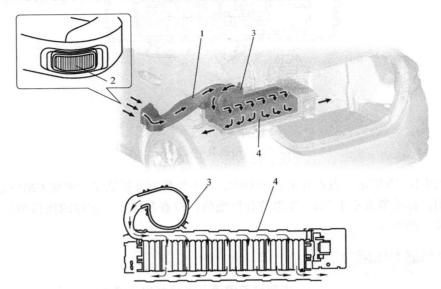

图 2-138 卡罗拉双擎动力蓄电池的冷却系统
1—进气管 2—蓄电池2号进气过滤器 3—蓄电池冷却鼓风机总成 4—蓄电池总成 ——冷却气流

图 2-139 所示为卡罗拉双擎动力蓄电池高压接线盒结构图。

图 2-140 所示为卡罗拉双擎动力蓄电池的维修塞。

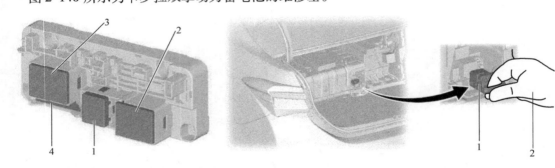

图 2-139 卡罗拉双擎动力蓄电池高压
接线盒结构图
1—SMRP 2—SMRB 3—SMRG 4—预充电阻器

图 2-140 丰田卡罗拉双擎动力蓄电池的维修塞
1—维修塞把手 2—绝缘手套

综上可以看出，和普锐斯蓄电池系统相比，除了安装位置有变化外基本都是相同的。

强化练习

丰田普锐斯不能上高压电，仪表板显示有混合动力系统故障灯报警，读取故障码，混合动力控制系统报 "U029A-123 与混合动力蓄电池组传感器模块失去通信" 故障码。根据以上现象完成以下任务。

1）据以上故障现象和故障码，确定要检查的区域。

2）画出和故障相关的要检查区域的电路（简图），需要对系统之间的关联电路进行整合。

项目 2　混合动力汽车结构原理与故障诊断

3）结合电路制订故障诊断具体的实施方案，要求第三方根据制订的方案在没有指导的情况下可以开展故障诊断工作。

任务 2.5　丰田普锐斯电机驱动控制（DC/DC）系统故障诊断与排除

学习目标

1. 知识目标

1）掌握丰田普锐斯电机驱动控制（DC/DC）系统的组成与工作原理。
2）掌握丰田普锐斯电机驱动控制（DC/DC）系统和其他系统关联信号的作用。

2. 能力目标

1）能用故障诊断仪读取丰田普锐斯电机驱动控制系统的车辆故障码，并通过查阅维修手册和电路图手册，确定车辆故障区域。
2）能识读丰田普锐斯电机驱动控制（DC/DC）系统电路（原理）图，并能把实车和电路一一对应，在实车上识别出电路图中的熔丝、继电器、互锁线、通信电路、风扇控制电路、高压继电器控制电路和各传感器等。
3）能根据维修手册中的相关标准值或波形对上述电机驱动控制（DC/DC）系统电源电路、各个传感器信号电路和通信电路进行基本检测。
4）在具备以上能力的基础上能针对丰田普锐斯电机驱动控制（DC/DC）系统故障现象按照现代故障诊断方法流程进行故障诊断与排除。
5）能明确、清晰和有条理地完成电机驱动控制（DC/DC）系统的故障诊断与排除记录。

3. 素养目标

在普锐斯电机驱动控制系统的故障诊断过程中，充分发挥自身专业优势，锻炼"爱岗敬业、开拓创新"职业素养。

任务描述

丰田普锐斯没有明显的故障现象，车辆可以正常起动，仪表板混合动力系统故障指示灯亮起，读取故障码，车辆混合动力系统报"P0A08 DC/DC 变换器状态电路"。根据以上现象，作为一名经销商的维修人员，你将如何开展维修工作？

任务准备

一、丰田普锐斯电机驱动控制系统工作原理

1. 电机驱动控制系统传感器工作原理

（1）旋转变压器　MG1/MG2 采用旋转变压器检测转子的位置、速度和旋转方向，其电路及信号波形如图 2-141 所示。

（2）电机温度传感器　温度传感器（MG1/MG2）检测 MG1 和 MG2 定子的温度。电机温度传感器的连接电路及传感器特性如图 2-142 所示，传感器采用 NTC 热敏电阻，阻值随着温度升高而降低。

（3）电流传感器　逆变器电流传感器检测 MG1 和 MG2 三相交流的电流强度，MG1 和 MG2 在 V 相和 W 相中各使用两个传感器。蓄电池电流检测采用霍尔式电流传感器，

135

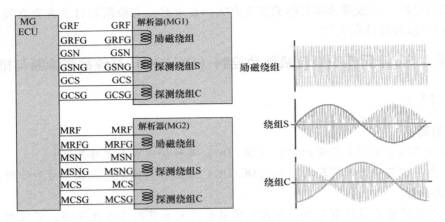

图 2-141 旋转变压器电路及信号波形

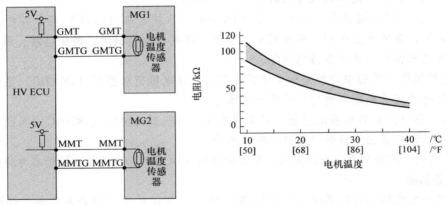

图 2-142 电机温度传感器的连接电路及传感器特性

其连接电路及传感器特性如图 2-143 所示，相电流是交流电，传感器的输出电压与电流幅值成正比。

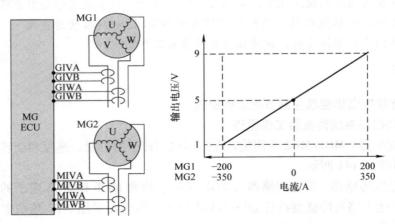

图 2-143 电流传感器的连接电路及传感器特性

（4）逆变器温度传感器　变频器温度传感器（内部电路）用于检测 MG1 和 MG2 变频

器 IGBT 周围区域的温度，其连接电路及传感器特性如图 2-144 所示，传感器具有线性特征，输出电压随着温度升高而降低。

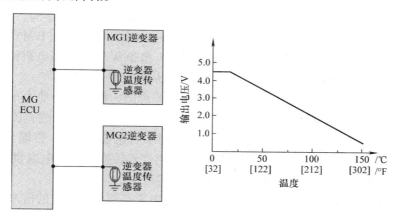

图 2-144 逆变器温度传感器的连接电路及传感器特性

（5）冷却液温度传感器 冷却液温度传感器（内部电路）用于检测 HV 冷却系统的冷却液温度，它固定在带转换器的逆变器总成上，如图 2-145 所示。

（6）电压采集 升压变换器输入/输出电压（内部电路）用于探测变换器在升压前（VL）和升压后（VH）的电压，如图 2-146 所示。

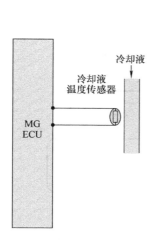

图 2-145 冷却液温度传感器电路

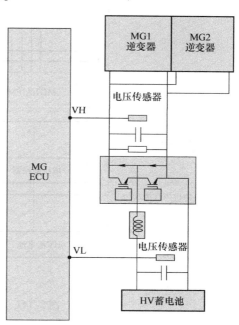

图 2-146 升压变换器输入/输出电压传感器

2. 电机驱动控制系统工作原理

（1）电机控制 由发动机驱动的 MG1 产生高压电，以驱动 MG2 并为动力蓄电池充电，同时还可作为起动机以起动发动机。MG2 由 MG1 和动力蓄电池的电能驱动，从而产生驱动轮原动力。制动期间（再生制动协同控制）或未踩下加速踏板时（能量再生），MG2 产生高压电为动力蓄电池充电。选择空挡（N）时 MG1 和 MG2 基本关闭，为停止提供原动力，需要停止驱动 MG1 和 MG2，这是因为 MG1 和 MG2 与驱动轮是机械连接的。MG 电子控制单元根据混合动力车辆控制电子控制单元总成的信号控制智能动力模块（IPM）内的绝缘栅双极晶体管（IGBT）。IGBT 用于切换各电机的 U 相、V 相和 W 相，根据电机作为电动机或发电机进行的操作，六个 IGBT 在 ON 和 OFF 间切换，从而控制各电机。

（2）逆变器控制　图 2-147 所示为逆变器控制原理图，根据混合动力车辆控制电子控制单元总成通过 MG 电子控制单元提供的信号，逆变器将 HV 蓄电池的直流电转换为用于 MG1 和 MG2 的交流电，反之亦然。此外，逆变器用于将电能从 MG1 传输至 MG2。然而，MG1 产生的电流在逆变器内转换为直流电后，再被逆变器转换回交流电以供 MG2 使用。这是必要的，因为 MG1 输出的交流频率不适合控制 MG2。

MG 电子控制单元根据接收自混合动力车辆控制电子控制单元总成的信号控制 IPM 以切换 MG1 和 MG2 的三相交流。混合动力车辆控制电子控制单元总成根据来自 MG 电子控制单元的过热、过电流或过电压故障信号时，混合动力车辆控制电子控制单元总成将切断控制信号传输至 MG 电子控制单元以断开 IPM。

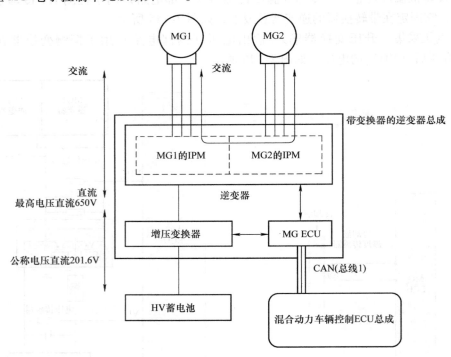

图 2-147　逆变器控制原理图

（3）增压变换器控制　图 2-148 所示为增压变换器原理图，根据混合动力车辆控制电子控制单元总成通过 MG 电子控制单元提供的信号，增压变换器将动力电池的公称电压升至适配电动机的电压，逆变器则将 MG1 或 MG2 产生的交流电转换为直流电，然后根据混合动力车辆控制电子控制单元总成通过 MG 电子控制单元提供的信号，通过增压变换器将产生的电压逐步降至公称电压。

项目 2　混合动力汽车结构原理与故障诊断

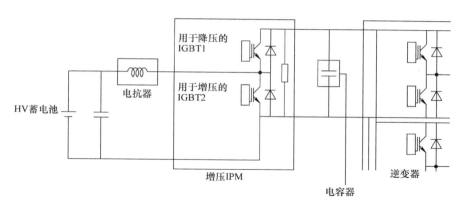

图 2-148　增压变换器原理图

增压变换器包括带内置 IGBT（执行切换控制）的增压 IPM、存储电能并产生电动势的电抗器和将增压的高压电进行充电和放电的电容器。

（4）DC/DC 变换控制　图 2-149 所示为 DC/DC 控制原理图，DC/DC 变换器将动力蓄电池的公称电压逐步降至约直流 14V，从而为电气部件供电，并为辅助蓄电池充电。为调节 DC/DC 变换器的输出电压，混合动力车辆控制电子控制单元总成根据辅助蓄电池温度传感器信号将输出电压请求信号传输至 DC/DC 变换器。

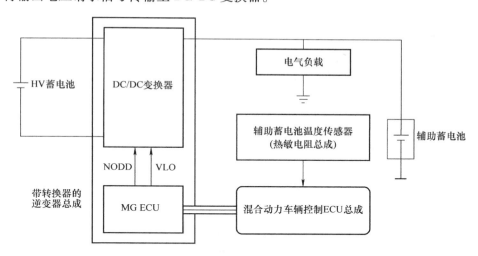

图 2-149　DC/DC 控制原理图

二、丰田普锐斯电机驱动控制系统电路识读

1. 电机驱动控制系统电气原理图

图 2-150 所示为丰田普锐斯电机驱动控制系统电气原理图，包括变频器总成的电源、互锁、通信、旋变信号采集和 DC/DC 控制信号等。

2. 电机驱动控制系统电路图

图 2-151 ~ 图 2-154 所示为丰田普锐斯电机驱动控制系统的实车电路图。

逆变器总成的低压连接线束为 A59、D29 和 B1，其端子图如图 2-155 所示。

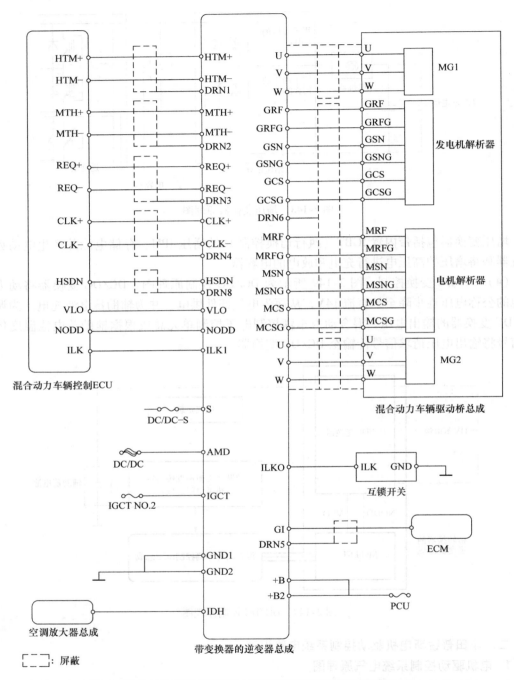

图 2-150 丰田普锐斯电机驱动控制系统电气原理图

三、丰田普锐斯电机驱动控制故障分析与诊断计划

1. 故障分析

根据任务描述中的故障信息车辆混合动力系统报"P0A08 DC/DC 变换器状态电路"故障码,可以初步判断故障主要集中在变频器总成 DC/DC 变换模块上。根据丰田普锐斯电机

项目 2　混合动力汽车结构原理与故障诊断

驱动控制系统电路图整理出 DC/DC 变换控制相关电路如图 2-156 所示。

查阅维修手册的端子定义，混合动力车辆控制电子控制单元（HV CPU）使用 NODD 信号线向混合动力车辆变换器发送停止命令，并接收指示 12V 充电系统的正常或异常状态的信号。如果车辆用不工作的混合动力车辆变换器驱动，则辅助蓄电池的电压将下降，这将阻止车辆的继续操作。因此，混合动力车辆控制电子控制单元（HV CPU）通过 VLO 监视 DC/DC 变换器运行电压变化信号，并在检测到故障时警告驾驶人。

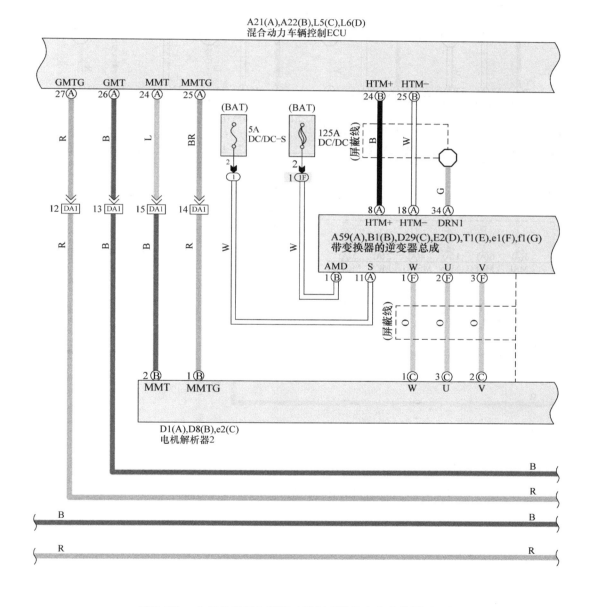

图 2-151　丰田普锐斯电机驱动控制系统的实车电路图（一）

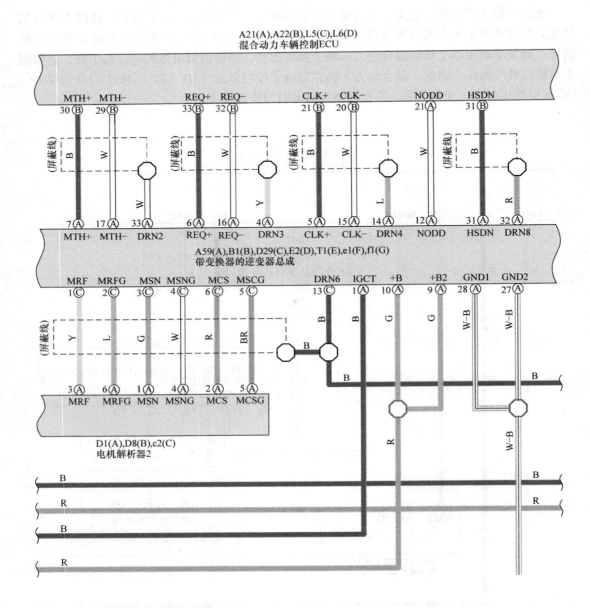

图 2-152 丰田普锐斯电机驱动控制系统的实车电路图（二）

项目2 混合动力汽车结构原理与故障诊断

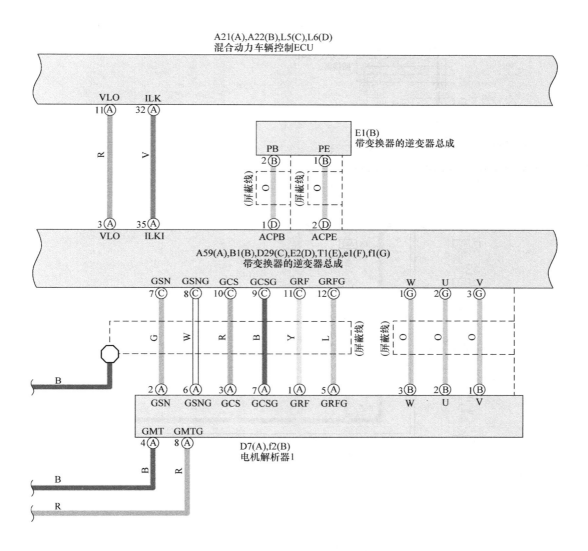

图2-153 丰田普锐斯电机驱动控制系统的实车电路图（三）

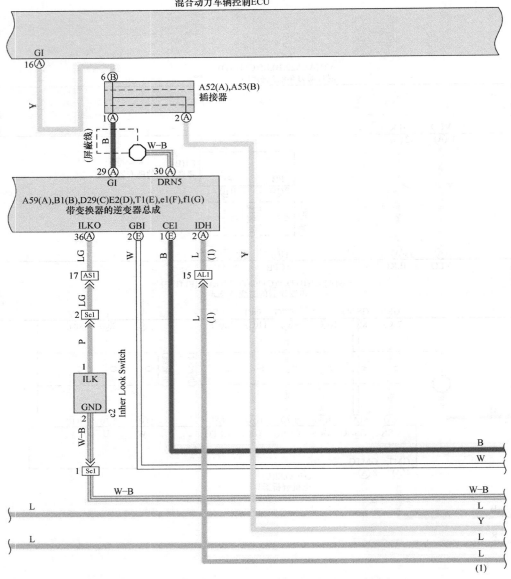

图 2-154 丰田普锐斯电机驱动控制系统的实车电路图（四）

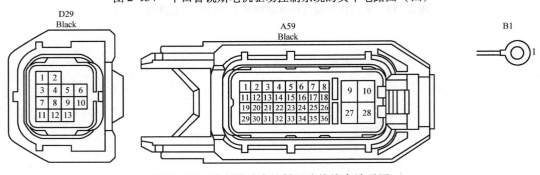

图 2-155 逆变器总成的低压连接线束端子图

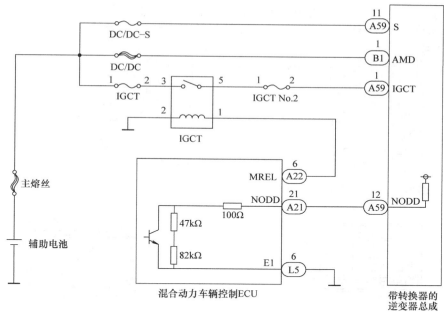

图 2-156 DC/DC 变换控制相关电路

2. 故障诊断计划

综上分析,可以先检查保证 DC/DC 模块正常工作的电源电路,然后对相关控制信号进行检查。

1)检查常电熔丝 DC/DC – S。
2)检查 IG 电熔丝 IGCT 2 和 IGCT。
3)检查 DC/DC 变换输出熔丝。

任务实施

1. 检查常电熔丝

点火开关置于 OFF,如图 2-157 所示,拔下 DC/DC – S 熔丝,并测量其电阻,标准值为小于 1Ω。如果不符合标准值,更换熔丝;如果符合标准值,检测步骤 2。

2. 检查 IG 电熔丝

如图 2-158 所示,拔下 IGCT 2 熔丝,并测量其电阻,标准值为小于 1Ω。如果不符合标准值,更换熔丝;如果符合标准值,检测步骤 3。

3. 检查变频器总成低压连接线束的常电和 IG 电端子

点火开关置于 ON,如图 2-159 所示,分别测量 A59 的 S 和 IGCT 对车身搭铁之间的电压,标准值为 11~14V。如果不符合标准值,则修理;如果符合标准值,检测步骤 4。

4. 检查控制信号 NODD 端子

点火开关置于 OFF,如图 2-160 所示,测量 A59 的 NODD 端子和车身搭铁之间的电阻,标准值为 120~140kΩ。如果不符合标准值,则修理;如果符合标准值,检测步骤 5。

5. 检查 AMD 端连接和电压

点火开关置于 OFF,如图 2-161 所示,检查 AMD 端子的连接情况,如果正常,则再测量 AMD 端子和车身搭铁之间的电压，标准值为 11~14V，如不符合标准值，则修理。

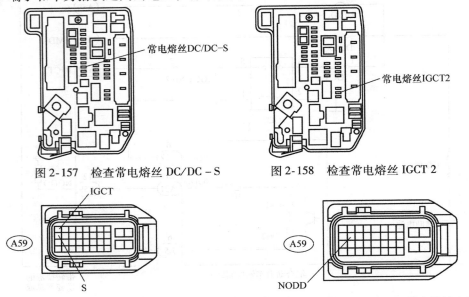

图 2-157　检查常电熔丝 DC/DC-S　　图 2-158　检查常电熔丝 IGCT 2

图 2-159　测量 A59 的 S 和 IGCT 之间的电压　　图 2-160　测量 A59 的 NODD 端子和车身搭铁之间的电阻

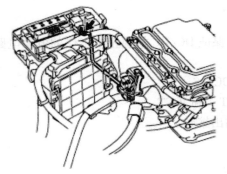

图 2-161　检查 AMD 端子和车身搭铁之间电压

知识与能力拓展

丰田雷凌双擎 MG2 解析器线路相间短路故障案例

1. 故障现象

一辆行驶里程约 49000km，配置 1.8L 发动机和 ECVT 的丰田雷凌双擎混合动力车辆，客户反映前几天行驶过程中，低速工况下车辆突然无法行驶，警告灯突然点亮，重新起动发动机，前方有很大的"咔嗒"异响。

2. 故障诊断

该车辆仪表显示"混合动力系统故障，动力输出正在大幅降低，请联系经销商检查"，检查制动系统后，故障诊断仪器读取 DTC 为"P0A3F 16 驱动电动机'A'位置传感器电路电压低于阈值"。据现象分析可能的故障原因是带变换器的逆变器总成、混合动力车辆传动桥总成、线束或插接器。

如图 2-162 所示，检查电动机解析器，测量 B27-5（MRF）到 B27-6（MRFG）11.3Ω（标准值为 9.5~15.5Ω），B27-1（MSN）到 B27-2（MSNG）19.8Ω（标准值为 15.0~27.0Ω），B27-4（MCS）到 B27-3（MCSG）19.5Ω（标准值为 14.0~26.0Ω），说明解析器无断路现象。

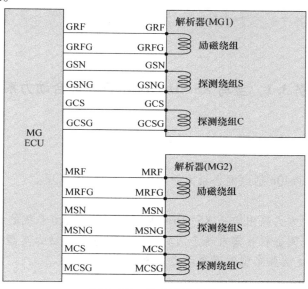

图 2-162　旋变连接电路

检查 B27-5（MRF）或 B27-6（MRFG）与车身搭铁和其他端子、B27-1（MSN）或 B27-2（MSNG）与车身搭铁和其他端子、B27-4（MCS）或 B27-3（MCSG）与车身搭铁和其他端子间的电阻均为∞（标准值为 1MΩ 或更大），说明解析器以及线路无断路现象。

再次查看线路以及插接器，发现 B27 带变换器的逆变器总成插接器 5（MRF）、1（MSN）端有铜绿锈蚀现象，再仔细查看插接器，发现 B27 插接器线束端子内部有少量液体且呈粉红色。

通过以上检查，可以确认为液体进入导电所致，检查车辆发现此车动力总成有拆装过，说明是由于维修人员操作不当，未进行有效的防护处理，使得冷却液进入插接器所致，所以清理插接器冷却液以及针脚铜锈，装车测试，清除 DTC，车辆可以正常行驶，故障排除。

强化练习

丰田普锐斯不能上高压电，仪表板显示有混合动力系统故障警告，读取故障码，混合动力控制系统报"P0A38-257-发电机温度传感器电压低"故障码。根据以上现象完成以下任务。

1）据以上故障现象和故障码确定要检查的区域。

2）画出和故障相关的要检查区域的电路（简图），需要对系统之间的关联电路进行整合。

3）结合电路制订故障诊断具体的实施方案，要求第三方根据制订的方案在没有指导的情况下可以开展故障诊断工作。

项目 3

插电式混合动力汽车结构原理与故障诊断

任务 3.1　宝马 X5 xDrive40e 插电混合动力系统

学习目标

1. 知识目标

掌握宝马 X5 xDrive40e 插电混合动力系统的功用与运行原理。

2. 能力目标

1）能以能量流的方式画出宝马 X5 xDrive40e 插电混合动力系统的组成。

2）能通过自主查阅资料收集市场上的其他合资插电混合动力车型并能将本节所学知识扩展到其他车型，阐述这些车型的混合动力系统的组成与原理。

3. 素养目标

自主查阅插电式混合动力车型的资料，拓展专业知识，树立勤学苦练、持续努力、自主学习的精神。

任务描述

汽车电动化已经势不可挡，同时在双积分政策的引导下，德系三强豪华品牌也都纷纷布局新能源汽车市场，其中宝马 X5 xDrive40e 是非常具有代表性的一款车。作为汽车经销商的一名技术人员，你能从节油的角度描述清楚它是如何运行的吗？

任务准备

如图 3-1 所示，宝马 X5 xDrive40e（代号为 F15 PHEV）是第八款采用混合动力技术的批量生产车型。宝马 X5 xDrive40e 的驱动系统由一个采用涡轮增压技术的四缸汽油机、一个 8 速自动变速器和一个电机组成。宝马 X5 xDrive40e 的 0—100km/h 加速时间为 6.8s，耗油量降至平均 3.3L/100km，二氧化碳排放量降至 77g/km。宝马 X5 xDrive40e 的电动驱动装置可实现最高车速为 120km/h 的纯电动零排放行驶，最远电动可达里程为 31km。

图 3-1　宝马 X5 xDrive40e 实车图

一、宝马 X5 xDrive40e 插电混合动力系统组成与功用

如图 3-2 所示，宝马 X5 xDrive40e 插电混合动力系统包含带存储器管理电子装置（SME）的高压蓄电池单元、电机电子伺控系统（EME）、电机、电动空调压缩机、电控辅助加热器、便捷充电电子控制系统（KLE）和高压充电接口。它们之间的连接关系如图3-3所示。

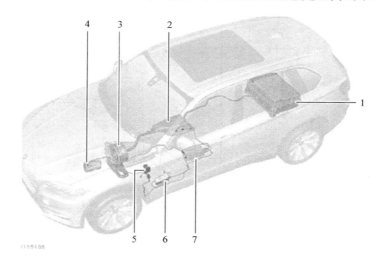

图3-2　宝马X5 xDrive40e 插电混合动力系统的组成图
1—高压蓄电池单元　2—电机电子伺控系统（EME）　3—电机　4—电动空调压缩机
5—高压充电接口　6—电控辅助加热器　7—便捷充电电子控制系统（KLE）

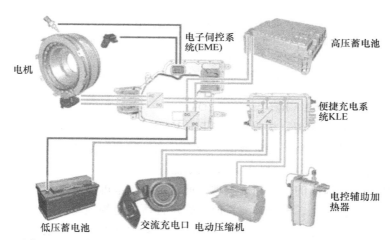

图3-3　宝马X5 xDrive40e 插电混合动力系统部件之间的连接关系

1. 带存储器管理电子装置（SME）的高压蓄电池单元

如图3-4所示，F15 PHEV 高压蓄电池单元安装在行李舱内的行李舱盖板下。如图3-5所示，高压蓄电池单元由带电池模块、电池监控电子装置（CSC）、蓄能器管理电子装置（SME）控制单元、安全盒、接口、热交换器、导线束、壳体部件和固定部件组成。

（1）蓄电池模块　高压蓄电池单元由六个串联连接的蓄电池模块构成。每个蓄电池模块都分配有一个蓄电池监控电子装置。蓄电池模块自身由16个串联连接的锂离子蓄电池单体构成。每个蓄电池单体的额定电压

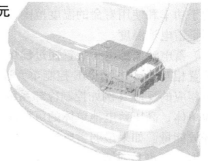

图3-4　F15 PHEV 高压蓄电池单元的安装位置

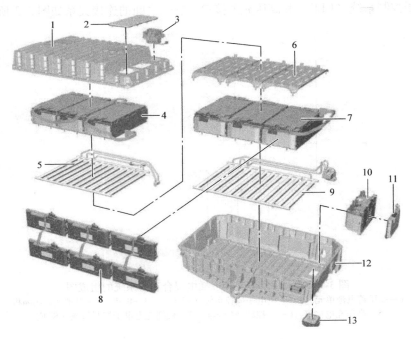

图 3-5 高压蓄电池单元的结构

1—上部壳体 2—高压蓄电池单元上的维修盖 3—高压插头 4—上部蓄电池模块 5—热交换器上部件 6—用于上部蓄电池模块的支撑框架 7—下部蓄电池模块 8—蓄电池监控电子装置 9—热交换器下部件 10—安全盒 11—蓄能器管理电子装置（SME） 12—下部壳体 13—排气单元

为 3.7V，额定电容量为 26A·h。

（2）蓄电池监控电子装置 为确保 F15 PHEV 所用锂离子蓄电池正常运行，蓄电池电压和蓄电池温度不允许低于或高于特定数值，否则可能导致蓄电池持续损坏，因此高压蓄电池带有六个称为蓄电池监控电路（CSC）的蓄电池监控电子装置，如图 3-6 所示。

蓄电池电压测量以极高的扫描频率实现，通过电压测量可识别出充放电过程结束。温度传感器安装在蓄电池模块上，根据其测量值可确定各蓄电池的温度。借助蓄电池温度可识别出是否过载或出现电气故障。出现任何上述情况时都必须立即降低电流强度或完全关闭高压系统，以免电池进一步损坏。此外，测量温度还用于控制冷却系统，以便蓄电池始终在最有利于功率和使用寿命的温度范围内运行。每个蓄电池模块分别通过三个 NTC 温度传感器来测量蓄电池温度。

蓄电池监控电子装置通过局域 CAN 传输其测量值。该局域 CAN 使所有蓄电池监控电子装置相互连接并与 SME 控制单元连接。在 SME 控制单元内对测量值进行分析并根据需要做出相应的反应（例如控制冷却系统）。如果一个或多个蓄电池单体的电压明显低于其他蓄电池单体，高压蓄电池单体的可用能量就会受限，因此放电时由最弱蓄电池单体决定何时停止释放能量。如果最弱蓄电池单体的电压降至放电限值，那么即使其他蓄电池单体还存有充足的能量，也必须结束放电过程，如果仍继续放电过程，就会因此造成最弱蓄电池单体损坏。因此，可通过这项功能使蓄电池单体电压调节至几乎相同的水平，该过程也称为蓄电池平衡。

项目3　插电式混合动力汽车结构原理与故障诊断

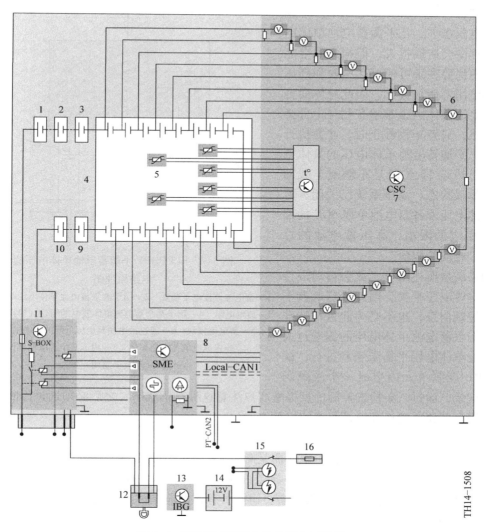

图 3-6　F15 PHEV 蓄电池监控电子装置

1—蓄电池模块（一）　2—蓄电池模块（二）　3—蓄电池模块（三）　4—蓄电池模块（四）
5—蓄电池模块上的温度传感器　6—蓄电池电压测量　7—蓄电池监控电子装置　8—蓄能器管理电子装置（SME）
9—蓄电池模块（五）　10—蓄电池模块（六）　11—安全盒　12—高压维修塞（售后服务断电开关）
13—智能型蓄电池传感器（IBS）　14—12V 蓄电池　15—安全型蓄电池接线柱（SBK）　16—行李舱配电盒

为此，SME 控制单元将所有蓄电池单体电压进行相互比较，在此过程中对电压明显偏高的蓄电池单体进行针对性的放电，平衡蓄电池单体电压的电路原理图如图 3-7 所示。SME 控制单元通过局域 CAN1 将相关请求发送至这些蓄电池的蓄电池监控电子装置，从而起动放电过程，为此每个蓄电池监控电子装置都针对各电池带有一个放电电阻，相应的电子触点闭合后，放电电流就会流过该电阻，放电结束后由电池监控电子装置负责执行该过程，或在此期间主控制单元切换为休眠模式的情况下继续执行该过程。通过与总线端 30F 直接相连的蓄能器管理电子装置为 CSC 控制单元供电来实现这一点。

所有蓄电池单体的电压处于规定的较小范围内时，放电过程就会自动结束，而蓄电池平

151

衡继续进行,直至所有蓄电池单体达到相同的电压水平。在平衡蓄电池单体电压的过程中会造成损失,但损失的电能极小,而优势在于可使可达里程和高压蓄电池使用寿命最大化,因此总体而言平衡蓄电池单体电压非常有利且十分必要。当然,只有车辆静止时,才会执行该过程。平衡蓄电池单体电压的具体条件包括总线端 15 关闭且车辆或车载网络处于休眠状态、高压系统已关闭、蓄电池单体电压或各蓄电池单体 SOC 的偏差大于相应的限值,高压蓄电池的总 SOC 大于相应的限值。

如果满足所述条件,就会自动进行蓄电池单体电压平衡,因此客户既看不到检查控制信息,也不必为此进行特殊操作。如果蓄电池单体电压的偏差过大或蓄电池单体电压平衡未顺利进行,就会在 SME 控制单元内生成一个故障码

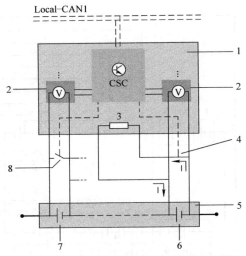

图 3-7　F15 PHEV 平衡蓄电池单体电压的电路原理图

1—蓄电池监控电子装置　2—用于测量蓄电池单体电压的传感器
3—放电电阻　4—用于某个蓄电池单体放电的闭合(启用)触点
5—蓄电池模块　6—通过放电使其电压下降的蓄电池单体
7—未放电的蓄电池单体　8—用于某个蓄电池单体
放电的断开(未启用)触点

存储器记录,通过一条检查控制信息提醒客户注意这种车辆状态,之后必须通过诊断系统分析故障码存储器并更换高压蓄电池的损坏组件。

(3) 蓄能器管理电子装置(SME)　高压蓄电池使用寿命的要求比较严格,为了满足这些要求,不能随意运行高压蓄电池,而是必须在严格规定的范围内运行高压蓄电池,从而确保其使用寿命和功率最大化。相关边界条件包括在最佳温度范围内运行蓄电池(通过冷却以及根据需要限制电流强度)、根据需要均衡所有蓄电池单体的充电状态并在特定范围内使用可储存的蓄电池能量。

为了遵守这些边界条件,在 F15 PHEV 的高压蓄电池内装有一个蓄能器管理电子装置(SME)控制单元。SME 控制单元的主要任务见表 3-1。

表 3-1　SME 控制单元的主要任务

1	由电机电子装置(EME)根据要求控制高压系统的启动和关闭
2	分析所有蓄电池单体电压和温度的测量信号以及高压电路内的电流强度
3	控制高压蓄电池冷却系统
4	确定高压蓄电池的荷电状态(SOC)和老化状态(SOH)
5	由电机电子装置(EME)根据要求控制高压系统的启动和关闭
6	确定高压蓄电池的可用功率,根据需要对电机电子装置提出限制请求
7	安全功能(例如电压、电流和温度监控、高压触点监控)
8	识别出故障状态,存储故障码存储器记录并向电机电子装置发送故障状态

原则上可通过诊断系统使 SME 控制单元做出响应并对其进行编程。进行故障查询时必

须清楚，在 SME 控制单元的故障码存储器内不仅可存储控制单元故障，还可查阅高压蓄电池内其他组件的故障记录。这些故障码存储器记录根据严重程度和尚可提供的功能分为以下不同的类型。

1）立即关闭高压系统。当出现故障影响高压系统安全或产生高压蓄电池损坏危险时，就会立即关闭高压系统并断开电动机械式接触器触点，之后驾驶人可让车辆滑行后停在路边，通过 12V 车载网络提供能量确保转向助力、制动助力和 DSC 调节。

2）限制功率。高压蓄电池无法继续提供最大功率或全部能量时，为了保护组件，会限制驱动功率和可达里程。此时，驾驶人可在驱动功率明显降低的情况下继续行驶较短距离，可行驶至最近的宝马 4S 店或将车辆停放在所选地点。

3）对客户没有直接影响的故障。例如 SME 或 CSC 控制单元间的通信短时受到干扰时，不表示功能受限或危及高压系统安全，而只会产生一个故障码存储器记录，必须通过诊断系统对该记录进行分析，但不会影响客户所使用的功能。

SME 控制单元的电气接口组成见表 3-2。

表 3-2　SME 控制单元的电气接口组成

1	SME 控制单元 12V 供电（行李舱配电盒的总线端 30F 和总线端 31）
2	接触器 12V 供电（总线端 30 碰撞信号）
3	PT – CAN2
4	局域 CAN，两个
5	便捷登车及起动系统 CAS 的唤醒导线
6	高压触点监控输入端和输出端
7	冷却总成上用于控制膨胀和截止组合阀的导线
8	冷却液温度传感器

由一个专用的 12V 导线为高压蓄电池内的接触器供电。该导线称为总线端 30 碰撞信号，简称总线端 30C，总线端名称中的 C 表示发生事故（碰撞）时关闭该 12V 电压。该导线是安全型蓄电池接线柱的一个输出端，即触发安全型蓄电池接线柱时也会断开该供电导线。此外该导线穿过高压维修塞，关闭高压系统供电时也会关闭接触器供电。因此在上述两种情况下，高压蓄电池内的两个接触器会自动断开。如图 3-8 所示，局域 CAN 使 SME 控制

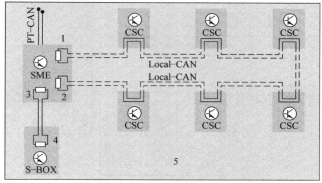

图 3-8　高压蓄电池内部通信网络
1—CSC 导线束局域 CAN 终端电阻　2—CSC 导线束局域 CAN 终端电阻
3—SME 局域 CAN 终端电阻　4—安全盒局域 CAN 终端电阻　5—高压蓄电池

单元与电池监控电子装置（CSC）相互连接并通过一个专用局域 CAN 连接安全盒。

（4）安全盒　在每个高压单元内都有一个带独立壳体的接口单元，该单元称为开关盒或安全盒，在安全盒内集成了以下组件。

1）蓄电池负极电流路径内的电流传感器（分流器）。

2）熔丝（350A）。

3）两个电动机械式接触器（每个电流路径有一个开关触点）。

4）用于缓慢启动高压系统的预充电电路。

5）用于监控开关触点和测量蓄电池总电压的电压传感器。

6）用于监控绝缘电阻的电阻测量。

安全盒内的熔丝不可作为单个部件进行更换，当安全盒内出现故障时始终应将其作为整个部件进行更换。

（5）导线束　在高压蓄电池单元内有两个导线束，分别用于连接 CSC 与 SME 控制单元、SME 与安全盒和信号接口之间的导线束。

（6）冷却系统　为了尽可能延长高压蓄电池的使用寿命并获得最大功率，需在规定温度范围内运行蓄电池。当车外温度在 -40~60℃ 时，高压蓄电池基本上处于可运行状态，就使用寿命和功率而言，最佳范围明显缩小，25~40℃ 为蓄电池温度而非车外温度，如果在功率输出较高的同时蓄电池温度持续明显超出该范围，那么就会影响蓄电池的使用寿命。为了消除该影响并在所有车外温度条件下确保最大功率，F15 PHEV 的高压蓄电池带有自动运行的冷却装置，如果长时间（连续多日）将 F15 PHEV 停放在极低环境温度条件下，蓄电池也会变为与环境温度相同。在此情况下，开始行驶时可能无法提供最大电动驱动功率，在 F15 PHEV 上未安装高压蓄电池加热装置。

图 3-9 所示为 F15 PHEV 空调系统组件，图 3-10 所示为 F15 PHEV 空调系统组件的连接关系。根据冷却系统的功能，可实现冷却系统关闭和接通两种运行状态。

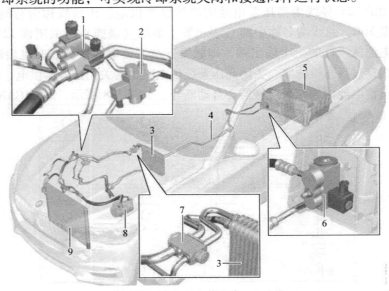

图 3-9　F15 PHEV 空调系统组件（安装位置）

1—加注和抽真空接口　2—截止阀（车内空间）　3—车内空间蒸发器　4—至高电压蓄电池的制冷剂管路
5—高压蓄电池　6—膨胀和截止组合阀　7—用于车内空间的膨胀阀　8—电动制冷剂压缩机（EKK）　9—冷凝器

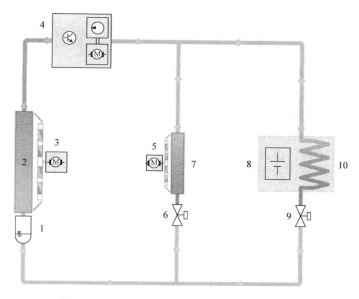

图 3-10　F15 PHEV 空调系统组件的连接关系

1—干燥瓶　2—冷凝器　3—电子扇　4—电动制冷剂压缩机　5—车内鼓风机　6—截止阀（车内空间）
7—车内空间蒸发器　8—高压蓄电池　9—膨胀和截止组合阀　10—冷却总成（制冷剂热交换器）

1) 冷却系统关闭。蓄电池温度已处于或低于最佳范围时，就会启用"冷却系统关闭"运行状态，因此车辆在适中环境温度下以较低电功率行驶时就会启用该运行状态。"冷却系统关闭"运行状态非常高效，因为无需附加能量来对高压蓄电池进行冷却，此时若需要对车内空间进行冷却，电动制冷剂压缩机不运行或以较低功率运行，高压蓄电池上的膨胀和截止组合阀关闭。

2) 冷却系统接通。蓄电池温度达到约 30℃ 时，就会开始冷却高压蓄电池。SME 控制单元以两个优先级向空调系统（IHKA）控制单元提出冷却要求。之后空调系统（IHKA）决定是否对车内空间、高压蓄电池或两者进行冷却。SME 提出优先级较低的冷却要求且车内空间冷却要求较高时，空调系统（IHKA）可能会拒绝提出的冷却要求，但 SME 提出优先级较高的冷却要求时始终会对高压蓄电池进行冷却。进行冷却时，空调系统（IHKA）要求电机电子装置内的高压电源管理系统提供用于电动制冷剂压缩机的电功率。此时，SME 控制单元提出冷却要求，IKHA 授权后，SME 控制单元控制高压蓄电池上的膨胀和截止组合阀。通过这种方式使该阀打开，制冷剂流入高压蓄电池内。电动制冷剂压缩机运行，膨胀阀后方压力下降后，高压蓄电池管路和冷却通道内的制冷剂蒸发，在此制冷剂吸收蓄电池模块的热量并对其进行冷却，蒸发的制冷剂离开高压蓄电池，经电动制冷剂压缩机压缩并在冷凝器内液化。虽然该过程需要高压车载网络提供能量，但其意义非常重大。只有这样才能确保蓄电池具有较长的使用寿命和较高的效率。

蓄电池温度明显低于最佳运行温度（20℃）时，其功率会暂时受限且能量转换效率也不理想。这是无法避免的锂离子蓄电池化学效应。如果长时间（例如多日）将 F15 PHEV 停放在极低环境温度条件下，蓄电池也会变为与环境温度相同。在此情况下，开始行驶时可能无法提供最大电动驱动功率，但客户并不会有所察觉，因为此时由内燃机驱动车辆。

如图 3-11 所示，在高压蓄电池内部，制冷剂在管路和冷却通道（铝合金材质）内流动，通过入口管路流入的制冷剂在高压蓄电池接口后分入上部和下部热交换器，流经供给管路的制冷剂在热交换器内分入两个冷却通道并通过流经冷却通道吸收蓄电池模块的热量，在冷却通道端部将制冷剂输送至相邻冷却通道内，由此回流并继续吸收蓄电池模块的热量，在端部处相应热交换器的两个回流管路汇集为一个共同的回流管路，共同的回流管路将蒸发的制冷剂输送回高压蓄电池接口。在上部热交换器的供给管路上装有一个温度传感器，传感器信号用于控制和监控冷却功能，该信号直接由 SME 控制单元读取。

2. 电机电子装置

如图 3-12 所示，F15 PHEV 电机电子装置位于一个铝合金壳体内，后桥前方右侧地板上。该装置和其他高压部件的连接

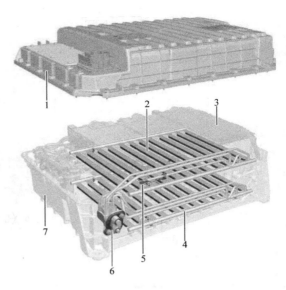

图 3-11 F15 PHEV 高压蓄电池内部冷却组件
1—上半部分壳体 2—上部热交换器连接上部冷却通道
3—蓄电池模块 4—下部热交换器，蓄电池模块插接器，上部热交换器回流管路 5—制冷剂管路温度传感器
6—膨胀和截止组合阀连接法兰 7—下半部分壳体

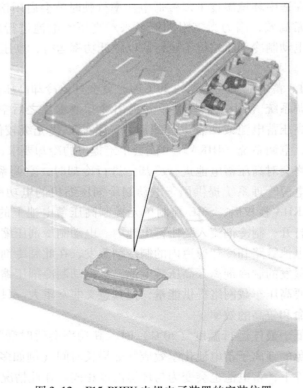

图 3-12 F15 PHEV 电机电子装置的安装位置

关系如图 3-13 所示。图 3-14 所示为 F15 PHEV 电机电子装置的导线/管路和接口。

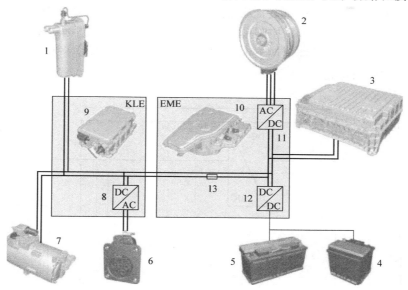

图 3-13 F15 PHEV 电机电子装置和其他高压部件的连接关系

1—电气加热装置 2—电机 3—高压蓄电池 4—附加蓄电池（12V） 5—起动用蓄电池（12V） 6—高压充电接口
7—电动制冷剂压缩机 8—单向 AC/DC 转换器 9—便捷充电电子装置 10—电机电子装置（整体）
11—双向 DC/AC 转换器 12—单向 DC/DC 变换器
13—过电流熔丝（在连接电动制冷剂压缩机和电气加热装置的供电导线内，80A）

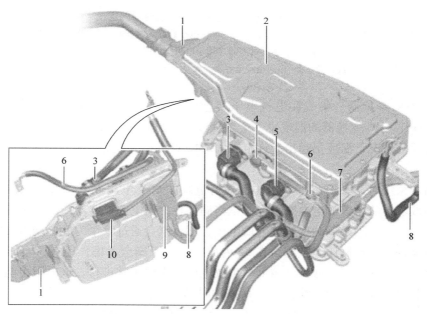

图 3-14 F15 PHEV 电机电子装置的导线/管路和接口

1—连接电机的高压导线（交流电） 2—电机电子装置壳体 3—冷却液回流管路接口 4—DC/DC 变换器 12V 输出端
5—冷却液供给管路接口 6—DC/DC 变换器 -12V 输出端 7—用于便捷充电电子装置交流电充电的高压接口
8—电位补偿导线接口 9—连接高压蓄电池的高压导线（直流电） 10—低压插头

如图 3-15 所示，电机电子装置内部由双向 DC/AC 转换器、DC/DC 变换器和 EME 控制单元组成。F15 PHEV 的电机电子装置通过上述子组件执行出现故障和不稳定的行驶状态时限制传动系统的力矩，通过 EME 控制单元控制内部子组件，通过 DC/DC 变换器为 12V 车载网络供电，通过 DC/AC 转换器调节电机（转速、转矩）、高压电源管理系统、电机的接触连接和高压蓄电池的接触连接等。

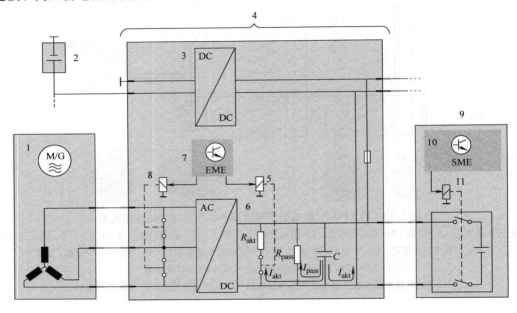

图 3-15　F15 PHEV 电机电子装置内部的组成

1—电机　2—12V 车载网络接口　3—DC/DC 变换器　4—电机电子装置（整体）　5—继电器（用于电容器主动放电）　6—双向 DC/AC 转换器　7—EME 控制单元　8—继电器（用于电机绕组短路）　9—高压蓄电池　10—SME 控制单元　11—电动机械式接触器　C—中间电路电容器　R_{pass}—被动放电电阻　R_{akt}—主动放电电阻

（1）DC/DC 变换器　集成在电机电子装置内的 DC/DC 变换器为 12V 车载网络供电，F15 PHEV 的 DC/DC 变换器的温度由一个温度传感器测量并通过 EME 控制单元监控，如果在冷却液冷却的情况下温度仍超出允许范围，EME 控制单元就会降低 DC/DC 变换器功率以保护组件。

关闭高压系统时，必须在 5s 内放电至没有危险的 60V 电压以下，为此电机电子装置有一个电容器放电电路。该放电电路首先尝试将储存在中间电路电容器内的能量传输至低压车载网络，如果该能量不足以确保快速降低电压，那么就会通过一个为此主动连接的电阻进行放电，通过这种方式使高压车载网络在 5s 内放电。出于安全考虑，还有一个始终并联连接的被动放电电阻，这样即使故障导致前两项放电措施无法正常进行，该电阻也能确保高压车载网络可靠放电。放电至 60V 电压以下所需的时间较长，最长为 120s。

（2）双向 DC/AC 转换器　如图 3-16 所示，用于控制电机的供电电子装置主要由双向 DC/AC 转换器构成，它是一个脉冲变流器，带有一个两芯直流电压接口和一个三相交流电压接口。该 DC/AC 转换器可作为逆变器工作，当作为电机工作时，将电能从高压蓄电池传输至电机。DC/AC 转换器也可作为整流器工作，将电能从电机传输至高压蓄电池，进行制动能量回收利用时采用这种运行模式，此时电机作为发电机工作。

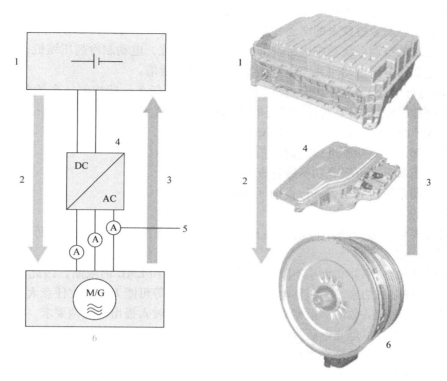

图 3-16　F15 PHEV 双向 DC/AC 转换器的运行模式

1—高压蓄电池　2—逆变器运行模式，电机作为电动机工作
3—整流器运行模式，电机作为发电机工作　4—DC/AC 转换器　5—电流传感器　6—电机

DC/AC 转换器的运行模式由 EME 控制单元决定，为此 EME 控制单元从数字式发动机电子系统（DME）控制单元接收主要输入参数，即电机提供的转矩规定值（数量和符号）。EME 控制单元根据该规定值和当前电机运行状态（转速和转矩）确定 DC/AC 转换器的运行模式以及电机相电压的振幅和频率。根据这些规定值，以脉冲方式控制 DC/AC 转换器的功率半导体。

除 DC/AC 转换器外，供电电子装置还包括 DC/AC 转换器交流电压侧所有三相内的电流传感器。EME 控制单元通过电流传感器信号，监控供电电子装置和电机内的电功率以及电机产生的转矩。通过电流传感器信号以及电机内转子位置传感器信号，可接通电机电子装置控制电路。

为了防止供电电子装置过载，在 DC/AC 转换器上还有一个温度传感器。如果根据该传感器信号识别出功率半导体温度过高，EME 控制单元就会降低输出至电机的功率，以保护供电电子装置。

（3）EME 控制单元　EME 除了控制 DC/DC 变换和 DC/AC 转换，还负责高压电源管理。高压车载网络电源管理系统用于行驶运行模式和充电运行模式，在行驶运行模式下协调从高压蓄电池至高压用电器的能量流以及在能量回收利用期间至高压蓄电池的能量流。为此 EME 执行以下计算步骤并不断重复。

1) 对高压蓄电池可提供功率进行查询（信号来源于 SME）。
2) 对高压蓄电池可吸收功率进行查询（信号来源于 SME）。
3) 对电动驱动装置要求的驱动和制动功率进行查询（信号来源于 DME）。
4) 对要求的空调系统功率进行查询（电气加热装置，电动制冷剂压缩机，IHKA）。
5) 决定如何分配电功率并与用电器控制单元进行通信。

在充电运行模式下，高压电源管理系统还有另一项任务，即控制从车辆外部通过 EME 至高压蓄电池以及根据需要通过便捷充电电子装置至电气加热装置或电动制冷剂压缩机的能量流。在 EME 内始终不断重复以下各项步骤。

1) 对外部可提供功率进行查询（信号来源于 KLE）。
2) 对高压蓄电池可吸收功率进行查询（SME）。
3) 对空调系统所需功率进行查询（IHKA）。
4) 要求的 EME 所需功率。
5) 将可提供的部分功率传输至高压蓄电池接收装置（SME 控制单元）和空调系统（IHKA 控制单元）。

外部可提供的功率并非大小不限，而是会受到电网和 EME 的限制，因此必须在进行分配前先查询可分配的功率。高压蓄电池根据其充电状态等可能无法吸收任意大小的功率，因此同样必须先查询相关数值。根据高压蓄电池温度或驾驶人提出的空调要求，空调系统也需要电功率，该功率数值是充电运行模式下用于高压电源管理系统的第三个重要输入参数。通过这些信息对外部要求的功率进行控制并分配给用电器。

（4）制冷压缩机和加热装置 不仅电机通过电机电子装置供电，便捷充电电子装置也直接与电机电子装置相连，确保为电动制冷剂压缩机和电气加热装置提供高压供电，但并未为此在便捷充电电子装置内实现复杂的控制功能，而是将便捷充电电子装置用作高压直流配电盒，由高压蓄电池为其提供能量。为防止短路时连接两个高压用电器的高压导线过载，电机电子装置带有用于电动制冷剂压缩机和电气加热装置的高压熔丝，其额定电流强度为 80A。

（5）冷却系统 如图 3-17 所示，电机电子装置和便捷充电电子装置通过一个独立的冷却液循环回路进行冷却，冷却液循环回路包括一个冷却液空气热交换器、一个电动冷却液泵（80W）、一个储液罐和冷却液管路。

F15 PHEV 电机电子装置的冷却液的循环回路如图 3-18 所示，冷却液空气热交换器集成在冷却模块内，根据电机电子装置的冷却要求结合需要以耗油量优化方式控制电动冷却液泵和电子扇。根据需要控制电子扇和电动冷却液泵，可避免影响电子装置使用寿命的剧烈温度波动，并达到能量优化式的冷却效果。在补液罐内未安装电气液位传感器。由于未安装电气液位传感器，当因冷却系统泄漏等造成冷却液损耗时无法直接识别出来，而当出现冷却液损耗时，电机电子装置的温度会超出正常运行范围，在此情况下会降低电机电子装置的功率并输出相应的检查控制信息。

进行故障查询时，电机电子装置的冷却液循环回路通风方式与传统车辆相似。高压蓄电池充电期间，电机电子装置内的供电电子装置工作。因为电机电子装置内转换的电功率较大，所以也会产生热量，必须借助在此所述的冷却液循环回路排出热量。因此充电期间电机电子装置内出现相应高温时，电动冷却液泵和电子扇也可能会起动。

项目 3　插电式混合动力汽车结构原理与故障诊断

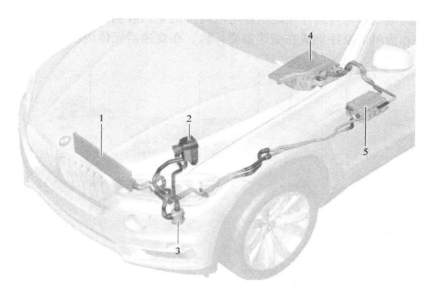

图 3-17　F15 PHEV 电机电子装置的冷却系统
1—冷却液空气热交换器　2—冷却液储液罐　3—电动冷却液泵（80W）
4—电机电子装置（EME）　5—便捷充电电子装置 KLE

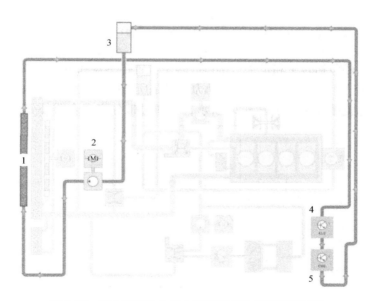

图 3-18　F15 PHEV 电机电子装置的冷却液循环回路
1—冷却液空气热交换器（电机电子装置的冷却液循环回路）　2—电动冷却液泵（电机电子装置的冷却液循环回路，80W）
3—冷却液补液罐（电机电子装置的冷却液循环回路）　4—便捷充电电子装置　5—电机电子装置 EME

3. 驱动电机

F15 PHEV 所用电机是一个永磁同步电机，可将高压蓄电池的电能转化为动能，从而驱动车辆，不仅可实现最高 120km/h 的电动行驶，也可为内燃机提供支持，例如在超车过程中（助推功能）或换档时提供主动转矩支持。在相反的情况下，电机可在制动和惯性滑行时将动能转化为电能并将其储存在高压蓄电池内（能量回收利用）。如图 3-19 所示，混合动力电机组件作为单个组件集成在变速器壳体内，在变速器壳体内占据液力变矩器的安装空间。

图 3-19　F15 PHEV 自动变速器
1—双质量飞轮（包括扭转减振器和离心摆式减振器）　2—附加扭转减振器
3—分离离合器　4—电机　5—片式制动器 B　6—电动附加油泵

电机的主要组件包括转子和定子、接口、转子位置传感器和冷却系统。

（1）转子和定子　F15 PHEV 的混合动力系统是所谓的并联式混合动力系统，内燃机和电机均与驱动齿轮机械连接，如图 3-20 所示，当通过带分离离合器外壳的空心轴驱动车辆

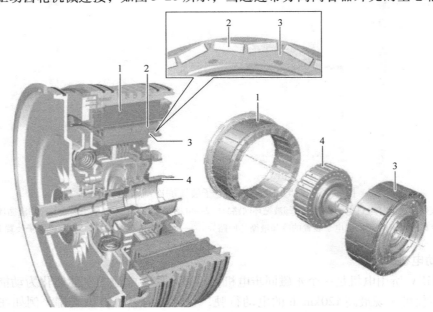

图 3-20　F15 PHEV 电机的转子和定子
1—定子　2—永久磁铁　3—转子　4—带分离离合器外壳的空心轴

时，可以单独或同时使用两种驱动系统。

（2）传感器　如图3-21所示，电机上装有转子位置传感器（旋转变压器）和电机温度传感器，转子位置传感器与同步电机结构类似，带有一个特殊形状的转子（与电机转子连接在一起）和一个定子（与电机定子连接在一起），通过转子转动在定子绕组内产生的感应相电压由电机电子装置进行分析，从而计算转子位置角度。

温度传感器用来监控电机温度，测量自动变速器壳体上的冷却液输出温度。电机电子装置分析温度传感器信号并将其与温度模型计算值进行比较，如果电机温度接近最大允许值，就会根据需要降低电机功率。在定子绕组上不再安装单独的温度传感器。

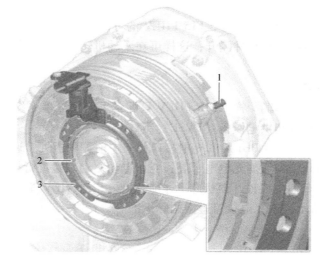

图 3-21　F15 PHEV 电机传感器
1—温度传感器　2—转子位置传感器的转子　3—转子位置传感器的定子

（3）分离离合器　如图3-22所示，在F15 PHEV上，分离离合器位于附加扭转减振器

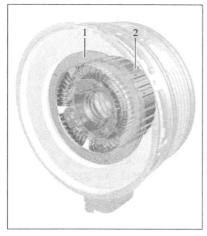 

图 3-22　变速器的分离离合器
1—附加扭转减振器　2—分离离合器

与电机之间，集成在电机壳体内。它是湿式片式离合器，采用断开设计并以此降低了摩擦损失，用于在某些运行状态下使内燃机与电机和传动系统其余组件分离。例如纯电动行驶时或车辆滑行时，为确保不会察觉到内燃机的接合和分离，分离离合器具有较高的执行精度，只要分离离合器处于接合状态，电机、变速器输入轴和内燃机就会以相同转速转动。通过变速器油对分离离合器进行冷却。

与自动变速器的所有离合器和片式制动器一样，分离离合器也由机械电子模块操纵，无压力时处于分离状态，因此需利用变速器油压力使离合器接合。通常情况下该压力由机械油泵提供，在电机失灵等特殊情况下也可通过电动附加油泵使分离离合器接合，但这会对舒适性产生影响。

与传统变速器的液力变矩器一样，F15 PHEV 的分离离合器也能通过滑差微调将内燃机的不平稳运转与传动系统其余组件隔开，这样可在发动机转速很低的情况下显著改善车内噪声水平。

4. 高压蓄电池充电单元

和很多插电混合动力车辆一样，F15 PHEV 只配备了交流充电系统，该系统由高压充电接口、便捷充电电子装置和供电设备（EVSE）组成。

（1）高压充电接口　F15 PHEV 的充电接口位于左前侧围板处，通过一个电动驱动装置使充电接口盖上锁和开锁，便捷充电电子装置对该电动驱动装置进行控制。充电接口盖只有在变速杆置于 P 位和车辆中控锁开锁状态下才能打开。F15 PHEV 车上的充电接口盖和接口分配情况如图 3-23 所示，该充电接口遵循国际标准。

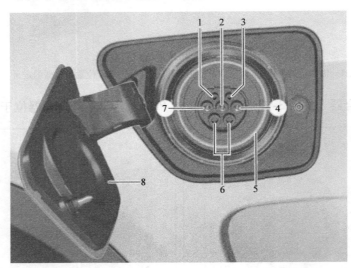

图 3-23　F15 PHEV 车上的充电接口盖和接口分配情况
1—接近导线接口　2—地线（PE）接口　3—控制导线接口　4—零线（N）接口
5—定向照明/状态照明　6—未使用的接口　7—相位（L1）接口　8—充电接口盖

（2）便捷充电电子装置　便捷充电电子装置（KLE）可实现车辆与充电站之间的通信。通过总线端 30F 为 KLE 控制单元供电。此外插入充电电缆时，便捷充电电子装置可唤醒车辆车载网络内的控制单元。便捷充电电子装置将交流电充电电压转换为直流电压并将其传输给 EME，从而使其能够为高压蓄电池充电。

便捷充电电子装置是一个单向 AC/DC 转换器，即整流器。便捷充电电子装置在与输入端电隔离的输出端提供电子调节式直流电压，或流过电子调节式直流电流，由 EME 控制单元内的"高压电源管理系统"功能提出输出电压和输出电流要求，计算数值并由 KLE 进行调节时，确保可为高压蓄电池进行最佳充电并为 F15 PHEV 上的其他用电器提供充足的电能。

（3）车辆供电设备 车辆供电设备由用于连接车辆的插头、电动车辆供电设备和用于连接家用插座的插头三部分组成，如图 3-24 所示，遵循国际标准。电动车辆供电设备（EVSE）负责与交流电压网络建立连接，并满足车辆充电电气安全要求，此外还通过控制导线与车辆建立通信，这样可以安全启动充电过程并向车辆传输充电参数（例如最大电流强度）。F15 PHEV 连接车辆的充电电缆插头如图 3-25 所示，遵循国际标准。

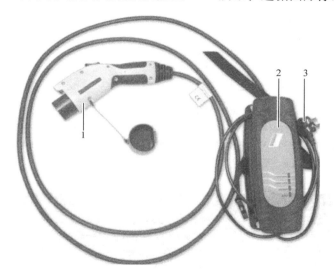

图 3-24 F15 PHEV 用于移动使用的 EVSE
1—用于连接车辆的插头 2—电动车辆供电设备 3—用于连接家用插座的插头

如图 3-26 所示，F15 PHEV 可通过车上的"设置"菜单限制使用标准充电电缆充电时插座上的最大电流强度。如果插座上的最大允许电流强度不够或不明，可以调节为"降低"或"较低"电流强度。

二、宝马 X5 xDrive40e 插电混合动力系统运行原理

如图 3-27 所示，宝马 X5 xDrive40e 混合动力电机安装在发动机和自动变速器之间，同时电机和发动机之间有安装离合器，该离合器用来实现纯电动、发动机驱动、混合驱动多种模式之间转换。这是典型的 P2 架构，类似奥迪 Q5 混合动力技术方案，其工作原理在这里不再赘述。不同的是宝马 X5 xDrive40e "升级"到了插电混合动力，通过充电可以使车辆纯电续驶里程更长。宝马 X5 xDrive40e 的电动驱动装置可实现最高车速为 120km/h 的纯电动零排放行驶，最远电动续驶里程为 31km。

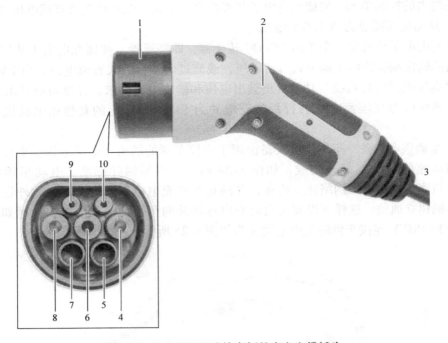

图 3-25 F15 PHEV 连接车辆的充电电缆插头
1—机械导向件/插头壳体 2—手柄/插头壳体 3—充电电缆 4—相位
5—相位 L3 接口（在 F15 PHEV 上不使用） 6—地线接口 7—相位 L2 接口（在 F15 PHEV 上不使用）
8—零线接口 9—接近导线接口 10—控制导线接口

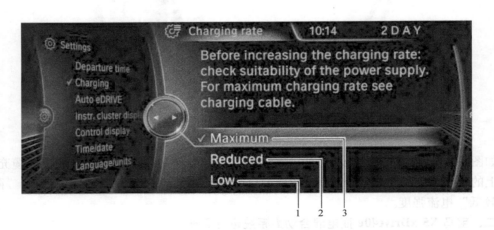

图 3-26 F15 PHEV 电流强度设置菜单
1—"较低"充电电流约为 50% 电流强度，但最低为 6A　2—"降低"充电电流约为 75% 电流强度，最低为 6A
3—"最大"充电电流为 100% 电流强度

如图 3-28 所示，该车辆共设有自动（AUTO eDRIVE）、纯电动（MAX eDRIVE）和电量保持（SAVE BATTERY）三种模式。

项目3 插电式混合动力汽车结构原理与故障诊断

图 3-27 宝马 X5 xDrive40e

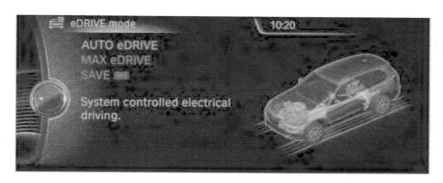

图 3-28 宝马 X5 xDrive40e 的三种运行模式

1. AUTO eDRIVE 模式

AUTO eDRIVE 始终处于启用状态（选档开关处于手动/运动位置时除外），在该模式下，车辆根据高压蓄电池充电状态自动选择最佳驱动组合。通过组合仪表显示向驾驶人提供有关功率大小要求的视觉反馈。如果驾驶人要求功率超过了最大可用电功率，就会以舒适方式自动接通内燃机。

AUTO eDRIVE 模式基本上可分为两部分，即放电阶段（电量消耗）和保持阶段（电量维持）。高压蓄电池 SOC 为 100%，至 12% 时执行放电阶段，此范围内 F15 PHEV 可在约 70km/h 的车速以下纯电动行驶，车速超过 70km/h 或功率要求较高时就会接通内燃机并联驱动，在车速降至 70km/h 以下时则会关闭内燃机。

2. MAX eDRIVE 模式

通过 eDRIVE 按钮选择 MAX eDRIVE 模式时，可在高压蓄电池已充电且电量充足的情况下根据需要以电动驱动装置最大功率进行零排放行驶，前提是选档开关未处于手动/运动位置，最大电动行驶速度已增至 120km/h，在此可以非常轻松、舒适地通过加速踏板来控制电功率且不会意外接通内燃机，但在任何紧急行驶情况下都可能会接通内燃机并调用全部系统功率。可能随时需要通过将选档开关切换为 S 位置或将加速踏板踩至强制降档位置来启用内燃机，此时会自动启用 AUTO eDRIVE 模式，可实现的电动续驶里程在很大程度上取决于驾驶方式（加速度和车速）、车外温度以及附加设施。为了实现最大电动可达里程，应在外部充电期间对车内空间进行预先空气调节，这样可利用行驶期间所需能量实现更大的电动可达里程。如果在长时间驻车后且车外温度极低的情况下以 MAX eDRIVE 模式行驶，可能会导致电动驱动装置的功率降低甚至无法运行，原因可能在于高压蓄电池单元电池模块内的电池温度过低。

3. SAVE BATTERY 模式

SAVE BATTERY 模式的选择也通过 eDRIVE 按钮实现，在此模式下会保存高压蓄电池的能量用于之后的电动行驶，从而为接下来的市区行驶提供足够的能量，启用SAVE BATTERY 模式后就会保持高压蓄电池的当前充电状态。此外，如果在 SAVE BATTERY 模式下充电状态不足 50% SOC，就会在行驶情况允许时通过能量回收利用储存能量或通过有效调节负荷点产生能量。

任务实施

1) 查阅资料收集市场上在售合资品牌的插电混合动力车型。
2) 选取一款车型并描述其混合动力系统的组成与运行原理。

知识与能力拓展

宝马 i3（I01）增程混合动力系统

增程式混合动力汽车（Extended Range Electric Vehicles，EREV）实际上属于插电式混合动力的一种，不同的是，前者虽然配备了发动机，不过其作用大多只是提供电能来源，而非驱动。

1. 电动驱动装置组件

如图 3-29 和图 3-30 所示，电动驱动装置组件是宝马集团针对 I01 研发的组件，例如电

图 3-29　电动驱动装置组件
1—变速器　2—电机电子装置　3—支撑臂轴承　4—支撑臂　5—后桥模块　6—电机　7—稳定杆连杆　8—右侧半轴

项目3　插电式混合动力汽车结构原理与故障诊断

机、电机电子装置和高压蓄电池,是宝马 eDRIVE 技术的组成部分。宝马 eDRIVE 技术用于实现纯电动、局部零排放行驶的所有设计方案,并且成为宝马高效动力战略的另一个支柱。下面将详细介绍电动驱动装置组件。

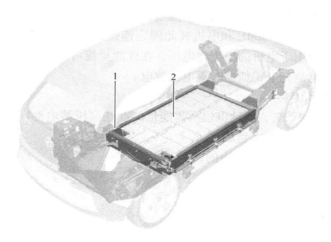

图 3-30　蓄电池模块
1—铝合金框架(Drive 模块)　2—高压蓄电池

I01 具有用于确保城市交通运动型驾驶乐趣的完善套件,整备质量为 1195kg,比大多数紧凑型车辆还要轻,并且还为四位乘员提供了明显更多的空间,0—100km/h 的加速时间仅为 7.2s,并且在日常运行模式中 130~160km 的续驶里程足以满足目前客户群在日常生活中的机动性需求。

高压蓄电池的位置较低且位于中部,这种做法有利于车辆的灵活性。eDRIVE 模块中所有组件的布置方式均实现了 50∶50 的轴负荷分配。即使在碰撞安全方面,被铝合金成型件包裹的高压蓄电池也被置于特别有利的位置。电机和变速器安装在驱动后桥的附近。由于采用后轮驱动方式,前桥不会受到驱动影响。高压蓄电池是 I01 电动驱动装置的蓄能器,它相当于传统内燃机车辆的燃油箱,在宝马 Active Hybrid 车辆上已使用高压蓄电池来为电动驱动装置供应能量。在宝马 Active Hybrid 车辆上,电机作为发电机驱动时为高压蓄电池充电,在制动能量回收利用时或通过提高内燃机负荷点来实现这一点。在 I01 上,进行制动能量回收利用时也可能重新使高压蓄电池部分充电,但主要还是通过外部电网来为其供应能量。可选装的增程器通过一个汽油机和另一个电机同样可以提供电能,但该能量主要用于在高压蓄电池已相对过度放电时保持充电状态,这样可以提高 I01 的续驶里程。在 I01 高电压蓄电池内使用的电池属于锂离子蓄电池类型。电池由韩国公司 Samsung SDI 向宝马 Dingolfing 工厂提供,在此将电池组装成电池模块并与其他组件一起安装为完整的高压蓄电池单元。

在传统轿车上,内燃机用于产生驱动力矩,在 I01 上由电机承担这项任务,即所谓的混合动力同步电机,其最大功率为 125kW,最大转矩为 250N·m。在功率相同的情况下,I01 的电机比内燃机小很多。在重量方面,电机也比内燃机有优势。N52 发动机重约 160kg,I01 的电机则重约 49kg,因此可以将 I01 的电机直接固定在后桥模块上。与内燃机不同,I01 的电机转速范围超过 11000r/min,在此从第一圈起提供最大转矩 250N·m。该电机不仅可以作为电动机使用,也可以作为发电机使用,此后从车辆动能中回收利用的电能可以用于行驶期间为高压蓄电池充电（制动能量回收利用）。

I01 的电机电子装置（EME）是高压蓄电池与电机之间的中央连接元件，此外还负责将高压车载网络的能量提供给低压车载网络。EME 安装在电机之上，因此 EME 与电机之间的电气连接很短，从而可以几乎无损失地传输能量。由于两个组件在空间上相邻，所以可采用紧凑型共用冷却液循环回路，EME 和电机彼此固定连接，EME 内的供电电子装置将高压蓄电池的直流电压转换为用于电机的三个相电压，在此能量流可以向两个方向流动，制动能量回收利用时为高压蓄电池充电，加速时蓄电池放电。

2. 增程器的任务和组件

I01 带有纯电动驱动系统，驱动电机所需能量储存在高压蓄电池内，因此续驶里程受到限制。一旦蓄电池充电状态达到临界水平，增程器就会负责提供到达目的地的所需能量，因此只在需要情况下由车辆电子系统起动增程器。两缸发动机是一款小型的、运行非常平稳且噪声非常低的汽油机，通过驱动增程电机可为继续行驶提供所需能量，这样可使蓄电池充电状态保持恒定，从而继续通过电机驱动车辆，延长车辆的可达里程。为达到尽可能低的耗油量进而降低 CO_2 排放量，汽油机还带有节能起停等功能，并采用其他智能型运行策略。图 3-31 展示了配备增程器的 I01 上额外安装的重要组件。

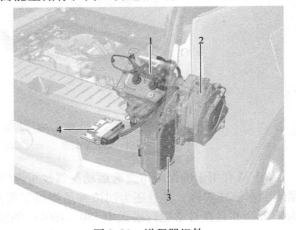

图 3-31　增程器组件
1—增程器（内燃机）　2—增程电机　3—增程电机电子装置（REME）　4—增程器数字式发动机电子系统（RDME）

3. 动力传输

图 3-32 展示了各驱动组件间的能量流/动力传递路线。

4. 增程器的运行策略

增程器运行策略的任务是，使高压蓄电池的使用寿命最大化，并在运行期间防止高压蓄电池损坏，当然同时还应在行驶状态下以及充电期间满足所有客户要求。出现故障时的驱动装置性能也是运行策略的组成部分。

图 3-33 显示了高压蓄电池的相对和绝对荷电状态值（SOC 值），绝对值表示高压蓄电池的实际充电状态，相对 SOC 值为组合仪表或 CID 内所显示数值。在区域 A 可不受限行驶或提供全部舒适功能。高压蓄电池 SOC 值降至约 5% 时，就会输出剩余可达里程 20km 或 10km 检查控制信息。在区域 B 由于高压蓄电池充电状态较低，所以会降低动力传动系统内的功率输出，在此情况下会关闭空调系统。SOC 绝对值降至 10% 以下时，无法再继续行驶，必须保留 10% 从而为客户提供足够时间进行高压蓄电池充电并防止深度放电。

增程器驱动增程电机，从而将电流储存在高电压中间电路内。根据需要，电流直接流入驱动电机或高压蓄电池内，目的是使充电状态（SOC）恒定保持在某一水平。图 3-34 展示了 I01 增程器的运行策略，在此规定可用功率及高电压蓄电池充电状态为 0～100%，需要注意的是，在此指的是相对值而非绝对值。在不使用内燃机的行驶模式下（D），从高压蓄电池获取所需能量，充电状态（A）持续降低并达到接通限值（B），此时起动内燃机并驱动

项目3 插电式混合动力汽车结构原理与故障诊断

增程电机,根据驾驶方式可恒定保持或提高压蓄电池的充电状态(C),如果充电状态再次超过接通限值,就会关闭内燃机。

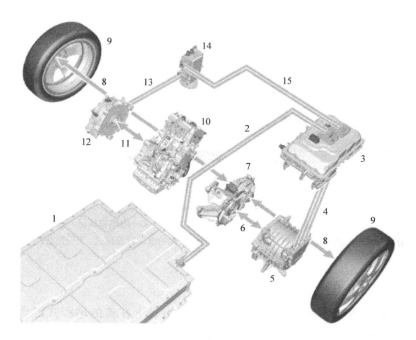

图3-32 动力传递路线

1—高压蓄电池 2—通过两芯高压导线实现双方向能量流(电能) 3—电机电子装置 4—通过三相高压导线实现双方向能量流(电能) 5—电机 6—从电机到变速器以及从变速器到电机的动力传递路线(机械能) 7—变速器 8—通过半轴从变速器到后车轮以及从后轮到变速器的动力传递路线(机械能) 9—后车轮 10—W20内燃机 11—从内燃机到增程电机的双方向动力传递路线(机械能) 12—增程电机 13—通过三相高压导线实现双方向能量流(电能) 14—增程电机电子装置 15—通过两芯高压导线实现双方向能量流(电能)

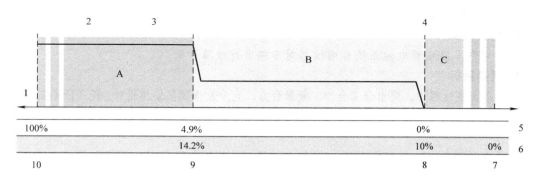

图3-33 增程器运行策略

1—计算的高压蓄电池充电状态(SOC) 2—剩余可达里程20km警告 3—剩余可达里程10km警告 4—剩余可达里程不足1km警告 5—SOC相对值轴 6—SOC绝对值轴 7—高压蓄电池SOC 0%(绝对值) 8—高压蓄电池SOC 10%(绝对值)或0%(相对值) 9—高压蓄电池SOC 14.2%(绝对值)或4.9%(相对值) 10—高压蓄电池SOC 100%(相对值) A—可不受限行驶的范围 B—以有限驱动功率行驶的范围 C—无法行驶的范围

171

驾驶方式对高压蓄电池放电及可达里程产生直接影响,对满负荷下的功率数据进行比较可清晰地说明这一点,内燃机机械输出功率为 25kW,发电机电输出功率为 23.5kW,电机消耗功率为 125kW。这种驾驶方式会导致高压蓄电池充电状态进一步降低,内燃机和增程电机的输出功率不足以继续使高压蓄电池充电状态恒定不变。

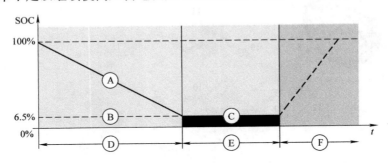

图 3-34　I01 增程器的运行策略

A—高压蓄电池的充电状态　B—接通限值,SOC 6.5%(相对值)　C—内燃机运行,SOC 6.5 ~ 0%(相对值)
D—不使用内燃机的电动行驶模式　E—使用内燃机的电动行驶模式　F—充电,外部

强化练习

增程式混合动力属于插电式混合动力的一种,市场上在售的增程式混合动力车型非常少,请你通过市场调查评价一下增程式混合动力汽车。

任务 3.2　宝马 X5 xDrive40e 插电混合动力系统故障诊断

学习目标

1. 知识目标

1)掌握宝马 X5 xDrive40e 插电混合动力系统的组成与工作原理。
2)掌握宝马 X5 xDrive40e 插电混合动力和其他系统关联信号的作用。

2. 能力目标

能运用汽车高压蓄电池系统专用仪器对车辆进行故障诊断。

3. 素养目标

在任务实施过程中,突出分工合作、凝聚合力,充分发挥团队协作精神,提高任务实施效率。

任务描述

宝马 X5 xDrive40e 的高压蓄电池系统在做任何维修操作并将其重新投入使用之前需要确保其功能性和安全性,这要借助于专用 EoS 蓄电池测试仪进行检测。作为一名经销商的维修人员,你将如何使用专用测试仪进行各种参数检测以确保其功能性和安全性?

任务准备

EoS 蓄电池测试仪认知

EoS 是宝马配备的蓄电池系统专用测试仪器,主要用来对蓄电池系统的气压泄漏、高压接触器触点断开状态、绝缘电阻、SME 绝缘检测功能进行测试，另外也可以读取蓄电池系统的故障码。

1. 标志信息

EoS 蓄电池测试仪上面有很多重要信息，可以图 3-35 中的各个位置读取。

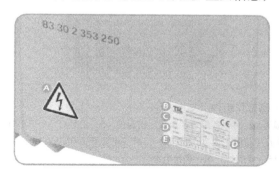
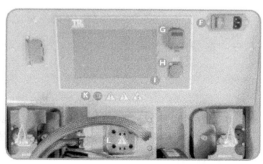

图 3-35　检测箱上的标志名称

A—高电压！有生命危险！　B—制造商标记　C—序列号　D—技术数据　E—生产日期　F—电源开关　G—USB 接口　H—时钟的电池闸　I—LED 灯　K—警告提示　L—高电压！有生命危险

2. EoS 蓄电池测试仪组件认知

如图 3-36 和图 3-37 所示，EoS 蓄电池测试仪的组件包括电源电缆、适配箱、检测钟、连接电缆、主模块、U 盘、说明书和检测箱。适配箱一端连接至蓄电池模块的低压接口，另一端通过高压电缆连接至主模块，主要用来和电池系统中控制单元进行数据交换。U 盘也连接至主模块，用来储存检测数据。检测钟是用来安装在蓄电池模块的排气口上进行气压泄漏检查的。

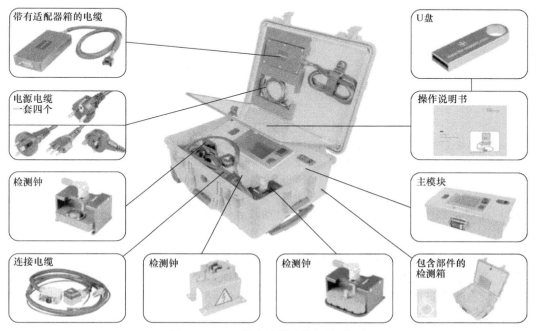

图 3-36　EoS 蓄电池测试仪组件（一）

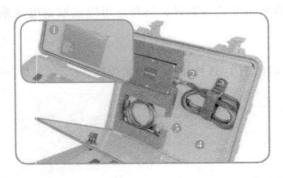 

图 3-37　EoS 蓄电池测试仪组件（二）

1—带有 U 盘的操作说明　2—带有适配器箱的电缆　3—电源电缆　4—备用垫片和备用密封件　5—信号灯　6—OBDII
7—触摸屏　8—USB 接口　9—蓄电池匣　10—状态显示（功能正常/功能故障）　11—电源开关/电源接口
12—操作和安全说明　13～15—检测钟　16—连接电缆

任务实施

1. 投入使用

（1）系统启动　将检测仪连接到电源上并接通设备，图形界面如图 3-38 所示。

图 3-38　系统启动图形界面

1—用于系统设置的按键区　2—显示时钟和日期　3—用于继续进行的按键区　4—用于选择语言的按键区
5—售后服务网页的 URL　6—显示序列号　7—显示软件版本　8—显示不同固件版本　9—显示控制系统编号
10—显示内核版本　11—显示引导加载程序版本　12—显示 LZS 版本

（2）注册　如图 3-39 所示，注册后会自动收到一个被发送的密码，通过密码随后进行登录。

（3）下载　如图 3-40 所示，在下载页面中检查固件是否为最新版本。

（4）遵守操作规程的操作　如图 3-41 所示，确保 EOS 蓄电池测试仪和所有连接导线都处于正常状态，保证所有有关安全运行的功能都正常，在控制系统的欢迎页面中用"是"对此进行确认。

（5）自测试成功完成　如图 3-42 所示，成功的自测试对于安全运行是绝对必要的，通

项目3 插电式混合动力汽车结构原理与故障诊断

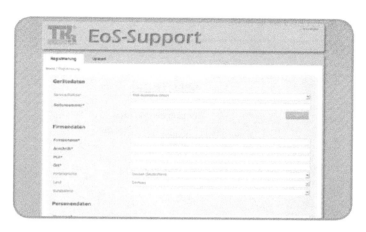

图 3-39　注册图形界面

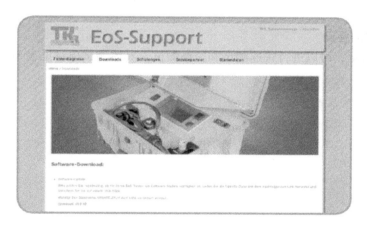

图 3-40　下载图形界面

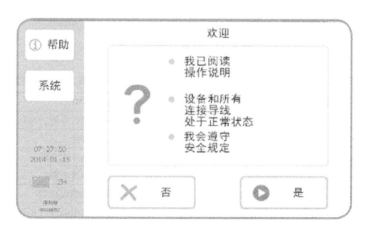

图 3-41　遵守操作规程的操作

过它可以检查测试仪所有部件的功能是否正确。一旦通过自测试,即使在运输后或长时间停机后也能确保对高压蓄电池的安全检测。

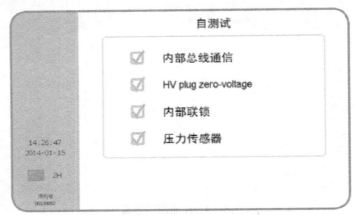

图 3-42　自测试成功完成

2. 选择所需的检测

如图 3-43 所示，可以进行快速测试和完整测试，具体测试项目见表 3-3 和表 3-4。

图 3-43　选择所需的检测

表 3-3　快速测试

1	启动 SME
2	绝缘保护器快速查询
3	SOC 对称查询，对称故障 – 警告
4	停止 SME
5	显示所有结果，蓄电池容量

表 3-4　完整测试

1	启动 SME
2	SOC 对称查询，对称故障 – 警告
3	压力检测
4	检查高压安全性
5	测量绝缘电阻
6	检查绝缘保护器
7	测试抗电强度（低压）
8	测试抗电强度（高压）
9	停止 SME
10	显示所有结果，蓄电池容量

项目 3　插电式混合动力汽车结构原理与故障诊断

3. 连接高压蓄电池

（1）蓄电池的连接　如图 3-44 所示，在将 EOS 蓄电池测试仪与高压蓄电池相连时注意部件的规定顺序，需要由电工操作待检测的高压蓄电池，未获得电工资质的人员不得进行操作。

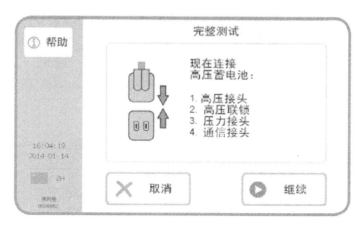

图 3-44　蓄电池的连接

（2）连接电缆组件　连接电缆组件如图 3-45 所示。

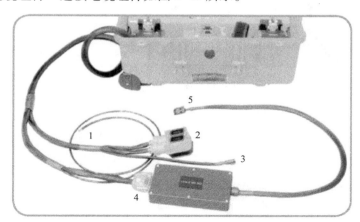

图 3-45　连接电缆组件

1—气软管　2—高压接头　3—联锁接头　4—适配器箱的通信接头　5—高压蓄电池的通信接头

（3）连接高压接头　如图 3-46 所示，将 EOS 蓄电池测试仪的高压接头插入高压蓄电池上相应的接口中并合上锁紧件。

（4）连接联锁接头　如图 3-47 所示，将联锁接头插入高压接头旁的接口中并插到底。

（5）固定检测钟　如图 3-48 所示，必须将检测钟从侧面推入滑轨中并推到底以将其固定。注意检测钟的正确位置，将夹紧杆完全翻起，如果夹紧力过松，下方垫上随附的垫片。

（6）安装正确的检测钟　如图 3-49 所示，正确安装检测钟。

（7）固定软管　如图 3-50 所示，将空气软管连接到检测钟顶端的压缩空气插接器上，

177

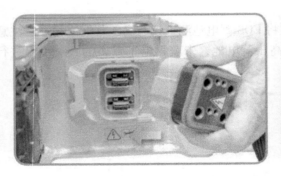
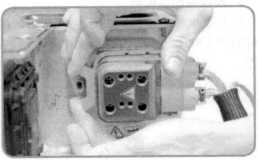

图 3-46　连接高压接头

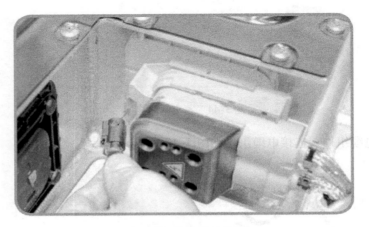

图 3-47　连接联锁接头

图 3-48　固定检测钟

空气软管在操作过程中必须一直关闭。

（8）连接通信接头　如图 3-51 所示，在高压蓄电池右侧将通信接头连接到接口中。

图 3-49 正确安装检测钟

图 3-50 固定软管

图 3-51 连接通信接头

(9)建立与 EOS 蓄电池测试仪的连接 如图 3-52 所示,为将蓄电池与 EOS 蓄电池测试仪相连,必须将通信接头连接到检测仪上。

图 3-52 建立与 EOS 蓄电池测试仪的连接

4. 测试流程

(1)启动测试 如图 3-53 所示,在执行完所有的步骤后点击"继续"启动所需的测试,表 3-5 测试步骤适用于所有测试。在测量过程中,进行压力测试时不要接触测试仪,否则测量结果会受到影响。

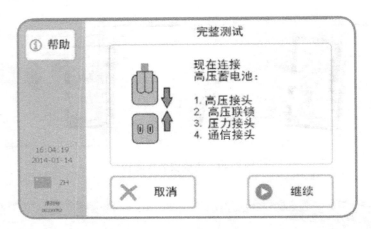

图 3-53 启动测试

表 3-5 测试步骤

步骤	措施
1	启动所需的测试 ● 使用主菜单中的"开始"
2	连接检测电缆 ● 用"继续"确认 ● 或"取消"
3	测试自动完成 ● 在结束时或按下"取消"后自动进入步骤 4
4	测试结果显示 (完成/失败) ● 查看详图 ● 使用"继续"进入步骤 5
5	必要时显示提示说明(检验码、贴签、要求由电工操作……) ● 用"OK"确认
6	取下检测电缆 ● 用"继续"确认
7	测试结束 ● 返回主菜单

（2）测试进行显示示例 如图 3-54 所示，在测试正在进行期间不要接触检测仪和高压蓄电池，不要断开与高压蓄电池的连接，测试仪会在测试开始时确定需要进行的各个步骤的数量并以百分比进度条的形式显示进度。

（3）测试结果显示示例 如图 3-55 所示，在显示测试结果后还会显示附加的提示说明和警告（例如需要由电工操作的提示），测试完毕后才会退出。

（4）测试结果 如图 3-56 所示，测试完成的结果界面可能出现以下三种情况。

项目3　插电式混合动力汽车结构原理与故障诊断

图 3-54　测试进行显示示例

图 3-55　测试结果显示示例

图 3-56　测试结果

1）测试完成。所有单项测试已成功实施并且未出现警告。

2)测试完成(出现警告)。所有单项测试已成功实施,但是出现警告。会直接显示前三个警告。如果有更多的警告,可在"详情"下的列表中查看。

3)测试失败。在其中一个已进行的单项测试中出现故障,它可以是系统故障,或者是超出极限值,又或者是用户取消,会给出一个带有文字的故障码,以便推断出流程中出现故障的地方和故障原因。

在进行总测试并用"测试完成"或"测试完成(出现警告)"进行评估时,会产生和显示一个检验码,使得车辆中的高压蓄电池运行(将检验码输入 ISTA 中),此时还会出现一个要在高压蓄电池上贴上特定贴签的提示说明。

5. 测试详情

(1)查看测试　详情如图 3-57 所示,点击"详情"以查看测试结果详情,测试结果会保存在系统中,可随时查看,如要继续,请点击"OK"。

图 3-57　查看测试结果

如图 3-58 所示,使用箭头按钮进行翻页,如要继续,请点击"OK"。

图 3-58　查看测试详情

(2)将测试结果保存到 U 盘　如图 3-59 所示,为了将测试结果传输到 U 盘上,要选择"保存结果",将随附的 U 盘插入 USB 端口并遵守显示屏上的说明。

图 3-59　将测试结果保存到 U 盘

6. 退出测试，并断开高压蓄电池

（1）安装贴签　如图 3-60 所示，在测试成功结束后必须在高压蓄电池的三个位置处贴上贴签，为此应遵守屏幕中的提示说明，如要继续，请点击"OK"。

图 3-60　安装贴签

（2）了解有关贴签详情　如图 3-61 所示，为了解各个贴签的准确安装位置，点击相应的按钮周围区域，如要继续，请点击"OK"。

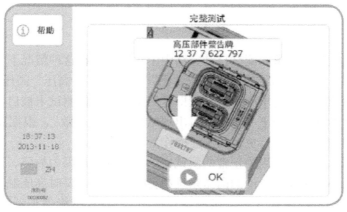

图 3-61　了解有关贴签详情

(3) 检验码 如图 3-62 所示，系统给出的检验码由多个测试结果组成，每次测试时都会产生一个新的检验码。请记录检验码并将其输入 ISTA 中，如要继续，请点击"OK"。

图 3-62　检验码

(4) 断开高压蓄电池 现在按照规定的顺序断开高压蓄电池，点击"继续"按钮即可返回主菜单，如图 3-63 所示。

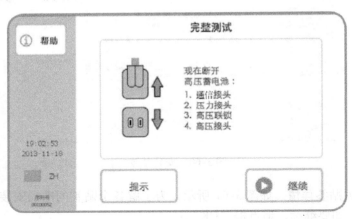

图 3-63　断开高压蓄电池

7. 取消测试

可在连接检测电缆的请求和测试自动完结中中止测试，在这种情况下自动完结也可系统地关闭所有部件（参见"测试结束时的系统状态"），如果存在高压，高压会以 200V/s 的速度下降。在连接检测电缆的请求中中止会立即返回菜单，就像测试未被启动过一样。在测试自动完结中中止会继续进入到下一步，同时出现结果"测试失败"，根据该结果所有部件都将被关闭，在关闭期间无法进行更多的中止操作。

测试结束的原因既可能是因为正常的测试完结，也可能是因为故障、系统故障或用户中止。在任何情况下测试仪和蓄电池的高压系统都会被关闭，必要时高压触点会进行额外的放电。SME 中的传送码将被删除（高压接触器被锁闭），SME 绝缘保护器将被启用并且 SME 将被关闭。

8. 单项测试

如图 3-64 所示,在选择单项检测时需要输入密码,在主菜单中选择按键区"单项测试"以进行单项测试,具体操作步骤参考表 3-6～表 3-13。

图 3-64 单项测试

表 3-6 单项测试:SOC 对称

1	启动 SME
2	SOC 对称查询,对称故障→警告
3	停止 SME
4	显示所有结果,蓄电池容量

表 3-7 单项测试:压力检测

1	启动 SME
2	停止 SME
3	压力检测
4	显示所有结果,蓄电池容量

表 3-8 单项测试:高压安全性

1	启动 SME
2	检查高压安全性(完整版)
3	停止 SME
4	显示所有结果,蓄电池容量

表 3-9 单项测试:测量绝缘电阻

1	启动 SME
2	检查高压安全性(快速版)
3	测量绝缘电阻
4	停止 SME
5	显示所有结果,蓄电池容量

表 3-10 单项测试:SME 绝缘保护器

1	启动 SME
2	检查高压安全性(快速版)
3	测量绝缘电阻
4	停止 SME
5	显示所有结果,蓄电池容量

表 3-11 单项测试:绝缘测试 500V

1	启动 SME
2	检查高电压安全性(快速版)
3	测试抗电强度 500V
4	停止 SME
5	显示所有结果,蓄电池容量

表 3-12 单项测试:绝缘测试 2.5kV

1	启动 SME
2	检查高压安全性(快速版)
3	测试抗电强度 2.5kV,停止 SME
4	启动 SME
5	停止 SME
6	显示所有结果,蓄电池容量

表 3-13 单项测试:泄漏查找

1	压力泄漏查找

知识与能力拓展

广汽传祺 GA5 REV 电机控制器故障案例分析

故障现象客户描述：行驶过程中经常出现，组合仪表报"降功率行驶"提示，报故障时查看动力蓄电池电量（3~4格电）。

故障分析：行驶过程中，突然掉高压电，车辆无法行驶，组合仪表报"系统故障、联系维修"，休眠后，车辆恢复正常。查表3-14确认当前故障码有否当前的功率模组过流、当前的电机过温，如有，则判断为电机控制器内部故障。

表3-14 故障码表

序号	控制器	硬件号	软件号	零件号	故障码	故障类型	定义	状态
1	制动控制系统	8030009BAC020H.0	8030009BAC020S.0	8030009BAC0200	无故障码			
2	助力转向系统	3410006BAC010H??	3410006BAC010S??	3410006BAC0100	无故障码			
3	发动机管理系统	1120003BAC1100H.C	1120003BAC1100S.C	1120003BAC1100	无故障码			
4	辅助安全系统	8040003BAC000H???	8040003BAC000S???	8040003BAC0000	无故障码			
5	电池管理系统				通信异常			
6	前驱电机	1520007BAC0000H.0	1520007BAC0000S.4	1520007BAC0000	P180219	当前的	功率模组过电流（>1000A）或IGBT短路到地	AF
7	前驱电机	1520007BAC0000H.0	1520007BAC0000S.4	1520007BAC0000	P180619	当前的	功率模组过流	AF
8	前驱电机	1520007BAC0000H.0	1520007BAC0000S.4	1520007BAC0000	P180117	当前的	发电机高压直流电压超出阈值-关闭IPU	AF
9	前驱电机	1520007BAC0000H.0	1520007BAC0000S.4	1520007BAC0000	P180317	当前的	发电时高压电压高于udc_max时降功率	2F
10	前驱电机	1520007BAC0000H.0	1520007BAC0000S.4	1520007BAC0000	P181216	历史的	发电机高压直流电压低出阈值-降功率	2E
11	混动控制系统	1110003BAC0300H.C	1110003BAC0300S.C	1110003BAC0300	P16FE84	历史的	高压蓄电池过流	0A

故障原因：电机控制器过压（即高压直流电压超出阈值-关闭智能动力单元）；电机控制器过温（电机过温-关闭智能动力单元）；功率模组过流、发电机/驱动电机故障级别3；DC/DC故障，预充电失败——DC/DC高压电压过低；电机温度传感器短路到地（报"发电机故障级别1/驱动电机故障级别1）。

诊断过程：

1）增程工况下试车，故障复现。报降功率行驶提示后，发动机转速保持在1400r/min不提升，检测到驱动电机内部温度为150℃。

2）故障码显示：P189296-驱动电机故障级别1，P182411-V相电机温度传感器短路到地。

3）将电机控制器内部"驱动电机控制板"与"发电机控制板"互换，试车测试后故障再次复现。

项目 3　插电式混合动力汽车结构原理与故障诊断

4) 故障码显示：P179096 发电机故障级别 1，P172311 U 相电机温度传感器短路到地。
5) 综合上述故障，初步判断为"驱动电机控制板"故障。
6) 更换该板后故障消除。

强化练习

请你评价一下插电混合动力系统的优、缺点，要求通过调查市场上的插电混合动力车型的销量、价格和油耗等数据进行佐证。

任务 3.3　比亚迪秦 PHEV 插电混合动力系统

学习目标

1. 知识目标

掌握比亚迪秦 PHEV 插电混合动力系统的组成、功用与运行原理。

2. 能力目标

1) 能以能量流的方式画出比亚迪秦 PHEV 插电混合动力系统的组成。
2) 能通过自主查阅资料收集市场上的其他自主插混车型并能将本节所学知识扩展到其他车型，阐述这些车型的混合动力系统的组成与原理。

3. 素养目标

了解比亚迪秦 PHEV 插电混合动力新技术，增强自身对民族品牌认同感，增强民族自信与文化自信。

任务描述

在新能源汽车领域，比亚迪是非常有代表性的自主品牌厂商之一，比亚迪也推出了多款新能源汽车，其中比亚迪秦 PHEV 是自主品牌中非常具有代表性的一款车。作为汽车经销商的一名技术人员，你能从节油的角度描述清楚它是如何运行的吗？

任务准备

一、比亚迪秦 PHEV 插电混合动力系统组成与功用

如图 3-65 所示，秦 DM 作为比亚迪在全新平台上开发的插电式混合动力车，在 110kW 电机和 1.5TID 动力组合共同驱动下，最大功率和最大转矩分别可达 223kW 和 440N·m，最高速度可达 185km/h，0—100km/h 加速时间仅为 6.9s，在纯电动模式下，续驶里程可达 50km。

图 3-65　比亚迪秦 PHEV 实车图

比亚迪秦 PHEV 电动系统高压部件的整车布置如图 3-66 ~ 图 3-70 所示，包括动力蓄电池包总成、高压配电箱、驱动电机控制器与 DC/DC 总成、空调配电盒、电动压缩机、PTC 加热器和车载充电器。

1. 动力蓄电池包总成

动力蓄电池系统是车辆的主要动力能源之一，为整车驱动和其他用电器提供电能。如

图 3-71所示,动力蓄电池包安装在后排座椅与行李舱之间,主要由动力电池模组(分10个模组,共 152 个单体)、动力蓄电池串联线、动力蓄电池采样线、蓄电池信息采集器、接触器、熔丝、蓄电池包护板和安装支架组成。

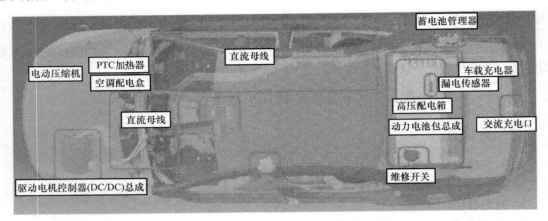

图 3-66　整车高压电器分布示意图

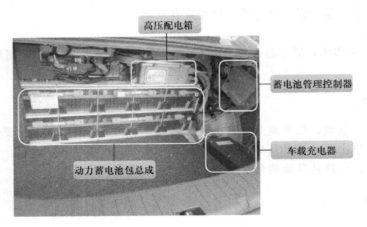

图 3-67　行李舱内部高压电器

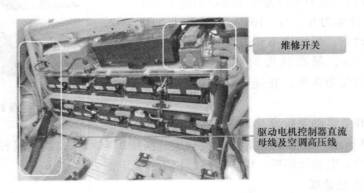

图 3-68　驾驶室内部高压电器

图 3-69　底盘高压电器

图 3-70　前舱高压电器

（1）蓄电池模组　每个单体电池为 3.3V，蓄电池包标称电压为 501.6V，标称容量为 26A·h，一次充电 13kW·h。蓄电池包模组装配顺序如图 3-72 所示。

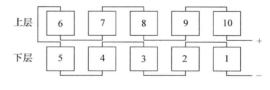

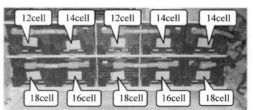

图 3-71　动力蓄电池包总成　　　　图 3-72　蓄电池包模组装配顺序

（2）高压线束　高压线束如图 3-73 所示。

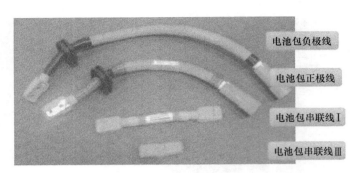

图 3-73　高压线束

（3）动力蓄电池采样线　如图 3-74 所示，动力电池采样线的主要功能是连接蓄电池管理控制器和蓄电池信息采集器，实现两者之间的通信及信息交换。

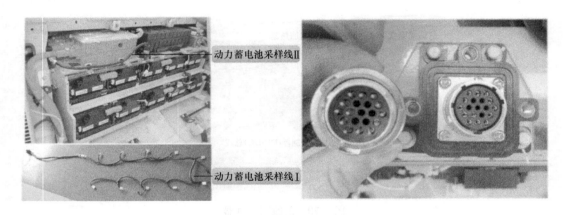

图 3-74　动力蓄电池采样线

（4）维修开关总成　如图 3-75 所示，维修开关总成位于动力蓄电池包总成上方的左上角，连接了动力蓄电池的一个正极和一个负极。如图 3-76 所示，在车辆维修时直接断开高压回路，从而保证操作人员的安全。维修开关处于正常状态时，手柄处于水平位置；需要拔

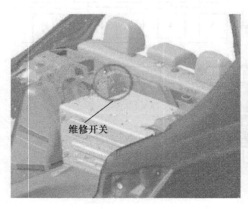 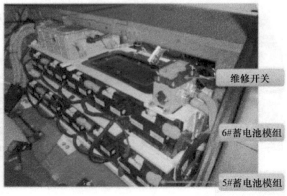

图 3-75　维修开关总成

出时，应先将手柄旋转至竖直状态，再向上拔出；需要插上时，应先沿竖直方向用力向下插入，再将手柄旋转至水平状态。另外，如图 3-77 所示，维修开关上安装有高压互锁线，其连接电路如图 3-78 所示。

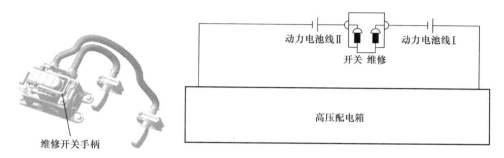

图 3-76 维修开关内部连接示意图

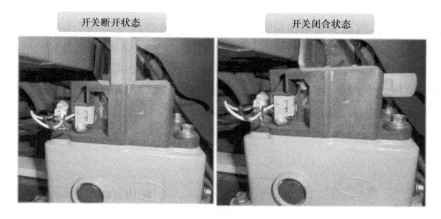

图 3-77 高压互锁检测开关

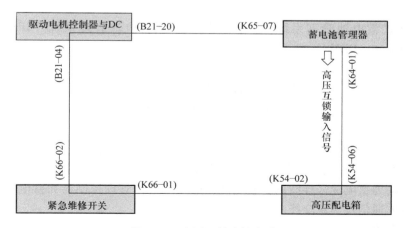

图 3-78 高压互锁连接电路

（5）漏电传感器总成　本车采用交流式漏电传感器。如图 3-79 所示，漏电传感器位于车身后围搁物板前加强横梁上，用于对电动汽车直流动力电源母线与其外壳、车身底盘之间的绝缘阻抗检测，通过检测与动力蓄电池输出相连接的负极母线与车身底盘之间的绝缘电阻来判断动力蓄电池包的漏电程度。

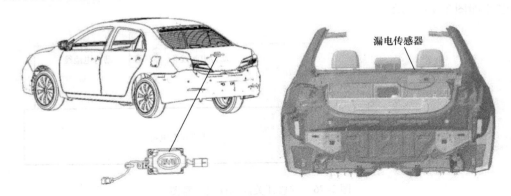

图 3-79 漏电传感器总成安装位置

如图 3-80 所示，当动力蓄电池包漏电时，漏电传感器将发出一个信号给蓄电池管理控制器，蓄电池管理控制器接收到漏电信号后进行相关的保护操作并发出警告，以防止动力蓄电池包的高压电外泄而造成人或物品的伤害和损失。漏电传感器主要用于监测与动力蓄电池输出相连接的负极母线与车身底盘之间的绝缘电阻，当负极与车身之间的绝缘阻值为 100～120kΩ 时，属于一般漏电，小于 20kΩ 时，则属于严重漏电。

图 3-80 漏电传感器总成

（6）分布式蓄电池管理系统　本车采用分布式蓄电池管理系统（Distributed Battery Management System，DBMS）由一个蓄电池管理控制器（BMC）和十个蓄电池信息采集器（Battery Information Collector，BIC）及一套动力蓄电池采样线组成，十个 BIC 分别位于十个动力蓄电池模组的前端，如图 3-81 所示，BMC 位于行李舱车身右侧 C 柱内板后段。

如图 3-82 所示，BIC 的主要功能是电压采样、温度采样、蓄电池均衡、采样线异常检测等。

如图 3-83 所示，BMC 的主要功能是总电压监测、总电流监测、SOC 计算、充放电管理、接触器控制、功率控制、蓄电池异常状态报警和保护、漏电报警、碰撞保护、自检以及通信功能等。动力蓄电池采样线的主要功能是连接蓄电池管理控制器和蓄电池信息采集器，实现两者之间的通信及信息交换。

2. 高压配电箱

如图 3-84 所示，高压配电箱（High Voltage Distribution Box，HVDB）位于后行李舱蓄电池包支架右上方，主要由车载充电器、蓄电池管理器、高压配电箱、动力蓄电池、驱动电机控制器及 DC 总成、空调 PTC 和压缩机组成。高压配电箱将蓄电池包的高压直流电分配给

项目3 插电式混合动力汽车结构原理与故障诊断

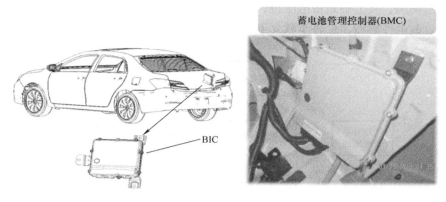

图 3-81 蓄电池管理控制器

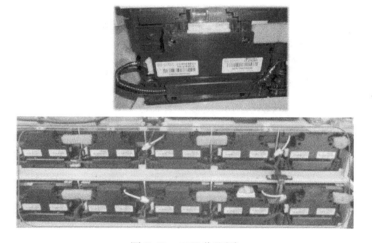

图 3-82 BIC 分配图

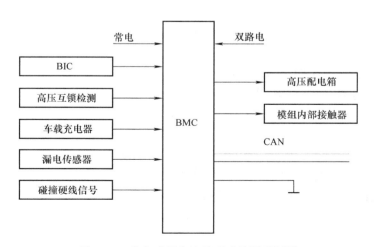

图 3-83 分布式蓄电池管理系统原理框图

整车高压电器使用，其上游是蓄电池包，下游包括驱动电机控制器及 DC 总成、PTC 加热器、电动压缩机、漏电传感器，也将车载充电器的高压直流电分配给蓄电池包。

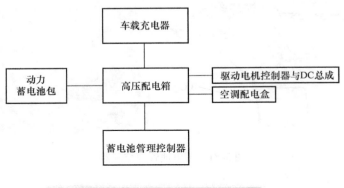

图 3-84　高压配电箱

高压配电箱接口如图 3-85 所示，外部有高压端子、低压线束、漏电传感器检测线、空调熔断器、车载充电熔断器。另外，高压端子上都有互锁线，如图 3-86 所示。

高压配电箱内部结构如图 3-87 所示。

3. 驱动电机控制器与 DC/DC 总成

驱动电机控制器与 DC/DC 总成安装在前舱左侧，如图 3-88 所示，其外部接口如图 3-89 所示。

如图 3-90 所示，驱动电机控制器作为动力系统的总控中心，直接驱动电机的运行，根据工况控制电机的正反转、功率、转矩、转速等，协调发动机管理系统工作，硬件采集电机的旋变、温度、制动、加速踏板开关信号，通过 CAN 通信采集制动深度、档位信号、驻车开关信号、启动命令、蓄电池管理控制器相关数据、控制器的故障信息，内部处理的信号有直流侧母线电压、交流侧三相电流、IGBT 温度、电机的三相绕组阻值。

项目3 插电式混合动力汽车结构原理与故障诊断

图 3-85 高压配电箱接口

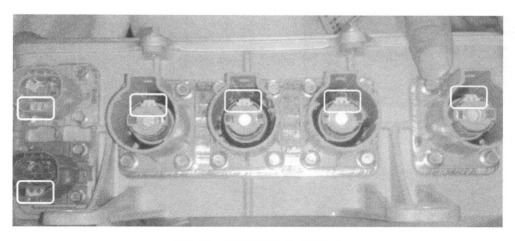

图 3-86 高压端子上的互锁开关

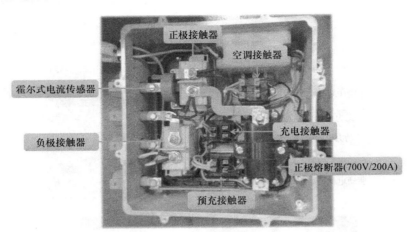

图 3-87　高压配电箱内部结构

图 3-88　驱动电机控制器与 DC/DC 总成

图 3-89　驱动电机控制器与 DC/DC 总成外部接口

项目3 插电式混合动力汽车结构原理与故障诊断

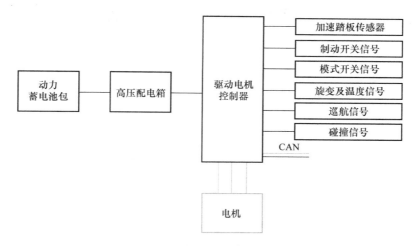

图 3-90　驱动电机控制器系统框图

纯电模式下，DC/DC 的功能替代了传统燃油车挂接在发动机上的 12V 发电机，和蓄电池并联给各用电器提供低压电源，具有降压和升压功能。

（1）降压　负责将动力蓄电池 480V 的高压电转换成 12V 电源。DC/DC 在主接触吸合时工作，输出的 12V 电源供给整车用电器工作使用，并且在低压电池亏电时给低压电池充电。

（2）升压　当动力蓄电池电量不足时，DC/DC 将发电机发出的电供整车低压用电器用电后，再将多余的量升压后给动力蓄电池充电及空调用电。

DC 系统框图如图 3-91 所示。

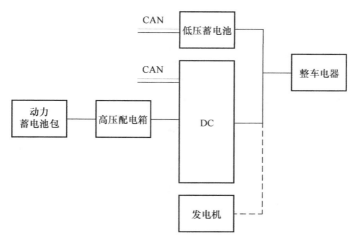

图 3-91　DC 系统框图

4. 充电系统

充电系统主要是通过家用插头和交流充电桩接入交流充电口，通过车载充电器将家用 220V 交流电转换为 486V 直流高压电给动力蓄电池进行充电，主要由交流充电口、车载充电器、蓄电池管理器、高压配电箱和动力蓄电池组成。

(1) 交流充电口　交流充电连接装置及交流充电口总成如图 3-92 所示。

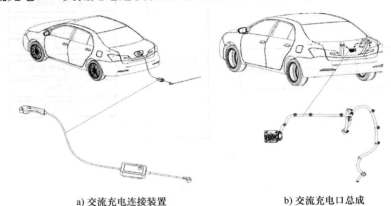

a) 交流充电连接装置　　　　b) 交流充电口总成

图 3-92　交流充电连接装置及交流充电口总成

如图 3-93 所示，交流充电连接装置连接供电端三芯插头，充电连接装置上的控制盒点亮 "READY" 指示灯，同时 "CHARGE" 指示灯闪烁。

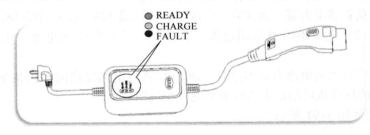

图 3-93　线上控制和指示灯

交流充电口总成又称为慢充口，位于行李舱门上，用于将外部交流充电设备的交流电源连接到车辆充电回路上。车辆外部通过充电连接装置连接到交流充电设备，车辆内部通过高压电缆连接到车载充电器上。交流充电口国际标准端口定义如图 3-94 所示。

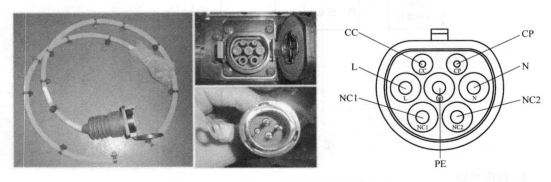

图 3-94　交流充电口国际标准端口定义

(2) 车载充电器　如图 3-95 所示，车载充电器（On–Board Charger，OBC）位于后行李舱右部，用于将交流充电口传递过来的交流电源转换为直流高压电为动力蓄电池充电。

5. 高压电缆

如图 3-96 所示，高压电缆是连接动力蓄电池与每个高压负载的"神经"，由高压电缆将动力蓄电池的电输送到每个高压负载，保障负载电力输送的稳定性。整车高压线束包含有蓄电池包正/负极连接线、蓄电池包串联线Ⅰ和Ⅱ、驱动电机控制器直流母线、空调高压线、PTC 小线、车载充电器小线、其他零部件自带的高压橙色线束。

二、比亚迪秦 PHEV 插电混合动力系统运行原理

比亚迪秦 DM 的混合动力系统原理示意图如图 3-97 所示，本质上是 P3 插电混合动力系统，实际运行包括纯电动工作模式、混合动力工作模式、充电模式和发动机模式。

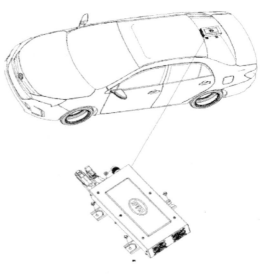

图 3-95　车载充电器

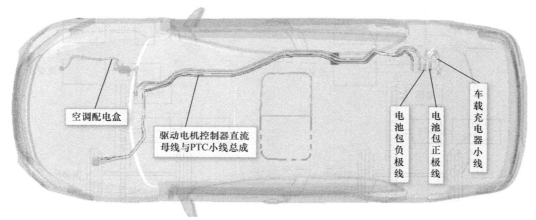

图 3-96　高压电缆

1. 纯电动工作模式

如图 3-98 所示，纯电动工作模式下，动力蓄电池提供电能，以供电机驱动车辆，可以满足各种工况行驶，如起步、倒车、怠速、急加速、匀速行驶等。

2. 混合动力工作模式

如图 3-99 所示，手动将 EV 模式切换到 HEV 模式后，车辆由发动机和电机共同驱动，实现了最佳的动力性，但仍能保证混合动力系统具有良好的经济性。

3. 充电模式

如图 3-100 所示，当电量不足时，系统从 EV 模式自行切换到 HEV 模式，使用发动机驱动，在车辆以较稳定的速度行驶时，发动机输出的一部分转矩会驱动电机进行发电，对动力蓄电池进行充电。

4. 发动机模式

如图 3-101 所示，当电量不足或高压系统故障时，可单独使用发动机驱动，实现了高压系统的独立性。

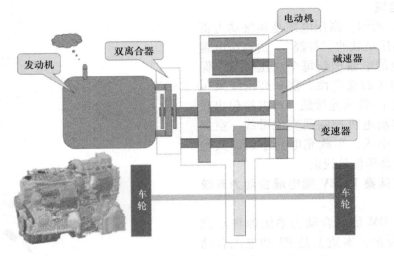

图 3-97　比亚迪秦 DM 的混合动力系统原理示意图

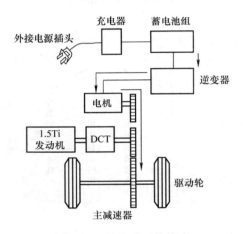

图 3-98　纯电动工作模式

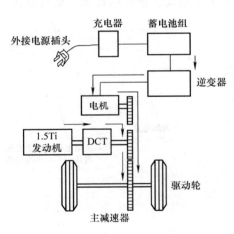

图 3-99　混合动力工作模式

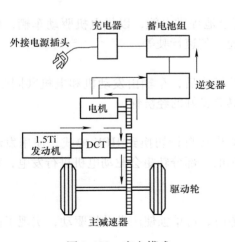

图 3-100　充电模式

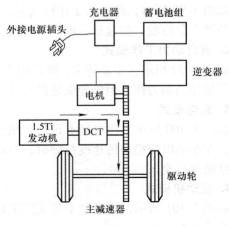

图 3-101　发动机模式

项目3 插电式混合动力汽车结构原理与故障诊断

任务实施

1) 查阅资料收集市场上在售自主品牌的插混车型。
2) 选取一款车型并描述其混合动力系统的组成与运行原理。

知识与能力拓展

比亚迪三代 DM 插电混合动力技术解读

比亚迪第一代 DM 技术如图 3-102 所示,采用双电机混联架构,驱动系统状态切换较少,动力输出平顺性比当时多数汽油自动档车型要更好,系统拥有比汽油自动档车型更佳的燃油经济性。可以说,第一代 DM 的主攻方向是燃油经济性。

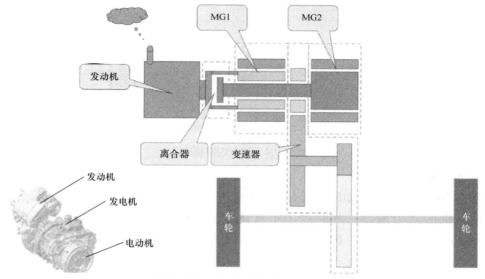

图 3-102 比亚迪第一代 DM 技术

2013年,比亚迪正式推出第二代 DM 技术,该技术基于多速 DCT 打造并联结构,动力传动系统可实现的动能模式更多,搭载在上面提到的比亚迪秦 PHEV 车型上。其主要工作模式为在纯电动时不产生燃油消耗,在加速时发动机与电动机一起驱动车辆,在减速时将动能转化为电能储存在动力电池组中。第二代 DM 技术具备强动力、高效、平顺性好的优点,也改变了此前 F3DM 中出现的一些问题,并且让产品具备全时电四驱,0—100km/h 加速性能提升到 5s 以内,油耗低于 2L,被称为"542"黑科技标杆。但是,这一代技术也并非完美无缺,不仅发电效率受到制约,并且存在噪声大、双离合变速器低速顿挫等现象。

与前两代 DM 技术相比,比亚迪第三代 DM 技术做出的主要改变是增加了一个电压范围为 360~518V、最大功率为 25kW、与发动机的减速比为 2.5:1 的 BSG 电机,可实现 P0 + P3 + P4(三擎四驱)、P0 + P3(前驱)、P0 + P4(双擎四驱)三种动力架构组合。比亚迪第三代 DM 插电式混合动力技术把"P0 + P3 + P4"混动四驱架构带到唐 DM 与宋 DM 之上,秦 Pro DM 则使用了"P0 + P3"混合动力前驱架构,未来比亚迪第三代 DM 还将推出"P0 + P4"混合动力四驱架构。这三款架构相比二代 DM 都多了 BSG 传动带起动/发电机,进一步提升燃油经济性和系统输出平顺性,而灵活的混合动力架构组织形式也进一步表现出比亚迪第三代 DM 插电式混合动力技术在不同造车平台的兼容性。下面以唐 DM（图 3-103）为例介绍其工作原理。

图 3-103　唐 DM 实车图

1. 纯电四驱模式

唐 DM 装备了 20kW·h（普通版）和 24kW·h（智联创世版）的大容量蓄电池组，纯电续驶里程分别为 80km 与 100km，如图 3-104 所示，纯电模式下的唐 DM 依然拥有迅猛的动力输出，毕竟前、后电机的输出极值分别高达 110kW/250N·m 与 180kW/380N·m。

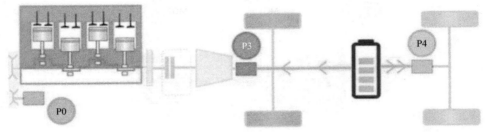

图 3-104　纯电四驱模式

2. 并联四驱模式

如图 3-105 所示，前驱动轮的动力来自内燃机与 P3 电机的动力输出，后驱动轮的动力来自 P4 电机的动力输出，此时唐 DM 就迸发出 441kW 的最大功率，峰值转矩直指 950N·m。在全力加速阶段，BSG 电机依然可以发电为蓄电池组补充电量。

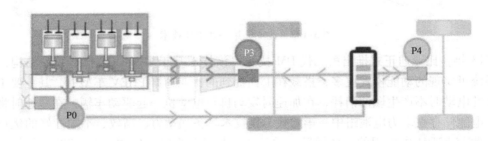

图 3-105　并联四驱模式

3. 巡航模式

如图 3-106 所示，此模式用于高速路的巡航工况，此时电机的效率非常低但汽油机的效率非常高，因此不能继续用混合动力模式，在此模式下，汽油机的动力直接经过双离合变速器到达前轮，P3 电机不再工作，而 BSG 电机依然处于发电状态。

4. 串联驱动模式

串联式混合动力经常被用于制造增程式混合动力车型（REEV），在此模式下让效率在 40% 以下的汽油机发电给蓄电池组储备，当需要能量时，由转换效率高于 90% 的 P3 与 P4 驱动电机分别传送到前、后车轮之上。汽油机不仅可以让 P3 电机发电，还能让 P0 电机同时发电。

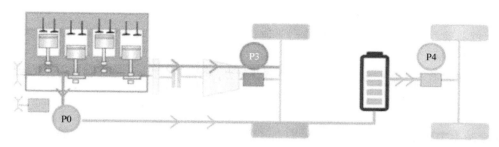

图 3-106 巡航模式

5. 能量回收模式

如图 3-107 所示,能量回收模式下,前后两组车轮都没有电机供能,此时唐 DM 进入滑行状态,内燃机关闭,"P0 + P3 + P4"三台驱动电机同时反转发电,最大化回收能量。

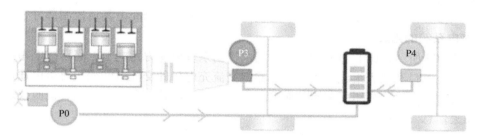

图 3-107 能量回收模式

强化练习

选取一款比亚迪混合动力车型,对比亚迪的"542"混合动力技术进行评价,可以通过价格、车主油耗数据进行佐证。

任务 3.4 比亚迪秦 PHEV 插电混合动力系统故障诊断

学习目标

1. 知识目标

1) 掌握比亚迪秦 PHEV 充电系统的组成与工作原理。
2) 掌握比亚迪秦 PHEV 充电系统和其他系统关联信号的作用。

2. 能力目标

1) 能用故障诊断仪读取比亚迪秦 PHEV 充电系统的车辆故障码,并通过查阅维修手册和电路图手册,确定车辆故障区域。
2) 能识读比亚迪秦 PHEV 充电系统电路(原理)图,并能把实车和电路一一对应,在实车上识别出电路图中的熔丝、继电器、通信电路、双路供电电路和高压继电器控制电路等。
3) 能根据维修手册中的相关标准值或波形对上述比亚迪秦 PHEV 充电系统电源电路、各个传感器信号电路和通信电路进行基本检测。
4) 在具备以上能力的基础上能针对比亚迪秦 PHEV 充电系统故障现象按照现代故障诊

断方法流程进行故障诊断与排除。

5）能明确、清晰和有条理地完成比亚迪秦 PHEV 充电系统故障诊断与排除记录。

3. 素养目标

通过故障诊断的任务实施，提高自身实践操作能力，培养不断探索、勇于创新的智慧和精神。

任务描述

比亚迪秦 DM 车辆无法进行 220V 充电，仪表一直提示"充电连接中，请稍候"。作为一名汽车经销商的维修人员，你将如何开展维修工作？

任务准备

一、比亚迪秦 PHEV 充电系统结构原理

比亚迪秦 PHEV 充电系统遵循国际标准，关于充电插头自定义和充电控制 CC/CP 的控制原理可以参考任务 1.3 充电部分。下面就比亚迪秦 PHEV 的充电其他控制部分进行讲解。

1. 充电系统的组成

如图 3-108 所示，比亚迪秦 PHEV 的充电控制系统由动力蓄电池、高压配电箱、车载充电器、交流充电口和仪表组成。车载充电器把交流充电口的交流电转变成直流电通过高压配电箱送至动力蓄电池。高压配电箱的充电继电器由蓄电池管理器进行控制，同时仪表板会显示充电相关信息。

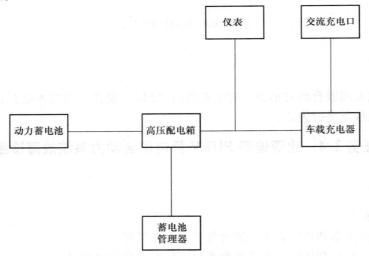

图 3-108 充电控制系统的组成

2. 充电系统的控制原理

如图 3-109 所示，交流供电设备通过充电接口的 CC/CP 线和车载充电器完成前期充电控制引导，车载充电器会向蓄电池管理器发送充电请求信号，也会向仪表发送充电指示灯显示信号。蓄电池管理器通过 CAN 网络和车载充电器交换蓄电池的具体状态信息，用来判断是否具备充电条件。如果满足相关条件，蓄电池管理器会闭合高压配电箱的充电继电器并开始充电。充电期间，蓄电池管理器对蓄电池的充电状态进行实时监测与计算，并通信到仪表进行显示。

项目3　插电式混合动力汽车结构原理与故障诊断

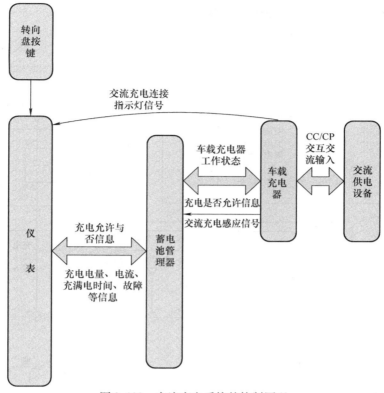

图 3-109　交流充电系统的控制原理

二、比亚迪秦 PHEV 充电系统电路识读

1. 比亚迪秦 PHEV 充电系统电气原理图

比亚迪秦 PHEV 充电系统的电气原理图如图 3-110 所示，其中交流充电机 OFF 位继电器是车载充电器用来控制蓄电池管理器供电的，该继电器闭合后电源还去到高压配电箱的充电继电器的电源端，充电继电器由蓄电池管理器控制。

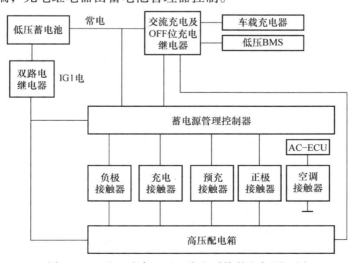

图 3-110　比亚迪秦 PHEV 充电系统的电气原理图

2. 比亚迪秦 PHEV 充电系统控制电路图

比亚迪秦 PHEV 充电系统控制电路图如图 3-111 所示。

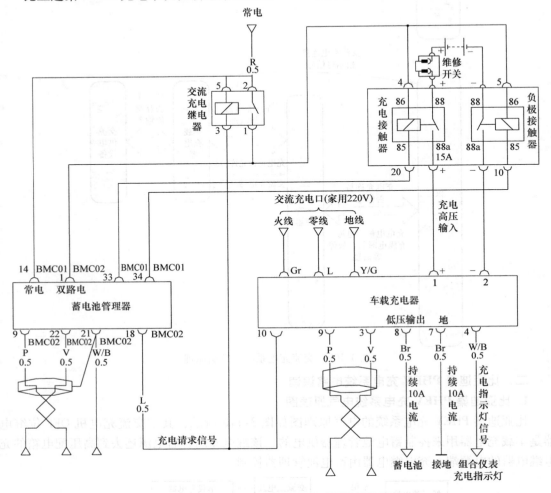

图 3-111 比亚迪秦 PHEV 充电系统控制电路图

通过电路可以看出，车载充电器的低压连接插头为 K55，其端子图如图 3-112 所示，端子定义见表 3-15。

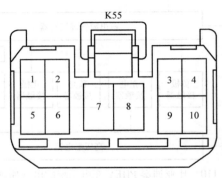

图 3-112 K55 端子图

表 3-15　K55 端子定义

端子号码	定义
3	CAN-L
4	充电指示灯信号
7	接地
8	持续 10A 电流
9	CAN-H
10	充电感应信号
其余	空脚

三、比亚迪秦 PHEV 充电系统故障分析与诊断计划

1. 故障分析

本故障诊断任务中最关键的信息为"车载充电器无法通信",可以从此故障点出发进行故障诊断,首先要确认车载充电器的 12V 电源、搭铁和 CAN 线是否正常,这是因为车载充电器的低压电源和 CAN 通信正常是故障诊断仪器和其进行通信的基本条件。如果正常,可以初步判断是车载充电器的内部故障,可以进行快速更换并读取数据流,从而判断具体的故障点。当然,充电故障种类较多,除了根据具体的故障信息做到针对性故障排除,也可以按照诊断计划进行全面诊断。

2. 诊断计划

1)检查维修开关是否松动或未安装。
2)检查交流充电连接装置。
3)检查仪表充电指示灯是否点亮。
4)检查车载充电器感应信号。
5)检查低压电源是否输入。
6)检查交流充电及 OFF 位充电继电器。
7)检查配电箱车载充电熔断器。
8)检查配电箱车载充电接触器、负极接触器。
9)检查交流充电口总成。
10)检查蓄电池管理器充电请求信号输入。
11)检查 CAN 通信。
12)检查整车回路。

任务实施

1. 车上检查

如图 3-113 所示,检查维修开关是否松动或未安装,如果不正常,重新安装或更换维修开关,否则进行步骤 2。

2. 检查交流充电连接装置

如图 3-114 所示,插上交流充电连接装置,检查控制盒 READY 灯是否常亮,CHARGE 灯是否闪烁,如果不正常,更换交流充电连接装置,否则进行步骤 3。

3. 检查仪表充电指示灯是否点亮

1)将交流充电连接装置连接充电桩或家用电源。

图 3-113　检查维修开关

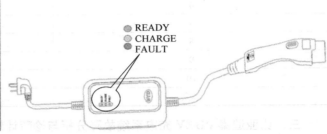

图 3-114　检查交流充电连接装置

2）观察仪表充电指示灯是否点亮。

3）如图 3-112 所示，用万用表测量车载充电器低压插接件电压，K55-4—车身地，标准值为小于 1V，如果不正常，充电连接装置重新配合，否则进行步骤 4。

4. 检查车载充电器感应信号

1）将交流充电连接装置连接充电桩或家用电源。

2）判断车载充电器风扇是否工作。

3）如图 3-112 所示，用万用表测量车载充电器低压插接件电压（充电请求信号），K55-10—车身地，标准值为小于 1V，如果不正常，更换车载充电器，否则进行步骤 5。

5. 检查低压电源是否输入

1）不连接交流充电连接装置。

2）如图 3-112 所示，用万用表分别测量车载充电器低压插接件电压（起动电池正负），K55-8—车身地，标准值为 11~14V，K55-7—车身地，标准值小于 1V，如果不正常，更换线束，否则进行步骤 6。

6. 检查交流充电及 OFF 位充电继电器

1）不连接交流充电连接装置。

2）取下充电继电器。

3）如图 3-115 所示，检查继电器是否吸合，如果不正常，更换继电器，否则进行步骤 7。

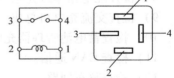

图 3-115　检查继电器

7. 检查配电箱车载充电熔断器

1）不连接交流充电连接装置。

2）拆开配电箱侧边小盖。

3）如图 3-116 所示，测量车载熔断器（30A）是否导通，如果不正常，更换车载充电熔断器，否则进行步骤 8。

8. 检查配电箱车载充电接触器

1）用万用表检测配电箱低压插接件 K54-4。

2）将交流充电连接装置连接充电桩或家用电源。

3）如图 3-117 所示，测量插接件对应引脚的低压是否为 12V 以上，如果不正常，检查接触器供电低压线束，否则进行步骤 9。

项目3 插电式混合动力汽车结构原理与故障诊断

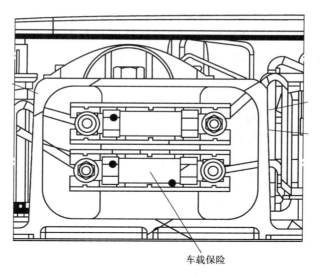

图 3-116 检查配电箱车载充电熔断器

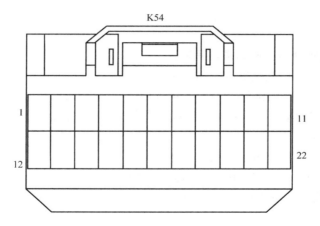

图 3-117 配电箱低压端子

9. 检查配电箱车载充电接触器

1) 用万用表检测配电箱低压插接件 K54 - 20。

2) 将交流充电连接装置连接充电桩或家用电源。

3) 如图 3-117 所示,测量插接件对应引脚的低压是否为 1V 以下,如果不正常,检查接触器控制低压线束或蓄电池管理器,否则进行步骤 10。

10. 检查配电箱负极接触器

1) 用万用表检测配电箱低压插接件 K54 - 5。

2) 将交流充电连接装置连接充电桩或家用电源。

3) 如图 3-117 所示,测量插接件对应引脚的低压是否为 12V 以上,如果不正常,检查接触器供电低压线束,否则进行步骤 11。

11. 检查配电箱负极接触器

1) 用万用表检测配电箱低压插接件 K54 - 10。

2）将交流充电连接装置连接充电桩或家用电源。

3）如图 3-117 所示，测量插接件对应引脚的低压是否为 1V 以下，如果不正常，检查接触器控制低压线束或蓄电池管理器，否则进行步骤 12。

12. 检查交流充电口总成

1）拔出交流充电口插接件。

2）如图 3-118 所示，分别测量充电口和插接件两端各对应引脚是否导通，如果不正常，更换交流充电口总成，否则进行步骤 13。

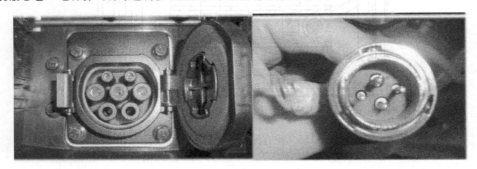

图 3-118　充电口和插接件两端

13. 检查蓄电池管理器充电请求信号输入

1）将交流充电口连接充电桩或家用电源。

2）断开管理器 26Pin 插接件，测量线束端电压（充电请求信号），K65 – 18—车身地，标准值为小于 1V，如果不正常，更换线束或检查蓄电池管理器，否则进行步骤 14。

14. 检查 CAN 通信

1）将交流充电口连接充电桩或家用电源。

2）用万用表分别测量车载充电器低压线束端电压，K55 – 3—车身地，标准值为 1.5 ~ 2.5V，K55 –9—车身地，标准值为 2.5 ~ 3.5V，如果不正常，更换 CAN 线束，否则进行步骤 15。

15. 检查整车回路

检查车载充电器、配电箱、蓄电池管理器的插接件是否松动、破损或未安装，如果不正常，则重新装配。

知识与能力拓展

比亚迪秦 PHEV 故障诊断案例

1. 故障现象

一辆 2014 款比亚迪秦，多媒体设置 SOC 目标点为 70%，行驶充电从 15% 充至 45% 左右时，仪表显示不能行驶回馈充电，下坡滑行及制动也不能回馈，熄火后再次起动，又可回馈几分钟，后又不能回馈，仪表无故障提示。

2. 故障诊断

原因分析：①蓄电池包出现单节电压异常升高；②仪表显示 SOC 值与蓄电池包实际 SOC 值出现偏差；③过热保护，如蓄电池温度过高、电机控制器过热等。

项目3　插电式混合动力汽车结构原理与故障诊断

如图3-119所示，读取故障码，报因电压高导致无法回馈（注：此故障码只有在故障出现时才能读到，熄火重启后，无故障码）。

如图3-120所示，读取蓄电池管理系统数据流发现，故障出现时蓄电池包数据流中最高电压为3.536V，最低电压为3.469V，且每次出现的最高与最低电压的蓄电池编号都是不同的。从数据分析看，故障时最高电压的电池编号每次都不一样，且蓄电池最低单节电压也达到3.469V，这说明蓄电池包已经处于快要满电的状态，但此时蓄电池管理系统显示SOC为57%。蓄电池包实际SOC与蓄电池管理系统估算的SOC出现偏差，有两个原因：第一，电池包实际容量与电池管理系统标定容量不符；第二，电池管理系统估算SOC长时间未得到修正。

图3-119　故障码

对蓄电池进行容量测试，发现可以充10度电，查看蓄电池管理系统标定容量为22A·h，说明标定无误。分析是估算的SOC值未及时得到修正，才与蓄电池包实际SOC值出现偏差，放电至57%后试车，行车发电、制动回馈均恢复正常，因此确认故障为SOC估算值与蓄电池管理系统实际值不符引起，经与客户沟通得知，客户外接充电比较困难，基本未充满过电，导致蓄电池管理系统估算的SOC值一直得不到修正，累积偏差越来越大。车辆充满电后均衡，故障排除。

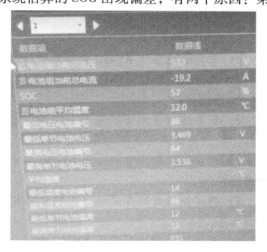

图3-120　数据流

强化练习

一辆2015款比亚迪秦PHEV，可以EV模式正常行驶，但无法正常充电，充电时蓄电池管理系统报"预充失败"故障，上OK电后再插枪又可以充电。

1）据以上故障现象和故障码确定要检查的区域。

2）画出与故障相关的需要检查的区域的电路简图，需要对系统之间的关联电路进行整合。

3）结合电路制订故障诊断具体的实施方案，要求第三方根据制订的方案在没有指导的情况下可以开展故障诊断工作。

项目 4

纯电动汽车结构原理与故障诊断

任务 4.1　吉利帝豪 EV450 电动系统总体认知与故障诊断工具使用

学习目标

1. 知识目标

1) 掌握吉利帝豪 EV450 电动系统的组成和功用。
2) 掌握吉利帝豪 EV450 故障诊断仪器的使用方法。

2. 能力目标

1) 能熟练地操作吉利帝豪 EV450，准确地识别出仪表板所显示的信息，特别是故障警告灯的含义。
2) 能快速识别出吉利帝豪 EV450 电动系统各个部件的安装位置和外部接口。
3) 能以能量流的方式画出吉利帝豪 EV450 电动系统的组成，并标出各部件的功用、能量流向等。
4) 能熟练使用吉利帝豪 EV450 专用故障诊断仪器，并快速地读取车辆故障码和数据流等相关信息。

微课 13　纯电动汽车基础知识

3. 素养目标

通过对吉利帝豪 EV450 车型的认知，增强对民族品牌认同感、自豪感，坚定理想信念、坚定民族自信心。

任务描述

吉利帝豪 EV450 是 2018 年上市的纯电动汽车，主打长续驶里程和高性能。假如你是汽车经销商的一名技术人员，你能把吉利 EV450 电动系统各个部件的位置、功用和部件间的连接关系描述清楚吗？除此之外，电动系统的故障警告灯认知和故障诊断仪器使用是非常重要一个环节，你能不能准确认知或者熟练使用

任务准备

一、吉利帝豪 EV450 车辆简介

吉利帝豪 EV450，外观如图 4-1 所示，是一款超长续驶里程、高性能的高速纯电动轿车，基于吉利帝豪车型 FE 平台打造，全车配有 7in（1in = 25.4mm）TFT 仪表屏、

图 4-1　吉利帝豪 EV450 的外观

倒车雷达+360°全景摄像头+动态辅助线、行车记录仪、双屏互动、定速巡航、紧急呼叫系统、空气净化装置等诸多高科技配置，最高车速达到150km/h，60km/h等速工况下续驶里程为480km，NEDC工况下为400km，0—100km/h加速时间为9.3s，百公里耗电不超过14.8kW·h。该车的技术数据见表4-1。

表4-1 吉利帝豪EV450的技术数据

项目	数据	项目	数据
整车尺寸/mm	4631×1789×1495	最高车速/(km/h)	140
轴距/mm	2650	最大爬坡度	40%
前/后悬/mm	960/1021	0—100km/h加速性能/s	9.3
接近角/离去角/(°)	16/20	0—50km/h加速性能/s	4～5
离地间隙/mm	120	最大坡起爬坡度	30%
整车整备质量/kg	1595	续驶里程/km	400（NEDC） 480（60km/h匀速）
前/后轴荷/kg	865/730	百公里能量消耗/kW·h	≤14.8
整车总质量/kg	1970/1940	倒车最高车速/(km/h)	40
前/后轴荷/kg	980/990	倒车最高爬坡度	30%
ECO模式电机最大输出转矩/(N·m)	175	SPORT模式电机最大输出转矩/(N·m)	250

二、吉利帝豪EV450电动系统认知

1. 吉利帝豪EV450电动系统总述

吉利帝豪EV450纯电动车的电动系统主要由动力蓄电池、电机控制器、高压配电盒、驱动电机、电动压缩机、PTC加热器和DC/DC变换器组成。此外该车还有一套直流快充充电系统和一套交流慢充充电系统，其中车载充电机和高压配电箱是集成在一起的，电机控制器和DC/DC变换器是集成在一起的。吉利帝豪EV450电动系统各部件之间的连接关系如图4-2所示。

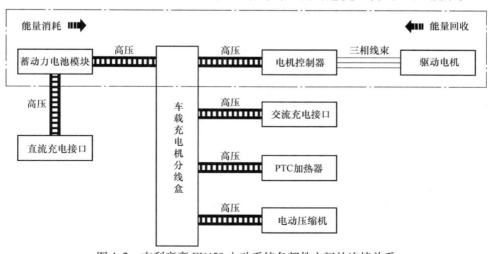

图4-2 吉利帝豪EV450电动系统各部件之间的连接关系

2. 吉利帝豪EV450动力蓄电池系统认知

吉利帝豪EV450的动力蓄电池总成安装在车辆底盘位置上，如图4-3所示。其总体技术参数见表4-2。

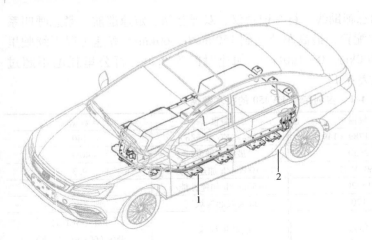

图 4-3　吉利帝豪 EV450 动力蓄电池总成的安装位置
1—动力蓄电池总成　2—车身

微课 14　纯电动汽车组成结构

表 4-2　吉利帝豪 EV450 动力蓄电池系统总体技术参数

项目	形式与参数
蓄电池类型	三元材料
蓄电池组额定电压	346V
峰值功率	150kW，持续 10s
额定功率	50kW
蓄电池组工作电压范围	266~408V
蓄电池容量	150（1C）A·h

吉利帝豪 EV450 动力蓄电池总成的外部接口如图 4-4 所示。

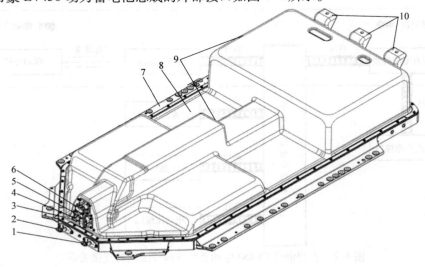

图 4-4　吉利帝豪 EV450 动力蓄电池总成的外部接口
1—出水口接头　2—进水口接头　3—快充插接器　4—低压插接器（灰色）　5—低压插接器（黑色）
6—高压插接器　7—下箱体　8—防爆阀　9—箱盖　10—后支架

3. 吉利帝豪 EV450 高压配电系统（车载充电系统）认知

吉利帝豪 EV450 高压配电箱（车载充电机）作用类似于低压供电系统中的熔断器，具有高压电能的分配和高压回路的过载及短路保护功能。高压配电箱（车载充电机）将动力电池总成输送的电能分配给电机控制器、空调压缩机和 PTC 加热器，此外，交流慢充时充电电流也会经过高压配电箱流入动力蓄电池为其充电。

吉利帝豪 EV450 的高压配电箱和车载充电机是集成在一起的，该总成安装在车辆机舱内，如图 4-5 所示。该部件的外部接口如图 4-6 所示。

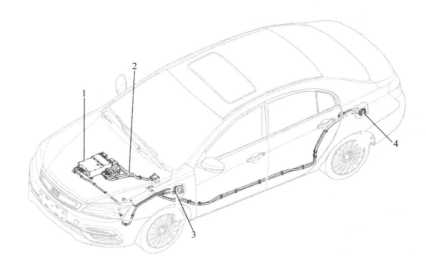

图 4-5 吉利帝豪 EV450 高压配电箱（车载充电机）的安装位置
1—车载充电机 2—直流母线 3—交流充电接口 4—直流充电接口

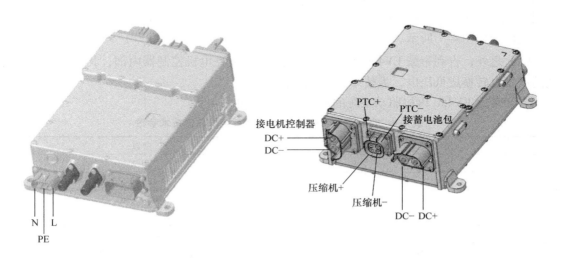

图 4-6 吉利帝豪 EV450 高压配电箱（车载充电机）的外部接口

吉利帝豪 EV450 车载充电机总体技术参数见表 4-3。

表 4-3 吉利帝豪 EV450 车载充电机总体技术参数

项目	参数
输入电压	90~264V
输入频率	50（1±2%）Hz
输入最大电流	16A
输出电压	直流 200~450V
输出最大功率	6.6kW
输出最大电流	32A
效率	≥93%
质量	10.5kg
工作温度	-40~80℃
冷却液类型	50%水+50%乙二醇
冷却液流量要求	2~6L/min

4. 吉利帝豪 EV450 电机驱动系统（DC/DC 变换器）认知

吉利帝豪 EV450 的电机驱动系统由电机控制器和驱动电机组成。电机控制器是一个既能将动力蓄电池中的直流电转换为交流电以驱动电机，又具备将车轮旋转的动能转化为电能（交流电转换为直流电）给动力蓄电池充电的设备。车辆制动或滑行阶段，电机作为发电机应用，可以完成由车轮旋转的动能到电能的转化，给蓄电池充电。电机控制器和驱动电机安装在前舱内，其安装位置如图 4-7 所示。

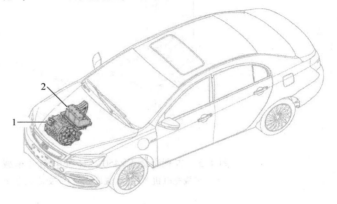

图 4-7 吉利帝豪 EV450 电机驱动系统的安装位置
1—驱动电机 2—电机控制器

除此之外，吉利帝豪 EV450 的 DC/DC 变换器集成在电机控制器内部，其功能是将蓄电池的高压电转换成低压电，为整车低压系统供电。

吉利帝豪 EV450 电机驱动系统的总体技术参数见表 4-4。

表 4-4 吉利帝豪 EV450 电机驱动系统的总体技术参数

项目	参数
额定功率	42kW
峰值功率	120kW
额定转矩	105N·m
峰值转矩	250N·m
峰值转速	12000r/min
电机旋转方向	从轴伸端看电机逆时针旋转
温度传感器类型	NTC
温度传感器型号	SEMITEC 103NT-4（11-C041-4）
冷却液类型	50%水+50%乙二醇
冷却液流量要求	2~6L/min

吉利帝豪 EV450 电机控制器的总体技术参数见表 4-5。

表 4-5 吉利帝豪 EV450 电机控制器的总体技术参数

项目	参数
额定功率	42kW
峰值功率	120kW
额定转矩	105N·m
峰值转矩	250N·m
额定转速	4200r/min
峰值转速	12000r/min
电机旋转方向	从轴伸端看电机逆时针旋转
温度传感器类型	NTC
温度传感器型号	SEMITEC 13-C310

吉利帝豪 EV450 电机控制器（DC/DC 变换器）的外部接口由高压线束接口、驱动电机三相线束接口、低压信号接口、低压充电（DC/DC）接口和冷却管口组成，如图 4-8 所示。

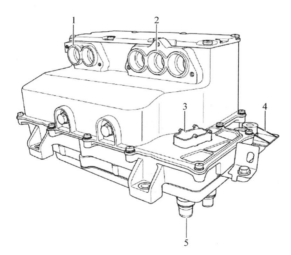

图 4-8 电机控制器的外部接口
1—高压线束接口 2—驱动电机三相线束接口 3—低压信号接口
4—低压充电（DC/DC）接口 5—冷却管口

5. 吉利帝豪 EV450 冷却系统认知

驱动电机转子高速旋转会产生高温，热量通过机体传递，如果不降温驱动电机无法正常工作，因此驱动电机机体内设置有冷却液道，通过冷却液的循环与外界进行热交换，将驱动电机的工作温度保持在一定范围内，防止驱动电机过热。

车载充电机工作时将高压交流电转换成高压直流电，其转换过程中会产生大量的热量，因此车载充电机内部也有冷却液道，通过冷却液的循环降低车载充电机的工作温度。电机控制器不但要控制驱动电机的高压三相供电，还要将动力蓄电池的高压直流电转换成低压直流电为铅酸蓄电池充电，在此过程中会产生热量，需要通过冷却液循环散热。高压蓄电池工作电流大，产热量大，同时蓄电池包处于一个相对封闭的环境，就会导致蓄电池的温度上升，通过冷却液的循环可以降低动力蓄电池的工作温度。

冷却系统的作用就是通过冷却液循环散热为驱动电机、车载充电机、电机控制器这三大部件进行散热。吉利帝豪 EV450 的蓄电池电机冷却系统由驱动电机冷却水泵、动力电池冷却水泵、膨胀罐、散热器、散热器风扇、整车控制器、热管理控制模块和相关管路组成。其组成部件的安装位置如图 4-9 所示。

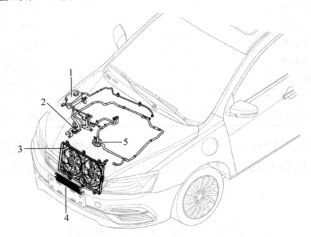

图 4-9　吉利帝豪 EV450 蓄电池电机冷却系统组成部件的安装位置
1—膨胀罐　2—三通阀　3—散热器风扇　4—散热器　5—冷却水泵

吉利帝豪 EV450 冷却系统的散热器风扇的总体技术参数见表 4-6。

表 4-6　吉利帝豪 EV450 冷却系统的散热器风扇的总体技术参数

项目	参数
额定电压	直流（12±0.1）V
额定电流（高速挡）	≤20A
额定电流（低速挡）	≤15A
额定转速（高速挡）	2300±230r/min
额定转速（低速挡）	1900±190r/min
额定噪音	≤（72+2.5）dB
额定风量	(2500±100) m³/h
单侧风扇不平衡量	20g·mm

吉利帝豪 EV450 冷却系统的冷却水泵（电机）的总体技术参数见表 4-7。

表 4-7　吉利帝豪 EV450 冷却系统的冷却水泵（电机）的总体技术参数

项目	参数
工作电压范围	8~16.5V
流量（10kPa 水压）	1100L/h
流量（14kPa 水压）	900L/h
流量（20kPa 水压）	600L/h
环境温度	-40~135℃
调速方式	PWM/LIN 信号

吉利帝豪 EV450 冷却系统的冷却水泵（电池）的总体技术参数见表 4-8。

表4-8 吉利帝豪EV450冷却系统的冷却水泵（电池）的总体技术参数

项目	参数
工作电压范围	8~16.5V
流量（10kPa水压）	1100L/h
流量（14kPa水压）	900L/h
流量（20kPa水压）	600L/h
环境温度	-40~135℃

6. 吉利帝豪EV450电动系统故障警告灯认知

当车辆有故障时，车辆的仪表板会显示相关系统的故障警告灯，因此故障警告灯是进行故障诊断确定故障区域的重要参考信息之一。纯电动汽车的电动系统故障警告灯和传统燃油汽车有很大区别，同时不同品牌的纯电动汽车的电动系统故障警告灯又有差异。吉利EV450和电动系统相关的故障警告灯见表4-9。

表4-9 吉利EV450和电动系统相关的故障警告灯

标志	名称	颜色
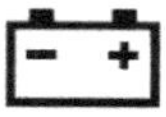	蓄电池充放电警告灯	红色
	驻车制动警告灯	红色
	电子稳定控制系统故障警告灯	黄色
	动力电池充电警告灯	黄色
	电动系统故障警告灯	红色
	充电线连接警告灯	红色
	电机及控制器过热警告灯	红色
	功率限制警告灯	黄色
	减速器故障警告灯	红色
	驻车系统故障警告灯	黄色
	动力电池故障警告灯	红色

三、吉利帝豪EV450故障诊断仪使用方法

1. BTXD001主机外观与接口说明

BTXD001故障诊断仪的外观和接口如图4-10所示，其连接线如图4-11所示，用主测试线将主机通过VCI诊断盒与车辆进行连接，接通汽车点火开关，按下BTXD001开机键即可对车辆进行诊断。

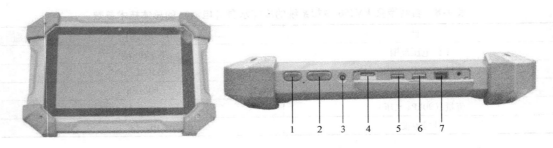

图 4-10　BTXD001 故障诊断仪的外观和接口

1—电源键：开关　2—音量键：音量＋、音量－　3—DC 充电口：为机器充电，使用 100～240V 电源
4—HDMI 接口：可与显示器相连　5—USB 接口：可以插接移动存储器　6—网线接口：可以连接网线
7—耳机接口：连接音频设备

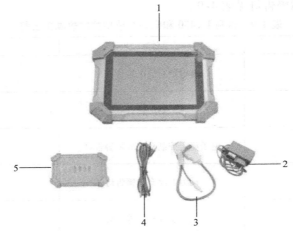

图 4-11　BTXD001 故障诊断仪的连接线

1—主机　2—电源线　3—主测试线　4—有线连接线　5—VCI 诊断盒

BTXD001 故障诊断仪的 VCI 诊断盒上有相关警告灯，如图 4-12 所示，可指示故障诊断仪器的相关状态。

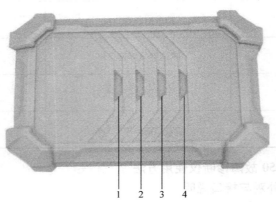

图 4-12　BTXD001 故障诊断仪的 VCI 诊断盒警告灯

1—使用有线连接 VCI 诊断盒，警告灯会显示绿色　2—蓝牙警告灯，接上电源后灯显示红色，连上蓝牙后，警告灯显示蓝色
3—连接车辆，会显示绿色　4—电源警告灯，接上电源后警告灯变为绿色

2. BTXD001 故障诊断说明

下面以吉利帝豪 EV300 为例说明 BTXD001 故障诊断仪器的使用方法，吉利帝豪 EV450 进行故障诊断的方法与此相同。

（1）连接

1）VCI 诊断盒与车辆连接且通过无线/有线与 BTXD001 主机成功配对后，点击想要诊断的车辆图标便可执行诊断操作，诊断界面如图 4-13 所示。

图 4-13　BTXD001 主机和 VCI 诊断盒子连接后的诊断界面

2）点击"确认"或车辆图标进入车型的选取界面，如图 4-14 所示。

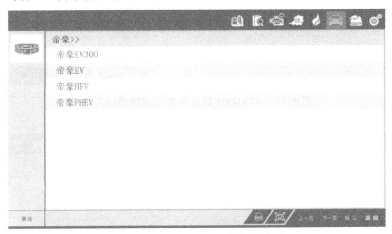

图 4-14　BTXD001 选取车型界面

（2）诊断　下面以帝豪 EV300 为例，点击进入"帝豪 EV300"，按"下一页"、"上一页"点击进入相关系统，如图 4-15 所示。

1）读取电控系统电子控制单元中存储的故障码。选择读取故障码功能可读取电控系统的故障码，读取故障码时屏幕将显示所读取的故障码及其定义，如图 4-16 所示。

2）清除电子控制单元中存储的当前和历史故障码记忆。选择"清除故障码"功能可清除系统中存储的当前和历史故障码记忆，执行此功能将把当前故障码和历史故障码全部清除，清除故障码前需确认是否已对故障码做好记录，如图 4-17 所示。

图 4-15　BTXD001 选取系统界面

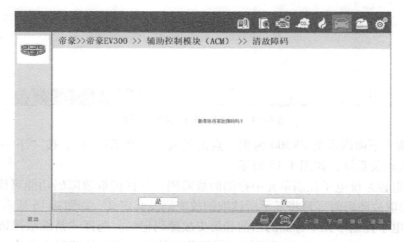

图 4-16　BTXD001 读取某系统的故障码界面

图 4-17　BTXD001 清除故障码界面

项目 4　纯电动汽车结构原理与故障诊断

　　点击"是"确认清除故障码后，如通信正常，将显示"故障码清除成功"或"故障码已清除"，通常清除故障码后需再读取故障码以确认故障码是否清除。

　　只有在故障全部排除后才能够清除，如果有故障没有排除，那么就不能成功清除故障码，故障码始终保存在电子控制单元中，诊断仪一直都能读出这个故障码。建议不要随便地清除故障码，在读取故障码后须先将这些故障内容记录下来，便于诊断参考，当故障处理完后，再重新读取故障码就不作显示了。

　　3) 读取数据流。数据流是指汽车电脑连续性地将各种元件的运行参数和工作状态发出来的电信号。读取数据流就是读取现在车辆正在运行的参数，如图 4-18 所示，从中基本可以直接判断出是哪些方面出现了问题，这样在进行故障诊断时就能缩小范围。

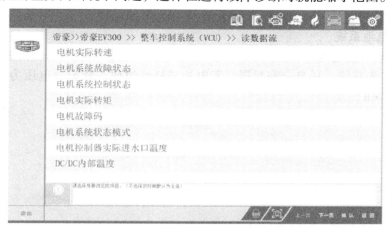

图 4-18　BTXD001 读取数据流界面

　　4) 执行测试基本元件。执行测试基本元件主要是为了判断车辆的各执行元件是否工作正常。点击进入系统即可看到"动作测试"一栏，原则上进入后即可显示该系统可进行动作测试的执行元件菜单，如图 4-19 所示。"动作测试"功能是对系统的部分执行元件进行功能测试，执行该功能时，诊断仪将模拟电子控制单元信号对执行元件进行动作测试，以判断执行元件或线路是否良好。

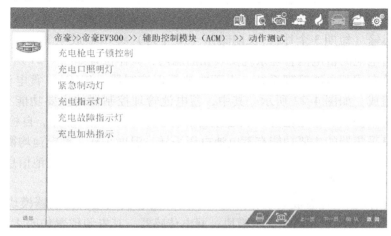

图 4-19　BTXD001 动作测试界面

🔧 任务实施

1) 吉利帝豪 EV450 电动系统实车认知，以能量流的形式画出吉利帝豪 EV450 电动系统的组成，并标出各部件的功用、能量流向等。

2) 吉利帝豪 EV450 电动系统故障警告灯实车认知。

3) 利用 BTXD001 故障诊断仪器读取动力蓄电池系统的故障码和数据流，然后清除该系统的故障码，并进行电池系统动作测试。

📖 知识与能力拓展

比亚迪 e5 电动系统简介

1. 动力蓄电池系统

比亚迪 e5 动力蓄电池系统的安装位置如图 4-20 所示。该系统由动力蓄电池模组、蓄电池信息采集器、串联线、托盘、密封罩、蓄电池采样线组成，额定总电压为 653.4V，总电量为 42~47kW·h。

图 4-20 动力蓄电池系统的安装位置

比亚迪 e5 动力蓄电池标称电压为 633.6V，额定容量为 75A·h，由 13 个蓄电池模组、1 个正极接触器、1 个负极接触器、2 个分压器和 2 个熔断器（6#、10#）、196 块蓄电池单体、52 个温度传感器组成。组成蓄电池包后要进行三次充放电测试，最后将 SOC 放至 20%~40% 储存或运输（短期 3 个月），长期储存（12 个月）将 SOC 放至 35%~40%。

该车动力蓄电池的蓄电池管理系统安装在前舱内，具体位置如图 4-21 所示。

本车采用分布式蓄电池管理系统，由蓄电池管理控制器（BMC）、蓄电池信息采集器、蓄电池采样线组成，如图 4-22 所示。其中，蓄电池管理控制器的主要功能有充放电管理、接触器控制、功率控制、蓄电池异常状态报警和保护、SOC/SOH 计算、自检以及通信功能等；蓄电池信息采集器的主要功能有蓄电池电压采样、温度采样、蓄电池均衡、采样线异常检测等；动力蓄电池采样线的主要功能是连接蓄电池管理控制器和蓄电池信息采集器，实现两者之间的通信及信息交换。

比亚迪 e5 的高压电控总成集成有两电平双向交流逆变式电机控制器模块、车载充电器模块、DC/DC 变换器模块和高压配电模块、漏电传感器，其安装位置如图 4-23 所示，其外部接口如图 4-24 所示。

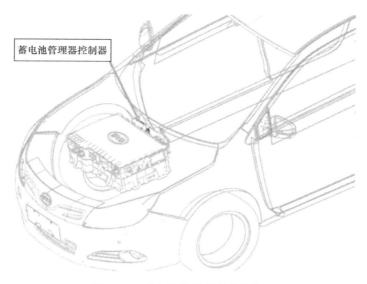

图 4-21　蓄电池管理器的安装位置

图 4-22　动力蓄电池总成内部结构

高压电控总成内部结构如图 4-25 所示。

高压电控总成的主要功能如下：

1）控制高压交/直流电双向逆变，驱动电机运转，实现充放电功能（VTOG、车载充电器）。

2）实现高压直流电转换成低压直流电为整车低压电器系统供电（DC/DC）。

3）实现整车高压回路配电功能以及高压漏电检测功能（高压配电箱 & 漏电传感器模块）。

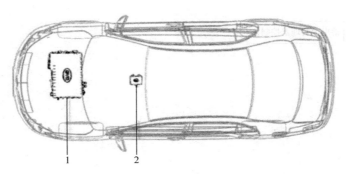

图 4-23 高压电控总成的安装位置
1—高压电控总成 2—主控制器总成

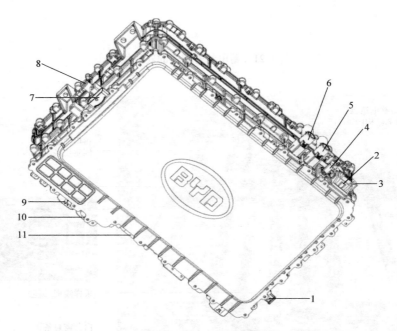

图 4-24 高压电控总成外部接口
1—DC 直流输出插接件 2—33PIN 低压信号插接件 3—高压输出空调压缩机插接件 4—高压输出 PTC 插接件
5—动力蓄电池正极母线 6—动力蓄电池负极母线 7—64PIN 低压信号插接件 8—入水管 9—交流输入 L_2、L_3 相
10—交流输入 L_1、N 相 11—驱动电机三相输出插接件

4）直流充电升压功能。

5）CAN 通信、故障处理纪录、在线 CAN 烧写以及自检等功能。

（1）高压配电箱 如图 4-26 所示，高压配电箱由铜排连接片、接触器、霍尔电流传感器、预充电阻、动力蓄电池包正负极输入组成，接触器由蓄电池管理器控制，用于控制充放电。

（2）双向交流逆变式电机控制器（VTOG）

1）驱动控制（放电）。VTOG 通过采集加速踏板、制动、档位、旋变等信号控制电机

项目 4　纯电动汽车结构原理与故障诊断

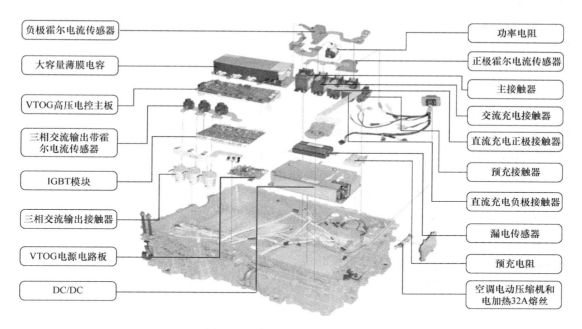

图 4-25　高压电控总成内部结构

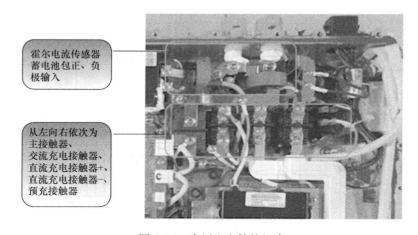

图 4-26　高压配电箱的组成

正、反向驱动,从而实现正、反转发电功能,具有高压输出电压和电流控制的限制功能,能实现电压跌落/过电流/过热/IPM 过热/IGBT 过热保护、功率限制、转矩控制限制等功能,同时具备电控系统防盗、能量回馈控制、主动泄放、被动泄放控制。

2)充电控制。交直流转换、双向充放电控制功能;自动识别单相和三相相序,并根据充电电流控制充电方式,也可以根据充电设备识别充电功率,从而控制充电方式;根据车辆或其他设备请求信号控制车辆对外放电;断电重启功能;在电网断电又供电时,可继续充电。

(3)漏电传感器　如图 4-27 所示,漏电传感器含有 CAN 通信功能,主要通过监测与动力蓄电池输出相连接的正极或负极母线与车身底盘之间的绝缘电阻来判定高压系统是否存在漏电,然后将漏电数据信息通过 CAN 信号发送给蓄电池管理器、VTOG,从而采取相应的保护措施。

2. 充电系统

比亚迪 e5 电动车有两种充电方式:直流充电和交流充电。交流充电主要是通过交流充电桩、壁挂式充电器以及家用供电插座接入交流充电口,通过高压电控总成将交流电转换为 650V 直流高压电给动力蓄电池充电,其原理图如图 4-28 所示。直流充电主要是通过充电站的充电柜将直流高压电直接通过直流充电口给动力蓄电池充电。充电系统主要由交流充电口、直流充电口、高压电控总成、动力电池包、蓄电池管理器组成。

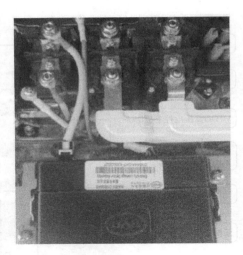

图 4-27 漏电传感器

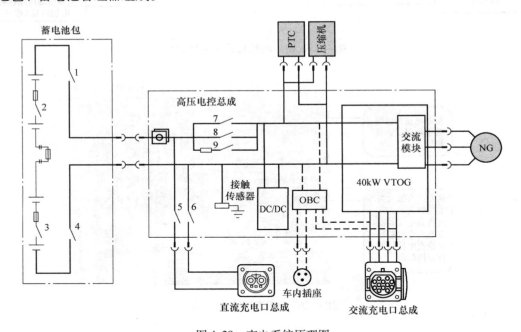

图 4-28 充电系统原理图

1—正极接触器 2—蓄电池包分压接触器 1 3—蓄电池包分压接触器 2 4—负极接触器 1
5—直流充电正极接触器 6—直流充电负极接触器 7—主接触器 8—交流充电接触器 9—预充接触器

强化练习

请调查市场上在售的纯电动汽车型,选取 2~3 款销量好的车型,以能量流的方式画出车型电动系统的组成,并标出各部件的功用、能量流向等。

项目4　纯电动汽车结构原理与故障诊断

任务4.2　吉利帝豪EV450动力蓄电池系统故障诊断与排除

学习目标

1. 知识目标

1）掌握吉利帝豪EV450动力蓄电池系统的组成与工作原理。

2）掌握吉利帝豪EV450动力蓄电池系统和其他系统关联信号的作用。

2. 能力目标

1）能用故障诊断仪读取吉利帝豪EV450动力蓄电池系统的车辆故障码，并通过查阅维修手册和电路图手册确定车辆故障区域。

2）能识读吉利帝豪EV450动力蓄电池系统电路图，并能把实车和电路一一对应，在实车上识别出电路图中的熔丝、继电器、直流充电插座温度信号线、非车载充电器通信信号线、直流充电插头插座确认连接信号线、直流充电唤醒线、P-CAN网络的数据通信线、安全气囊电子控制单元（ACU）碰撞信号线和高压接口等。

3）能根据维修手册中的相关标准值或波形对上述吉利帝豪EV450动力蓄电池系统的电源电路、各个信号和通信电路进行基本检测。

4）在具备以上能力的基础上，能针对吉利帝豪EV450动力蓄电池系统故障现象按照现代故障诊断方法流程进行故障诊断与排除。

5）能明确、清晰和有条理地完成吉利帝豪EV450动力蓄电池系统的故障诊断与排除记录。

3. 素养目标

在任务实施中，充分发挥各小组成员积极性、分工合作，培养团队协作精神、提高实施效率。

任务描述

4S店接到一辆吉利帝豪EV450故障车，经初步确认仪表板显示动力蓄电池故障警告灯，连接故障诊断仪读取故障码，发现蓄电池管理系统报"P153E-08可逆的碰撞信号发生（仅有A-CAN信号）"故障码。根据上述现象，作为一名售后服务工作人员，你将如何开展故障诊断工作并解决以上问题？

任务准备

一、吉利帝豪EV450动力蓄电池系统组成与工作原理

1. 吉利帝豪EV450动力蓄电池系统的组成

吉利帝豪EV450动力蓄电池的组成部件包括各模组总成、采集系统、蓄电池控制单元、蓄电池高压分配单元等部件。

蓄电池模组是将一个以上蓄电池单体按照串联、并联或串并联方式组合，且只有一对正、负极输出端子，并作为电源使用的组合体。吉利帝豪EV450动力蓄电池采用三元锂蓄电池，以钴酸锂、锰酸锂或镍酸锂等化合物为正极，以可嵌入锂离子的碳材料为负极，使用有机电解质。蓄电池单体是直接将化学能转化为电能的基本单元装置，包括电极、隔膜、电解质、外壳和端子，并被设计成可充电模式。

每一个蓄电池有多个采集系统，以监测其中每个蓄电池单体或蓄电池组电压、温度信息。采集系统将相关信息上报蓄电池控制单元并根据其指令执行蓄电池单体电压均衡。蓄电池控制单元安装于动力蓄电池总成内部，是蓄电池管理系统的核心部件，蓄电池控制单元将蓄电池单体电压、电流、温度及整车高压绝缘等信息上报整车控制器并根据VCU的指令完成对动力蓄电池的控制。蓄电池高压分配单元安装在动力蓄电池总成的正、负极输出端，由高压正极继电器、高压负极继电器、预充继电器、电流传感器和预充电阻等组成。

2. 吉利帝豪EV450动力蓄电池系统的工作原理

吉利帝豪EV450的蓄电池管理系统能够对动力蓄电池组总电压、总电流、每个测点温度和蓄电池单体的电压参数进行实时监控，并进行故障诊断、剩余电量比计算、短路保护、漏电监测、警示、充放电模式选择等。蓄电池管理系统可以将动力蓄电池相关参数上报VCU，并由VCU控制动力蓄电池的充放电功率。

其具体功能如下：

1）为整车提供电能，储存电机再生制动回收的电能。

2）能够满足快、慢充电功能。

3）具有高压电安全管理功能。

4）熔断器分压功能。

5）提供CAN通信功能。

6）提供蓄电池系统状态实时检测功能（温度检测、电压检测、电流检测、SOC估算、SOH估算、SOP估算等）。

7）具有故障诊断、故障存储管理等功能，系统诊断功能需满足UDS诊断协议。

8）智能补电功能。

9）具备接触器诊断功能，可以诊断主正、主负、快充接触器粘连、无法闭合。

10）蓄电池管理系统具备CAN唤醒VCU的功能。

在高压回路上，吉利帝豪EV450动力蓄电池系统的高压配电原理图如图4-29所示，预充接触器1和预充电阻1为主回路预充接触器和主回路预充电阻，车辆依次接通主、负极接触器和预充继电器，并通过预充电阻器施加电流，随后接通正极主接触器并绕过预充电阻器施加电流，然后断开预充接触器。由于受控电流以这种方式首先经过预充电阻器，从而保护了电路中的触点，避免其因涌流而受损。

预充接触器2和预充电阻2为快充预充接触器和快充预充电阻；在模组中间有FUSE，起保护动力蓄电池短路作用；电流传感器在主负继电器前，检测整个回路电流。

二、吉利帝豪EV450动力蓄电池系统电路识读

1. 吉利帝豪EV450动力蓄电池系统的电气原理图

吉利帝豪EV450动力蓄电池系统的电气连接图如图4-30所示，动力蓄电池模块上有两个高压接口：一个连接至车载充电机（含配电），用来实现交流充电或蓄电池放电的能量传

项目4　纯电动汽车结构原理与故障诊断

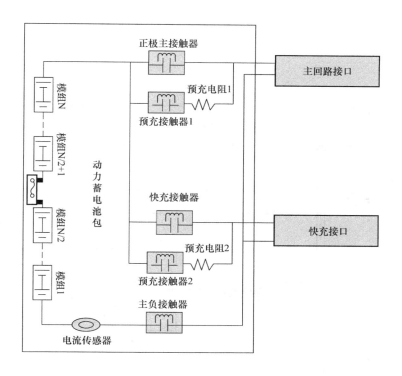

图 4-29　吉利帝豪 EV450 动力蓄电池系统的高压配电原理图

递;另一个直接连接至直流充电接口,用来实现直流充电的能量传递。在低压线束上主要由直流充电接口的 CC 线、唤醒线和快充 CAN 线组成,此部分主要用来实现直流充电的充电引导控制。除此之外,动力蓄电池模块还通过 CAN 线连接 P – CAN 网络(图 4-31),并通过此网络接收车载充电机和整车控制器的唤醒信号。

2. 吉利帝豪 EV450 动力蓄电池系统电路图

吉利帝豪 EV450 动力蓄电池系统的实车电路图如图 4-32 和图 4-33 所示。

吉利帝豪 EV450 动力蓄电池系统的低压线束插接器共有两个,分别为 CA69 和 CA70,这两个端子的端子图如图 4-34 所示,每个端子定义见表 4-10 和表 4-11。

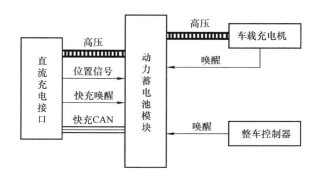

图 4-30　吉利帝豪 EV450 动力蓄电池系统的电气连接图

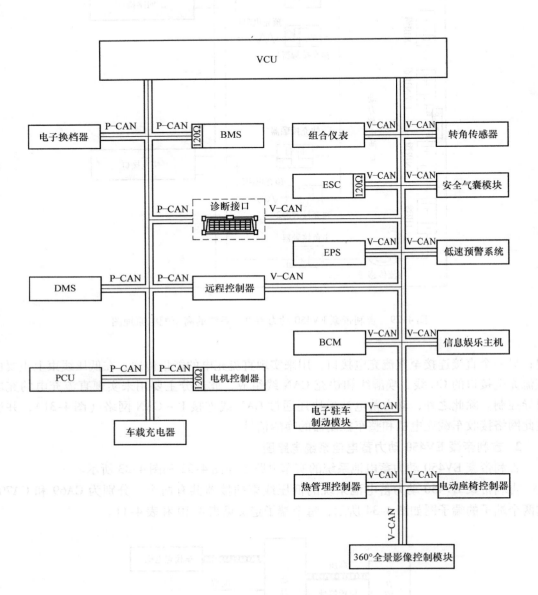

图 4-31 吉利帝豪 EV450 的 CAN 网络

项目 4 纯电动汽车结构原理与故障诊断

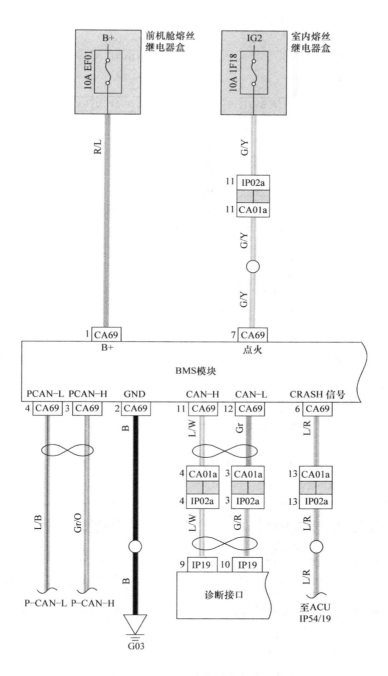

图 4-32 吉利帝豪 EV450 动力蓄电池系统的实车电路图（一）

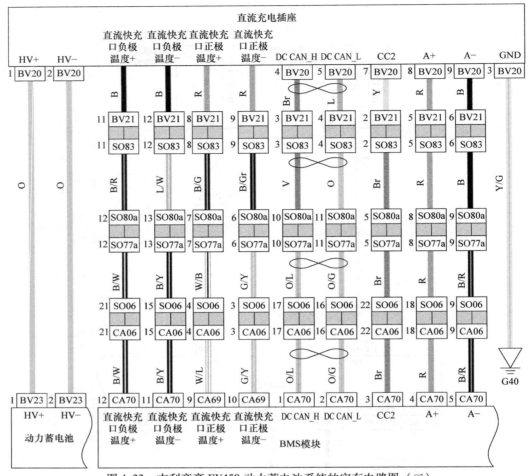

图 4-33 吉利帝豪 EV450 动力蓄电池系统的实车电路图（二）

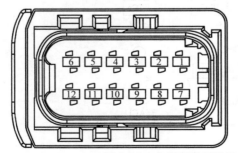
CA69 动力蓄电池低压线束插接器1

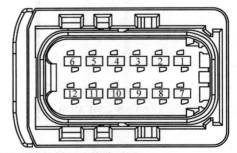
CA70 动力蓄电池低压线束插接器2

图 4-34 吉利帝豪 EV450 动力蓄电池系统的低压连接端子图

表 4-10 动力蓄电池低压线束 CA69 端子定义

端子号	端子定义	颜色
1	常电 12V	R/L
2	电源地 GND	B
3	整车 CAN – H	Gr/O
4	整车 CAN – L	L/B
5	—	—

项目 4　纯电动汽车结构原理与故障诊断

（续）

端子号	端子定义	颜色
6	碰撞信号	L/R
7	IG2	G/Y
8	—	—
9	快充插座正极柱温度 +	W/L
10	快充插座正极柱温度 −	G/Y
11	诊断接口 CAN – H	L/W
12	诊断接口 CAN – L	Gr

表 4-11　动力蓄电池低压线束 CA70 端子定义

端子号	端子定义	颜色
1	快充 CCAN – H	O/L
2	快充 CCAN – L	O/G
3	快充 CC2	Br
4	快充唤醒	R
5	快充唤醒 GND	B/R
6	—	—
7	—	—
8	—	—
9	—	—
10	—	—
11	快充插座正极柱温度 +	B/Y
12	快充插座正极柱温度 −	B/W

三、吉利帝豪 EV450 动力蓄电池系统故障分析与诊断计划

1. 故障分析

任务描述中的故障关键信息为"P153E – 08 可逆的碰撞信号发生（仅有 ACAN 信号）"，根据故障码含义，可初步判断故障发生在蓄电池管理系统和车辆安全保护装置 ACU 之间的区域。查阅图 4-32，可以发现 ACU 的 IP54/19 端子和蓄电池管理系统的 CA69/6 端子之间连接着一根信号线。

当车辆发生碰撞时，ACU 将来自传感器的信号与存储器中的数值进行比较，当生成的信号值超过存储数值时，安全气囊电子控制单元向各点火回路发出点火命令（电流信号），以展开安全气囊。除此之外，如图 4-35 所示，电动汽车在发生碰撞时还存在高压触电的安全隐患，因此 ACU 在接收到碰撞信号时会向蓄电池管理系统传递信号，蓄电池管理系统接收到该信号时会切断正极主接触器，从而断开动力蓄电池高压电，以防车辆在发生碰撞时带来高压触电事故。

2. 故障诊断计划

综上分析，优先排查蓄电池管理系统和 ACU 之间的电路。查阅电路图和故障相关的电路（图 4-36），故障可能在蓄电池管理系统 CA69/6 至 ACU 的 IP54/19 之间。因此，针对任务描述中的故障现象和故障码，可以通过以下诊断步骤完成。

1）检查蓄电池管理系统与 ACU 之间的线路断路故障。
2）检查蓄电池管理系统与 ACU 之间的线路对搭铁短路故障。
3）检查蓄电池管理系统与 ACU 之间的线路对电源短路故障。

如果以上电路没问题，则说明蓄电池管理系统和 ACU 硬件有问题，更换即可。

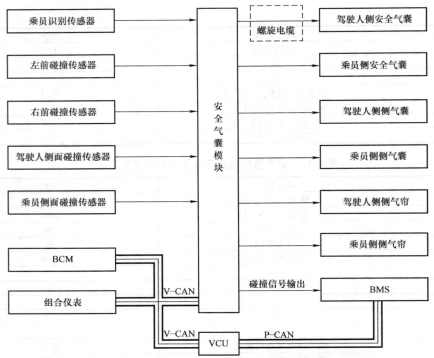

图 4-35 吉利帝豪 EV450 ACU 和蓄电池管理系统的电气连接图

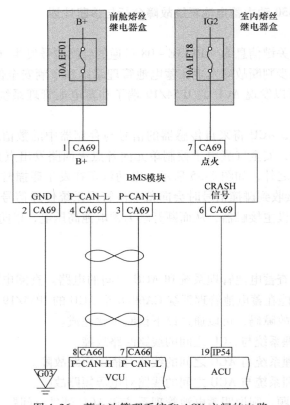

图 4-36 蓄电池管理系统和 ACU 之间的电路

项目 4　纯电动汽车结构原理与故障诊断

任务实施

1. 使用故障诊断仪读取故障码

1）操作起动开关使电源模式切换至 ON 状态。

2）连接故障诊断仪，读取系统故障码，具体方法参考任务 4.1。

3）确认系统是否存在其他故障码。

是：优先排除其他故障码指示故障。

否：进行步骤 2。

2. 检查蓄电池管理系统与 ACU 之间的线路断路故障

1）操作起动开关使电源模式切换至 OFF 状态。

2）如图 4-37 所示，在车辆上找到 CA69，断开 BMS 线束插接器 CA69。

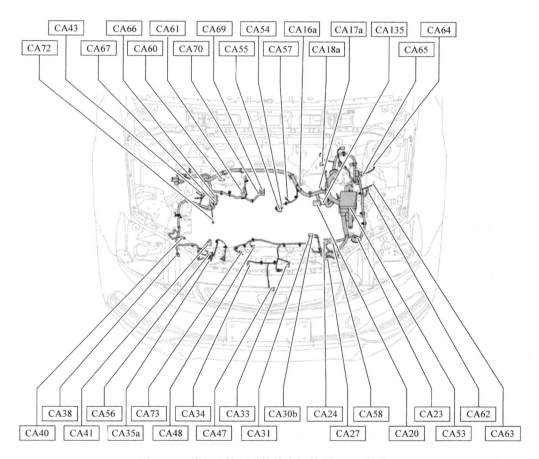

图 4-37　蓄电池管理系统线束插接器 CA69 的位置

3）如图 4-38 所示，在车辆上找到 IP54，断开 ACU 线束插接器 IP54。

4）如图 4-39 所示，用万用表测量蓄电池管理系统线束插接器 CA69 端子 6 和 ACU 线束插接器 IP54 端子 19 之间的电阻，标准值为小于 1Ω。

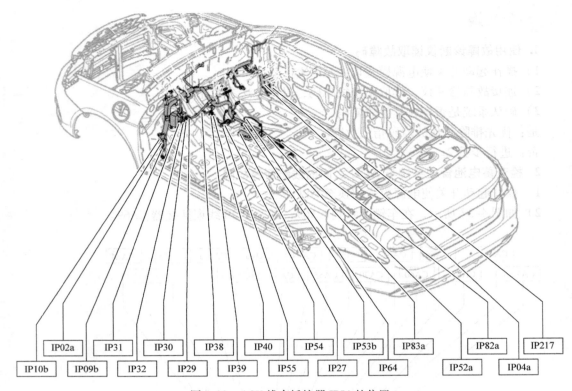

图 4-38　ACU 线束插接器 IP54 的位置

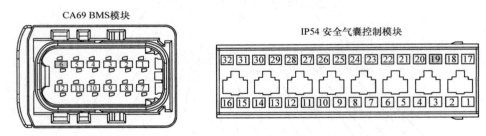

图 4-39　蓄电池管理系统线束插接器 CA69 端子（左）和 ACU IP54 端子（右）

5）确认测量值是否符合标准。

否：修理或更换线束。

是：进行步骤 3。

3. 检查蓄电池管理系统与 ACU 之间的线路对搭铁短路故障

1）操作起动开关使电源模式切换至 OFF 状态。

2）断开蓄电池管理系统线束插接器 CA69。

3）断开 ACU 线束插接器 IP54。

4）用万用表测量蓄电池管理系统线束插接器 CA69 端子 6 和车身可靠接地之间的电阻，标准值为 10kΩ 或更高。

5）确认测量值是否符合标准。

否：修理线束。

是：进行步骤 4。

4. 检查蓄电池管理系统与 ACU 之间的线路对电源短路故障

1）操作起动开关使电源模式切换至 OFF 状态。

2）断开蓄电池管理系统线束插接器 CA69。

3）断开 ACU 线束插接器 IP54。

4）操作起动开关使电源模式至切换 ON 状态。

5）用万用表测量蓄电池管理系统线束插接器 CA69 端子 6 和车身可靠搭铁之间的电压，标准值为 0V。

6）确认测量值是否符合标准。

否：修理线束。

是：进行步骤 5。

5. 更换 ACU

1）操作起动开关使电源模式切换至 OFF 状态。

2）断开蓄电池负极电缆。

3）拆卸维修开关。

4）拆卸蓄电池包，更换 ACU，具体参考吉利帝豪 EV450 维修手册拆装部分。

5）确认故障是否排除。

否：更换动力蓄电池总成（电池管理系统），具体参考吉利帝豪 EV450 维修手册拆装部分。

是：诊断结束。

知识与能力拓展

一、吉利帝豪 EV450 动力蓄电池系统故障案例

1. 故障现象

某吉利帝豪 EV450 纯电动汽车连入故障诊断仪后，查找故障码报相应绝缘类故障（如接地电阻被击穿等），如图 4-40 所示，故障表现形式为整车不能上高压。

图 4-40 故障码

2. 故障分析与诊断

高压配电系统中的任何高压部件发生绝缘故障（内部短路）均可引起整车绝缘故障。整车高压部件包括动力蓄电池、驱动电机、电机控制器、PTC 加热器、充电机和电动压缩机。

正常下电，拔掉维修开关（如配备），找到并断开电池的高压接线，使用绝缘表分别测量蓄电池高压线正、负极对搭铁的绝缘值。各高压部件的绝缘检测数值表见表 4-12。

表 4-12　各高压部件的绝缘检测数值表

高压部件名称	测试端	正常阻值
动力蓄电池直流母线	端子 1（正极）与车身搭铁（负极）	≥20MΩ
	端子 2（正极）与车身搭铁（负极）	≥20MΩ
PTC 加热器	端子 1（正极）与车身搭铁（负极）	≥20MΩ
	端子 2（正极）与车身搭铁（负极）	≥20MΩ
AC 空调压缩机	端子 1（正极）与车身搭铁（负极）	≥10MΩ
	端子 2（正极）与车身搭铁（负极）	≥10MΩ
OBC 慢充充电机	端子 1（正极）与车身搭铁（负极）	≥10MΩ
	端子 2（正极）与车身搭铁（负极）	≥10MΩ
电机三相线束	U 相	≥20MΩ
	V 相	≥20MΩ
	W 相	≥20MΩ
PTC 加热器高压线束	线束端子 1（正极）与车身搭铁（负极）	≥2MΩ
AC 空调压缩机高压线束	线束端子 2（正极）与车身搭铁（负极）	≥2MΩ
PEU 电机控制器高压线束（输入）	T+、T- 线束	≥2MΩ

使用绝缘表的测量方法：

1) 确定绝缘故障的部件要使用绝缘表。

2) 使用绝缘表时，首先将测绝缘阻值的连接线接在相应的位置。

3) 打开电源后，档位转至 1000V。

4) 测试时，将黑色线一端接触 12V 蓄电池负极/车身可导电位置/任意不与所测试高压件连通的导电位置，红色线一端接触所要测的位置，读取显示屏数据。

如果以上检查都没有问题，就要开盖检测高压部件里有否异物导致绝缘故障（高压分线盒、PEU 电机控制器盖、电机三相线盖）。线束损坏、插接件松动或烧蚀都有可能导致绝缘故障。

二、EV03 蓄电池管理系统简介

1. 产品简介

EV03 蓄电池管理系统采用了分散式系统结构，由主控模块、高压控制模块和 N 个从控模块组成（一般情况下 N≤4），适用于 ≤240 串的锂离子蓄电池系统的保护和管理以及电池系统总成高压控制，其拓扑结构如图 4-41 所示。

2. 从控模块

从控模块一般安装在蓄电池箱里，其主要功能是测量该箱串联电芯的电压（EV03 分别有最多检测 12S、24S、36S、48S、60S 五种规格的从控模块）和温度、蓄电池一致性判断、电压均衡、风机控制以及蓄电池累积充放电容量等，并响应主控模块的命令，将蓄电池的信息定期返回主控模块。36S 从控模块的接口如图 4-42 所示，包括 20Pin 控制接口、16Pin 电压检测接口 A、16Pin 电压检测接口 B 和 16Pin 电压检测接口 C。其中，20Pin 控制接口的端子定义如图 4-43 所示，16Pin 控制接口的端子定义如图 4-44 所示。

3. 高压控制模块

高压控制模块通常安装在独立的高压箱或者蓄电池箱内，完成蓄电池组工作电流的测量、蓄电池组与车身之间的绝缘监测、蓄电池组总电压测量。高压控制模块的接口如图 4-45 所示，各端子定义如图 4-46 所示。

项目 4　纯电动汽车结构原理与故障诊断

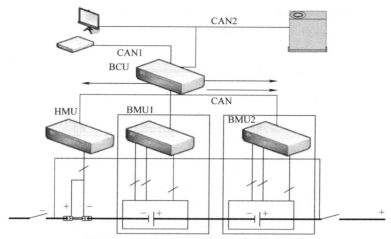

图 4-41　EV03 蓄电池管理系统的拓扑结构

BMU—蓄电池管理从控模块　HMU—蓄电池管理高压控制模块　BCU—蓄电池管理主控模块

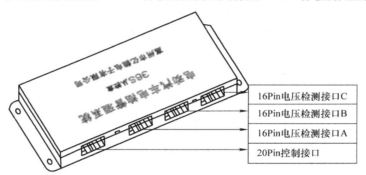

36S 从控模块(226mm×95mm×30mm)

图 4-42　36S 从控模块的接口

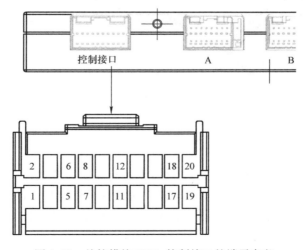

图 4-43　从控模块 20Pin 控制接口的端子定义

1—蓄电池管理系统电源正（12/24V＋）　2—蓄电池管理系统电源负（12/24V－）　3、4、9、10、13、15、16—空置
5—继电器1信号入（FAN＋）　6—继电器1信号出（FAN－）　7—继电器1信号入　8—继电器1信号出　11—内部通信CAN－H
12—内部通信CAN－L　14—内部通信CAN屏蔽　17—温度电源正　18—温度屏蔽层　19—温度电源负　20—温度信号线

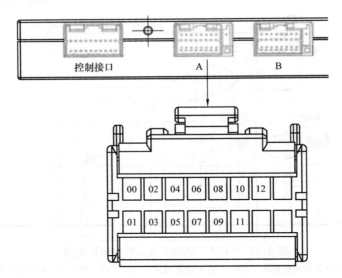

图 4-44 从控模块 16Pin 控制接口的端子定义

00—接第 1 节蓄电池负极 01—接第 2 节蓄电池负极 02—接第 3 节蓄电池负极 03—接第 4 节蓄电池负极
04—接第 5 节蓄电池负极 05—接第 6 节蓄电池负极 06—接第 7 节蓄电池负极 07—接第 8 节蓄电池负极
08—接第 9 节蓄电池负极 09—接第 10 节蓄电池负极 10—接第 11 节蓄电池负极 11—接第 12 节蓄电池负极
12—接第 12 节蓄电池正极 13~15—空置

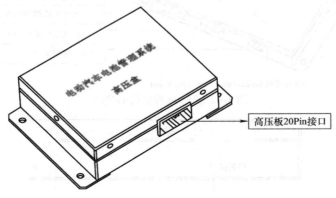

高压盒(138mm×93mm×35mm)

图 4-45 高压控制模块的接口

4. 主控模块

主控模块的功能是收集从控模块监控和高压控制模块检测数据，并对数据进行集中分析，判断当前蓄电池的故障，从而进行蓄电池系统的预警和报警，必要时根据控制策略进行高压控制。主控模块还完成综合利用蓄电池数据进行电池的 SOC 估算和离散性评价。系统 CAN2.0 通信功能实现了蓄电池组与整车控制器和电机控制器之间高速的通信，蓄电池管理系统实时向车载仪表或显示器提供蓄电池组的总电压、SOC、蓄电池单体的当前电压、蓄电池箱各点的温度，并根据系统的参数设定，判断是否预警和报警，提醒使用者降低功率或停止使用。主控模块的接口如图 4-47 所示，26Pin 端子的定义如图 4-48 所示，16Pin 端子的定义如图 4-49 所示。

项目 4　纯电动汽车结构原理与故障诊断

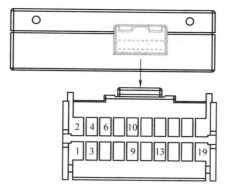

图 4-46　高压控制模块各端子定义

1—12/24V +　2—12/24V -　3—与主控模块内部通信 CAN-H　4—与主控模块内部通信 CAN-L
5、7、8、11、12、15～18、20—空置　6—CAN 屏蔽层　9—正电流采集　10—负电流采集
13—总正外部电压采集　14—总正电压采集　19—总负电压采集

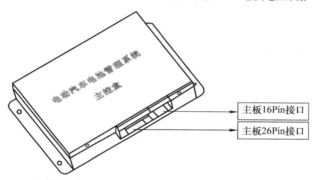

主控盒(197mm×126mm×35mm)

图 4-47　主控模块的接口

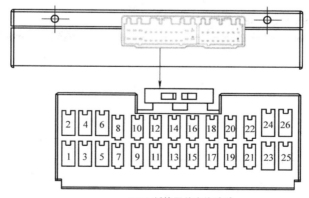

26Pin 插接器从出线端看

图 4-48　主控模块 26Pin 端子的定义

1—整车电源正　2—充电机 2V/24V +　3—钥匙 ACC 位起动信号　4—从板供电电源正极输出
5—整车电源地　6—从板供电电源负极输出　7—总正继电器信号负输入　8—总负继电器信号负输入
9—预充电继电器信号负输入　10—加热继电器信号负输入　11—辅助继电器 A 控制输出
12—辅助继电器 B 控制输出　13—RS232 地　14—RS232 流控制 PCOUT　15—RS232 流控制 PCIN
16—RS232 流控制 PCTXD　17—内部 CAN 屏蔽层　18—RS232 流控制 PCRXD　19—内部 CAN-H
20—内部 CAN-L　21—充电 CAN-H　22—充电 CAN-L　23—整车 CAN 屏蔽层　24—充电 CAN 屏蔽层
25—整车 CAN-H　26—整车 CAN-L

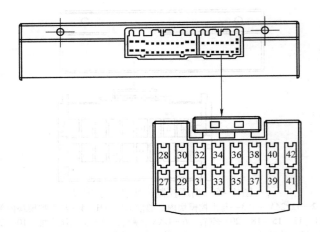

从出线端看

图 4-49 主控模块 16Pin 端子的定义

27—辅助继电器 B 控制输出 2 28—辅助继电器 A 控制输出 2 29—数字信号输出 1 30—数字信号输出地 1 31—数字信号输出 2 32—数字信号输出地 2 33—数字信号输出 3 34—数字信号输出 3 35—数字信号入 1 36—数字信号输入 2 37—数字信号输入 3 38—数字信号输入 4 39—模拟信号输入 1 40—模拟输入 1 参考地 41—模拟信号输入 2 42—模拟输入 2 参考地

5. 电压采集线束

16Pin 电压采集线束一端为 AMP 头,另一端为连接的环形冷压端子,如图 4-50 所示。

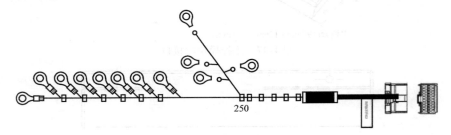

图 4-50 16Pin 电压采集线束

在蓄电池组串联好之后,从号码管标志为"BAT-00"的线束开始安装。"BAT-00"的线束安装在蓄电池组总负端的极柱上,"BAT-01"安装在串联的下一个蓄电池单体的负极柱上,即 BAT-00 与 BAT-01 完成了第一个蓄电池单体(从总负端开始计算为)电压的检测。依此类推,一直连接到倒数第二根电压采集线,最后一根电压采样线连接到总正端的正极柱上,如图 4-51 所示。

EV03 每个从控模块分别有电压采集 A、B、C、D、E 口不等,在连接电压采集线时,在连接完 A 口线束后,B 口顺着 A 口线束往下连接,直至该从板线束连接完毕,即最后一根线束连接在蓄电池组的总正端。

6. 温度传感器

温度传感器一般一个蓄电池箱 4~6 个,固定在金属线鼻内,用螺母拧紧在蓄电池单体的极柱上,均匀地分布在蓄电池内部,位置如图 4-52 所示。

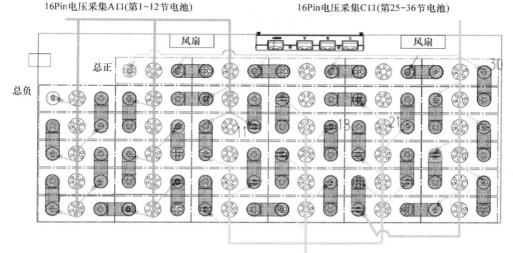

图 4-51 一个 36 串的电池箱电压采集线连接示例图

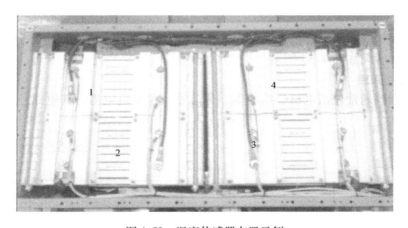

图 4-52 温度传感器布置示例

7. 风机驱动

每个从板都有内部通信的 CAN-H、CAN-L 和 12/24V+、12/24-，通过一套整车线束将所有从控模块和主控模块连接起来。通常的设计将 CAN-H、CAN-L 和 12/24V+、12/24V- 线束集成在一个公端或母端插接器上，与整车线束对应的母端或公端插接器对接，使该从板 CAN-H、CAN-L 和 12/24V+、12/24V- 分别与主板内部的 CAN-H、CAN-L 和 12/24V+、12/24V- 连接。

风机电源通常需与管理系统电源独立，以免造成管理系统供电不稳定。因板载继电器驱动能力有限，如风机电流达到 1A 以上，应采用中间继电器来驱动风机。现将由板载继电器驱动风机和采用中间继电器方式来驱动风机的两种接线情况进行说明。

（1）采用中间继电器驱动接线 如图 4-53 所示，此时管理系统出来的线束号码管为"FANS-"，应与中间继电器信号线负相连接。

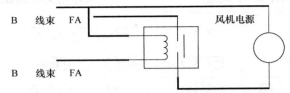

图 4-53　中间继电器驱动电路

(2) 板载继电器直接驱动接线　如图 4-54 所示，此时管理系统上的 AMP 头相应端口继电器信号入应与蓄电池管理系统电源负相连。

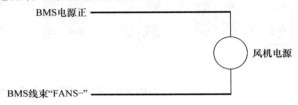

图 4-54　板载继电器直接驱动电路

8. 电流采集

电流采样线通常为两根（红色为采样正、黑色为采样负），分别固定于分流器的两端采样螺栓上，具体方向如图 4-55 所示。

9. 高压控制回路

高压控制回路通常包括电机、熔断器、分流器、预充电电阻，其电路连接图如图 4-56 所示。

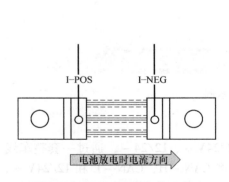

图 4-55　电流采样线安装示意图

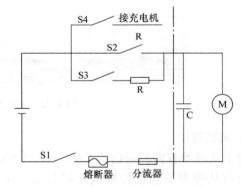

图 4-56　典型的高压控制回路电路连接图
S1—总负继电器　S2—总正继电器　S3—预充电继电器
S4—充电继电器　R—预充电电阻器　C—预充电电容　M—电机

通常，S1、S2 可选用相同型号的继电器，所选继电器"持续电流"的计算公式为

$$I = P/U \qquad (4-1)$$

式中，P 是电机功率；U 是蓄电池标称电压。

S4 可根据最大充电电流进行选取。S1、S2、S4 在动作时线圈电流较大，通常不能直接由蓄电池管理系统驱动，可通过中间的车载继电器进行驱动，驱动原理如图 4-57 所示。

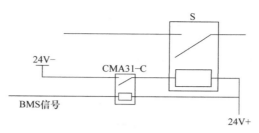

图 4-57 中间车载继电器驱动的驱动原理

强化练习

4S 店接到客户的一辆吉利帝豪 EV300 故障车,经确认故障现象为车辆无法起动,不能上电。点火开关置于 ON 位,仪表上的以下故障警告灯亮起。

1)动力蓄电池故障警告灯。
2)电动系统故障警告灯。
3)减速器故障警告灯。
4)电子稳定控制系统故障警告灯。
5)驻车系统故障警告灯。

读取电动系统故障码:
1)P 位控制单元(PCU)(电路图中为 TCU):进不去。
2)蓄电池控制系统:进不去。
3)车载充电器(OBC):进不去。
4)整车控制系统(VCU):

示范课 3 电动汽车故障诊断维修资料的使用

范课 4 电动汽车动力电池系统故障诊断实训

故障码	描述
P100011	VCU 主继电器对搭铁短路或开路
P0A0A11	VCU 高压互锁断开
P100811	VCU 控制的信号对搭铁短路或开路
P100A11	VCU 控制信号对电源短路
U34AD82	蓄电池控制系统报文循环计数错误
U34EE82	车载充电机报文循环计数错误
U017687	与驻车锁动力控制单元通信丢失

任务 1:根据以上故障现象和故障码,确定要检查的区域。

任务 2:画出和故障相关的要检查区域的电路简图,需要对系统之间的关联电路进行整合。

任务 3:结合电路制订故障诊断具体的实施方案,要求第三方根据制订的方案在没有指导的情况下可以开展故障诊断工作。

任务 4.3 吉利帝豪 EV450 电机驱动控制系统故障诊断与排除

学习目标

1. 知识目标

1)掌握吉利帝豪 EV450 电机驱动控制系统的组成与工作原理。

2）掌握吉利帝豪 EV450 电机驱动控制系统和其他系统关联信号的作用。

2. 能力目标

1）能用故障诊断仪读取吉利帝豪 EV450 电机驱动控制系统的车辆故障码，并通过查阅维修手册和电路图手册确定车辆故障区域。

2）能识读吉利帝豪 EV450 电机驱动控制系统电路（原理）图，并能把实车和电路一一对应，在实车上识别出电路图中的熔丝、继电器、互锁线、唤醒信号线、电机旋变信号线、电机温度信号线、P-CAN 数据通信线和各传感器等。

3）能根据维修手册中的相关标准值或波形对上述吉利帝豪 EV450 电机驱动控制系统的电源电路、各个传感器信号电路和通信电路进行基本检测。

4）在具备以上能力的基础上，能针对吉利帝豪 EV450 电机驱动控制系统故障现象按照现代故障诊断方法流程进行故障诊断与排除。

5）能明确、清晰和有条理地完成吉利帝豪 EV450 电机驱动控制系统的故障诊断与排除记录。

3. 素养目标

在任务实施过程中，充分发挥自身专业技能优越，培养"吃苦耐劳、精益求精"工匠精神。

任务描述

吉利帝豪 EV450 仪表板显示系统故障警告灯亮起，连接故障诊断仪读取故障码，发现电机驱动控制系统报"P170900 输入转速信号超过芯片最大跟踪速率"故障码。根据以上现象，作为汽车经销商的一名维修人员，你将如何开展维修工作？

任务准备

一、吉利帝豪 EV450 电机驱动控制系统组成与工作原理

1. 吉利帝豪 EV450 电机驱动控制系统的组成

电机控制器内部包含一个 DC/AC 转换器和一个 DC/DC 变换器，逆变器由 IGBT、直流母线电容、驱动和控制电路板等组成，实现直流（可变的电压、电流）与交流（可变的电压、电流、频率）之间的转变。直流变换器由高低压功率器件、变压器、电感、驱动和控制电路板等组成，实现直流高压向直流低压的能量传递。电机控制器还包含冷却器（通过冷却液）给电子功率器件散热。

2. 吉利帝豪 EV450 电机驱动控制系统的工作原理

如图 4-58 所示，吉利帝豪 EV450 电机控制器采用 CAN 通信控制，控制着动力蓄电池组到电机之间能量的传输，同时采集电机位置信号和三相电流检测信号，精确地控制驱动电机运行。吉利帝豪 EV450 电机控制器主要依靠电流传感器、电压传感器、温度传感器、旋转变压器来进行电机运行状态的监测，根据相应参数进行电压、电流的调整控制以及其他控制功能的完成。电流传感器用于检测电机工作的实际电流，包括母线电流、三相交流电流。电压传感器用于检测供给电机控制器工作的实际电压，包括动力蓄电池电压、12V 蓄电池电压。温度传感器用于检测电机控制系统的工作温度，包括 IGBT 模块的温度。驱动电机控制器上分为低压接口和高压接口。驱动电机控制器集成有 DC-DC 转换功能，将直流高压电变为低压电给蓄电池充电。

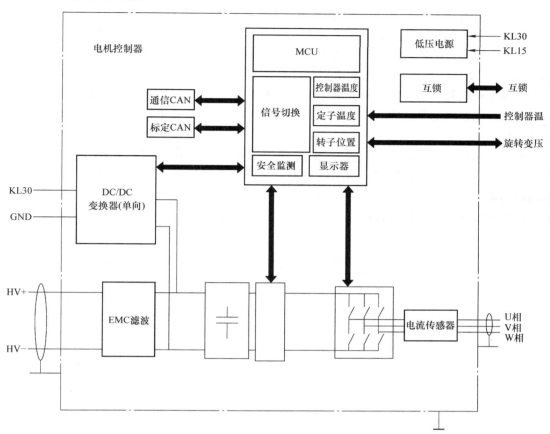

图 4-58　吉利帝豪 EV450 电机控制器结构原理图

吉利帝豪 EV450 驱动电机同样采用的是永磁同步电动机。当三相交流电被接入到电机定子线圈中，即产生了旋转的磁场，这个旋转的磁场牵引转子内部的永磁体产生和旋转磁场同步的旋转转矩。电机旋转变压器（图 4-59）用来检测转子的位置和转速，从而控制驱动电机的转矩输出。

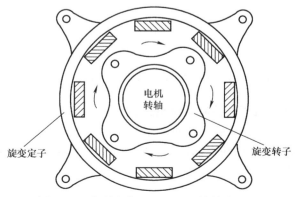

图 4-59　吉利帝豪 EV450 电机旋转变压器

二、吉利帝豪 EV450 电机驱动控制系统电路识读

1. 吉利帝豪 EV450 电机驱动控制系统的电气原理图

吉利帝豪 EV450 电机驱动控制系统电气原理图如图 4-60 所示，整车控制器（VCU）采集加速踏板信号计算当前车辆所需转矩，并通过 P–CAN 网络发送至电机控制器，电机控制器通过电机上安装的旋转变压器和电机温度信号监测电机的运行状态。当驾驶人踩下制动踏板时，整车控制器（VCU）采集制动信号（电机制动力矩）并通过 P–CAN 发送给驱动电机。电机控制器内部集成的 DC/DC 变换器把高压电转换至低压电输出，输出端并联至蓄电池的正极。

整车控制器（VCU）和电机控制器之间有互锁信号线连接，用来监测电机控制高压端子是否断开。在车辆停放期间，整车控制器（VCU）在低压蓄电池电压比较低时，通过唤醒继电器唤醒电机控制器（DC/DC 变换器）为低压蓄电池充电。整车控制器（VCU）和电机控制器之间还有唤醒信号连接，主要用来在车辆充电时唤醒电机控制器。

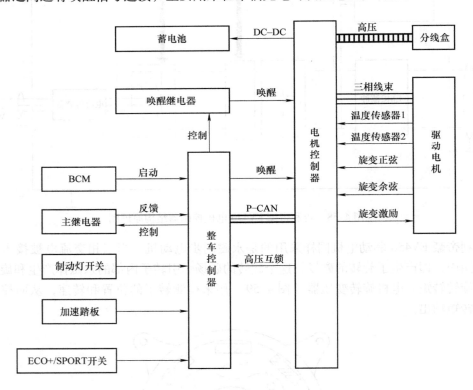

图 4-60　吉利帝豪 EV450 电机驱动控制系统电气原理图

2. 吉利帝豪 EV450 电机驱动控制系统电路图

吉利帝豪 EV450 电机驱动控制系统的实车电路图如图 4-61 和图 4-62 所示。吉利帝豪 EV450 动力电机驱动系统的低压线束插接器主要由 BV11 组成，该其端子图如图 4-63 所示，每个端子定义见表 4-13。

项目 4　纯电动汽车结构原理与故障诊断

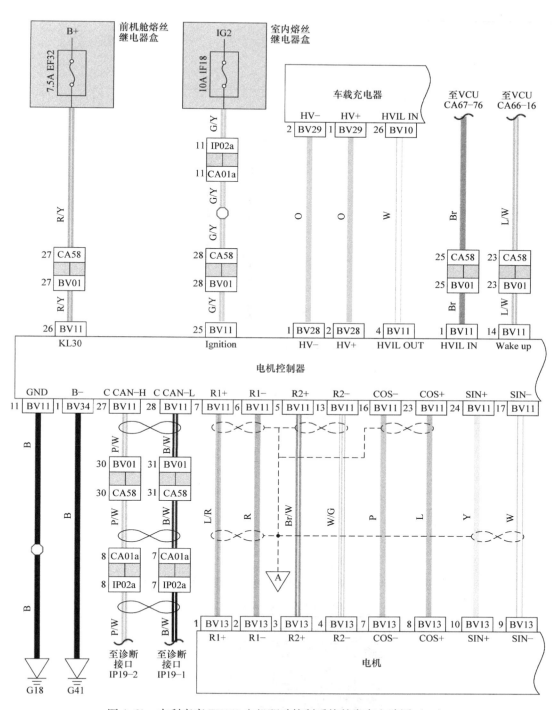

图 4-61　吉利帝豪 EV450 电机驱动控制系统的实车电路图（一）

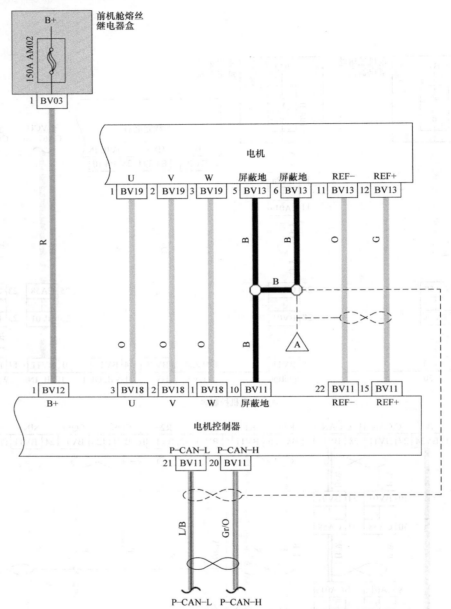

图 4-62 吉利帝豪 EV450 电机驱动控制系统的实车电路图（二）

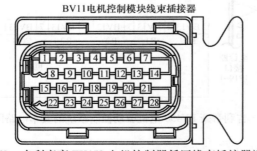

图 4-63 吉利帝豪 EV450 电机控制器低压线束插接器端子图

表 4-13　吉利帝豪 EV450 电机控制端子定义

端子号	端子定义	颜色	端子号	端子定义	颜色
1	高压互锁输入	Br	15	旋变励磁信号正	G
2	—	—	16	旋变余弦信号负	P
3	—	—	17	旋变正弦信号负	W
4	高压互锁输出	W	18	—	—
5	电机温度信号 2 正	Br/W	19	—	—
6	电机温度信号 1 负	R	20	P-CAN-H	Gr/O
7	电机温度信号 1 正	L/R	21	P-CAN-L	L/B
8	—	—	22	旋变励磁信号正	O
9	—	—	23	旋变余弦信号正	L
10	屏蔽低	B	24	旋变正弦信号正	Y
11	电源地	B	25	IG 电	G/Y
12	—	—	26	常电	R/L
13	电机温度信号 2 正	W/G	27	标定 CAN-H	P/W
14	唤醒输入	L/W	28	标定 CAN-L	B/W

三、吉利帝豪 EV450 电机驱动控制系统故障分析与诊断计划

1. 故障分析

任务描述中的故障关键信息为"P170900 输入转速信号超过芯片最大跟踪速率",由故障码信息可以看到故障是和电机转速输入信号相关的,电机转速信号是通过电机控制器旋转变压器采集的,因此可初步判断故障发生在电机控制器和电机之间的旋变信号电路上。

2. 故障诊断计划

查阅吉利帝豪 EV450 电机驱动控制系统电路图,旋变信号电路如图 4-64 所示。旋转的励磁、正弦信号和余弦信号线,可通过测量电阻检测是否正常,旋转变压器端本质上都是线圈,可以通过测量电阻检测是否完好。综上所述,可以通过以下步骤来进行诊断。

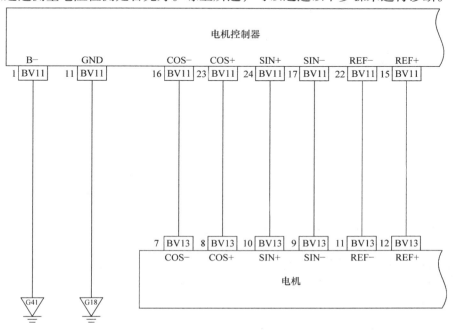

图 4-64　电机控制器旋变信号电路

1）检测电机旋变的正弦、余弦、励磁电阻值。
2）检测驱动电机旋变信号屏蔽线路。
3）检测驱动电机余弦旋变信号线路。
4）检测驱动电机正弦旋变信号线路。
5）检测驱动电机励磁旋变信号线路。

任务实施

1. 检测电机旋变的正弦、余弦、励磁电阻值是否符合标准

（1）旋变励磁检测

1）操作起动开关使电源模式切换至 OFF 状态。

2）如图 4-65 所示,找到电机低压线束 BV13,并断开该插接器。

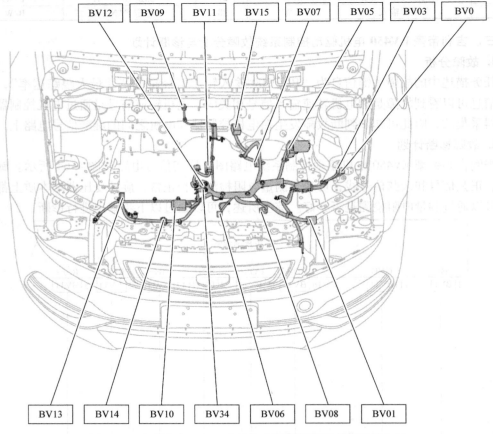

图 4-65　吉利帝豪 EV450 电机和电机控制器线束插接器位置

3）如图 4-66 所示,用万用表测量电机低压线束插接器 BV13 端子 11 和 12 之间的电阻是否符合标准,标准值为（9.5±1.5）Ω。

是:进行步骤 2。

否:参考维修手册拆装部分,更换驱动电机。

（2）按照同样的方法测量正弦电阻值　标准值为（13.5±1.5）Ω。

(3)按照同样的方法测量余弦电阻值 标准值为(14.5±1.5)Ω。

2. 检测驱动电机旋变信号屏蔽线路

1)操作起动开关使电源模式切换至 OFF 状态。

2)如图 4-65 所示,找到电机控制器插接器 BV11 并断开该插接器。

3)如图 4-67 所示,用万用表测量电机控制器线束插接器 BV11 的 1 和 11 号端子与车身搭铁之间的电阻,标准值为小于 1Ω。

4)确认测量值是否符合标准。

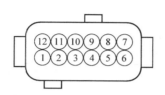

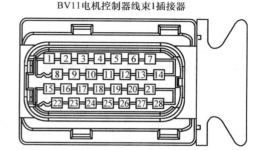

图 4-66 吉利帝豪 EV450 电机低压线束 BV13 端子图   图 4-67 吉利帝豪 EV450 电机控制器插接器

是:进行步骤 3。

否:修理或更换线束。

3. 检测驱动电机余弦旋变信号线路

1)操作起动开关使电源模式切换至 OFF 状态。

2)如图 4-65 所示,找到电机控制器线束插接器 BV11,并断开该插接器。

3)如图 4-65 所示,找到电机低压线束 BV13,并断开该插接器。

4)用万用表按表 4-14 依次进行测量。

表 4-14 电机余弦旋变信号线路检测表

测量位置 A	测量位置 B	测量标准值
BV13-7	BV11-16	标准电阻为小于 1Ω
BV13-8	BV11-23	
BV13-7	BV13-8	标准电阻为 10kΩ 或更高
BV13-7	车身搭铁	
BV13-8	车身搭铁	
BV13-7	车身搭铁	标准电压为 0V
BV13-8	车身搭铁	

5)确认测量值是否符合标准。

是:进行步骤 4。

否:修理或更换线束。

4. 检测驱动电机正弦旋变信号线路

1)和 3 同样的方法,用万用表按表 4-15 依次进行测量。

表 4-15 电机正弦旋变信号线路检测表

测量位置 A	测量位置 B	测量标准值
BV13 – 9	BV11 – 17	标准电阻为小于 1Ω
BV13 – 10	BV11 – 24	
BV13 – 9	BV13 – 10	
BV13 – 9	车身搭铁	标准电阻为 10kΩ 或更高
BV13 – 10	车身搭铁	
BV13 – 9	车身搭铁	标准电压为 0V
BV13 – 10	车身搭铁	

2）确认测量值是否符合标准。

是：进行步骤 5。

否：修理或更换线束。

5. 检测驱动电机励磁旋变信号线路

1）和 3 同样的方法，用万用表按表 4-16 依次进行测量。

表 4-16 电机励磁旋变信号线路检测表

测量位置 A	测量位置 B	测量标准值
BV13 – 11	BV11 – 17	标准电阻为小于 1Ω
BV13 – 12	BV11 – 24	
BV13 – 11	BV13 – 10	
BV13 – 11	车身搭铁	标准电阻为 10kΩ 或更高
BV13 – 12	车身搭铁	
BV13 – 11	车身搭铁	标准电压为 0V
BV13 – 10	车身搭铁	

2）确认测量值是否符合标准。

是：进行步骤 6。

否：修理或更换线束。

6. 更换电机控制器

1）操作起动开关使电源模式切换至 OFF 状态。

2）断开蓄电池负极电缆。

3）参考维修手册拆装部分，更换电机控制器。

4）诊断结束。

知识与能力拓展

吉利帝豪 EV450 电机驱动系统故障案例

1. 车辆故障现象

车辆行驶几百米以后仪表板上电机系统过热、功率限制警告灯（图 4-68）亮起，踩加速踏板无动力。

2. 故障诊断

用诊断仪读取故障信息（图 4-69），故障码为 P102904 电机控制器故障等级 1（限功率），P102c04 电机处于限功率状态，

图 4-68 故障警告灯

项目 4 　纯电动汽车结构原理与故障诊断

P112B00 DBC 过温检测，P0A9300 冷却液过温故障。

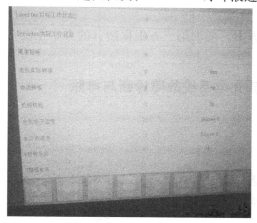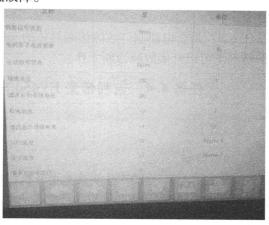

图 4-69 　故障数据信息

3. 检查步骤

1）目视检查。检查所有的管路，没有发现存在干瘪或扭曲的情况，管路均处于通畅状态。

2）加水观察水泵工作正常与否，检查水泵电源正常与否。实测水泵电源线束没有问题，水泵起动后不久就不工作了，短接继电器还是一样，只要给电就短暂运行，然后就不工作了，由此判断水泵工作不正常，更换水泵，问题解决。

强化练习

4S 店接到客户的一辆吉利帝豪 EV300 故障车，经确认故障现象如下为车辆无法起动，不能上电。点火开关置于 ON 位，仪表板上的以下故障警告灯亮起。

1）减速器故障警告灯。

2）电子稳定控制系统故障警告灯。

3）驻车系统故障警告灯。

读取电动系统故障码：

1）P 位控制单元（PCU）：

U010087：智能动力单元报文丢失。

2）电机控制器（PEU）：进不去。

3）电子驻车系统（EPB）：

U044286：VCU 节点存在无效信号。

4）整车控制系统（VCU）：

U34A882：电机控制器报文循环计数错误。

U34AB82：DC/DC 报文循环计数错误。

P102E02：电机转速信号错误。

P104404：车速 CAN 信号错误。

任务 1：根据以上故障现象和故障码，确定要检查的区域。

电动汽车结构原理与故障诊断 第2版

任务2：画出和故障相关的要检查区域的电路（简图），需要对系统之间的关联电路进行整合。

任务3：结合电路制订故障诊断具体的实施方案，要求第三方根据制订的方案在没有指导的情况下可以开展故障诊断工作。

任务4.4 吉利帝豪EV450车载充电系统故障诊断与排除

学习目标

1. 知识目标

1）掌握吉利帝豪EV450车载充电系统的组成与工作原理。

2）掌握吉利帝豪EV450车载充电系统和其他系统关联信号的作用。

2. 能力目标

1）能用故障诊断仪读取吉利帝豪EV450车载充电系统的车辆故障码，并通过查阅维修手册和电路图手册确定车辆故障区域。

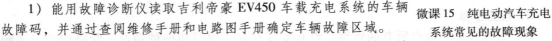

微课15 纯电动汽车充电系统常见的故障现象

2）能识读吉利帝豪EV450车载充电系统电路（原理）图，并能把实车和电路一一对应，在实车上识别出电路图中的熔丝、继电器、充电控制CC/CP线、充电插座温度信号线、充电状态LED信号线、充电插座照明电源线、充电口盖开关信号线、互锁线、通信数据线和各传感器等。

3）能根据维修手册中的相关标准值或波形对上述吉利帝豪EV450车载充电系统的电源电路、各个传感器信号电路和通信电路进行基本检测。

4）在具备以上能力的基础上，能针对吉利帝豪EV450车载充电系统故障现象按照现代故障诊断方法流程进行故障诊断与排除。

5）能明确、清晰和有条理地完成吉利帝豪EV450车载充电系统的故障诊断与排除记录。

3. 素养目标

任务实施方案需不断改进、不断完善、不断超越，培养"精益求精、一丝不苟"工匠精神，增强个人自信与专业自信。

任务描述

吉利帝豪EV450使用公共充电桩进行交流充电无法充电，连接故障诊断仪读取故障码，发现充电系统报"P1A841C CP在充电机的内部6V测试点电压异常。（S2关闭以后）"故障码。根据以上现象，作为一名维修人员，你将如何开展维修工作？

任务准备

一、吉利帝豪EV450车载充电系统组成与工作原理

1. 吉利帝豪EV450车载充电系统的组成

吉利帝豪EV450车载充电系统由直流充电口（带高压线束）、交流充电口（带高压线束）、交流充电插座、交流充电插头和车载充电机组成。其中，车载充电机和高压配电盒是集成在一起的，其内部连接关系如图 4-70 所示，图中 PCB 板部分为车载充电机电路板。本任务只讲解车载充电部分。

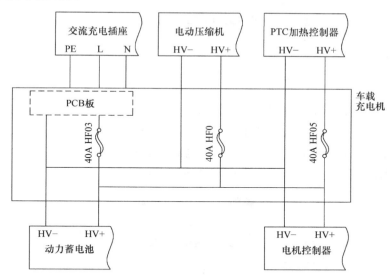

图 4-70　吉利帝豪 EV450 车载充电机和高压配电盒的内部连接关系

2. 吉利帝豪 EV450 车载充电系统的工作原理

吉利帝豪 EV450 车载充电系统所具有的功能见表 4-17。

表 4-17　吉利帝豪 EV450 车载充电系统所具有的功能

功能	说明
充电功能	通过家用插头和交流充电桩接入交流充电口，通过车载充电机将家用 220V 交流电转换为直流高压电给动力电池进行充电
保护功能	车载充电机具有保护功能，如搭铁、断电、短路、过电压欠电压、过电流、过热、低压输入反接等
冷却方式	车载充电机冷却方式为水冷，冷却液温度为 -40~85℃（65℃满功率），车载充电机应能正常工作
唤醒方式	充电机唤醒方式为 CC/CP/CAN 网络唤醒
CAN 通信	车载充电机与整车其他控制模块通过 CAN 通信进行交互，被动执行蓄电池管理系统的充电控制指令实现充电功能
互锁检测	车载充电机具备高压互锁检测功能，将充电机插接件互锁信号提供给整车检测
插座温度检测	车载充电机通过温度传感器检测交流充电插座的实时温度并上报给整车，实现交流插座过热保护功能
放电功能	将动力蓄电池直流电通过车载充电机转换为交流电，通过交流充电口利用放电插接器对外输出（不分车辆电源挡位）
加热功能	蓄电池包温度在 -20℃ 以下，车载充电机可以在蓄电池包吸合继电器之前，稳定地通过电加热器给蓄电池包加热。当蓄电池包温度达到 -18℃，蓄电池包继电器吸合，自动跳转至充电状态

（1）快充（直流高压充电）　直流充电设备接口连接到整车直流充电口，直流充电设备发送充电唤醒信号给蓄电池管理系统，蓄电池管理系统根据动力蓄电池的可充电功率向直流充电设备发送充电电流指令，同时蓄电池管理系统吸合系统高压正极继电器和高压负极继电器，动力蓄电池开始充电，4min 可充电 80%。直流高压充电能量传递路线如图 4-71 所示。

图 4-71　直流高压充电能量传递路线

（2）慢充（交流高压充电）　当车辆处于交流充电模式下，车载充电机检测交流充电接口的 CC、CP 信号（充电枪插入、导通信号）并唤醒蓄电池管理系统，蓄电池管理系统唤醒车载充电机并发送指令充电，同时闭合主继电器，动力蓄电池开始充电，预估 13～14h 可充满。交流高压充电能量传递路线如图 4-72 所示。

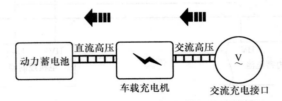

图 4-72　交流高压充电能量传递路线

（3）充电锁功能（暂无此功能）　为防止车辆充电过程中充电枪丢失，车辆具有充电锁功能。如图 4-73 所示，充电枪插入充电接口后，只要驾驶人按下智能钥匙闭锁按钮，充电枪防盗功能即开启，BCM 收到智能钥匙的闭锁信号后通过 CAN 总线将该信号传递到车载充电机，车载充电机将控制充电枪锁止电机锁止充电枪，此时无法拔出充电枪。如果要拔出充电枪，需先按下智能钥匙解锁按钮，然后才能解锁充电枪。

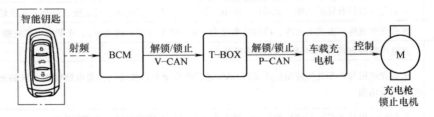

图 4-73　充电锁原理

（4）低压充电　高压上电前，低压电路系统依赖 12V 蓄电池供电，如图 4-74 所示，当高压上电后，电机控制器将动力蓄电池的高压直流电转换成低压直流电为 12V 蓄电池充电。

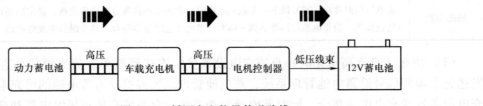

图 4-74　低压充电能量传递路线

（5）智能充电 长期停放的车辆容易造成12V蓄电池馈电，当12V蓄电池严重馈电时，会导致车辆无法起动上电。为避免这一问题，本车具有智能充电功能，如图4-75所示，在车辆停放过程中VCU将持续对蓄电池电压进行监控，当电压低于设定值时，VCU将唤醒蓄电池管理系统，同时也将控制电机控制器通过DC-DC转换器对12V蓄电池进行充电，防止12V蓄电池馈电。

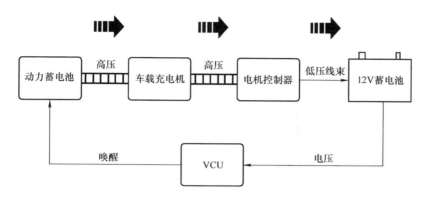

图4-75 智能充电原理

（6）制动能量回收 能量回收系统是在车辆滑行或制动过程中，驱动电机从驱动状态转变成发电状态，将车辆的动能转换为电能储存在动力蓄电池中，VCU根据当前动力蓄电池状态和制动踏板位置信号计算能量回收转矩并发送指令给电机控制器，从而启动能量回收。制动能量回收传递路线与能量消耗相反，如图4-76所示。制动能量回收过程中，电机消耗车轮旋转的动能而发出交流电再输出给电机控制器，电机控制器将交流电转换成直流电给动力电池充电。

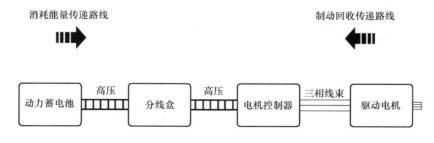

图4-76 制动能量回收能量传递路线

二、吉利帝豪EV450车载充电系统电路识读

1. 吉利帝豪EV450车载充电系统的电气原理图

吉利帝豪EV450车载充电系统电气原理图如图4-77所示，由直流快充、交流慢充和低压充电三部分组成。因为直流充电是直接连接至动力蓄电池的，所以相关充电控制信号由动力蓄电池管理系统处理，相关电路可以参考任务4.2的内容。低压充电通过DC/DC变换器实现，由于DC/DC变换器是集成在电机控制器里面的，相关电路可以参考任务4.3的内容。

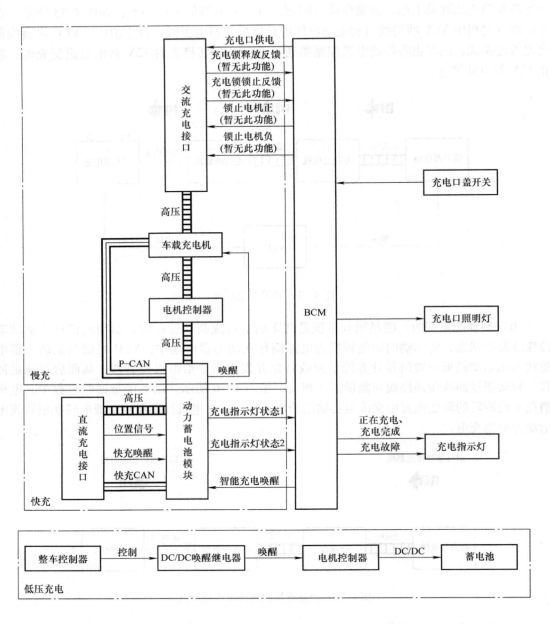

图 4-77 吉利帝豪 EV450 车载充电系统电气原理图（此图维修手册有问题）

2. 吉利帝豪 EV450 车载充电系统电路图

吉利帝豪 EV450 车载充电系统的实车电路图如图 4-78 和图 4-79 所示。吉利帝豪 EV450 车载充电系统的低压线束插接器主要由 BV10 组成，其端子图如图 4-80 所示，每个端子定义见表 4-18。

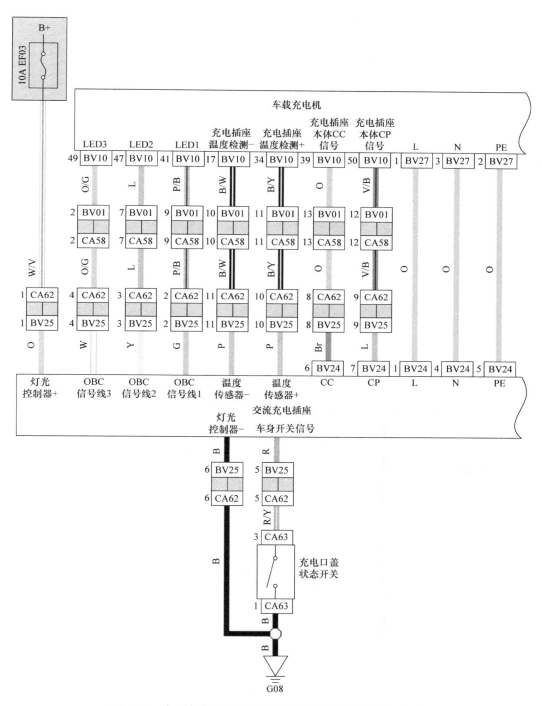

图 4-78 吉利帝豪 EV450 车载充电系统的实车电路图（一）

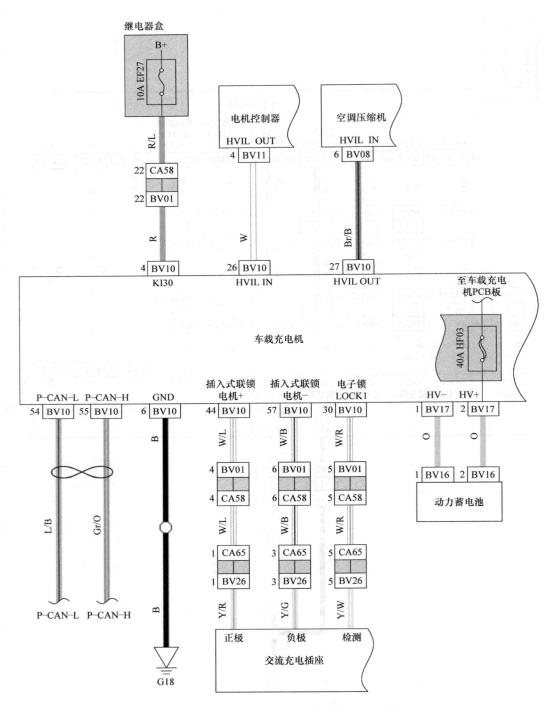

图 4-79 吉利帝豪 EV450 车载充电系统的实车电路图（二）

项目 4　纯电动汽车结构原理与故障诊断

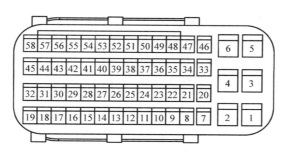

图 4-80　吉利帝豪 EV450 车载充电机低压线束端子

表 4-18　吉利帝豪 EV450 车载充电机低压线束端子定义

端子号	端子定义	颜色
4	KL30	R
6	搭铁	B
17	充电口温度检测 1 地	B/W
19	唤醒	0.5Y/B
26	高压互锁（入）	W
27	高压互锁（出）	Br/B
30	电子锁状态	W/R
34	充电口温度检测 1	B/Y
39	CC 信号检测	O
41	对应灯具 2 脚	P/B
44	电子锁正极	W/L
47	对应灯具 3 脚	L
49	对应灯具 4 脚	O/G
50	CP 信号检测	V/B
54	CAN－L	L/B
55	CAN－H	Gr/O
57	电子锁负极	W/B
其余	空	空

三、吉利帝豪 EV450 车载充电系统故障分析与诊断计划

1. 故障分析

任务描述中的故障现象为无法充电，故障码信息为"P1A841C CP 在充电机的内部 6V 测试点电压异常（S2 关闭以后）"，由于该车使用公共充电桩进行充电，可快速排除充电桩的问题，同时车载充电系统中的故障码也指向车载充电机内部问题，初步判断是车载充电机硬件问题。由于车载充电机硬件本身无法直接检测，需要对保证车载充电系统正常工作的电源电路进行检测，如果没有问题，更换车载充电机即可。

2. 故障诊断计划

查阅吉利帝豪 EV450 车载充电机电路图，其电源电路如图 4-81 所示，从中可以看出车载充电机电源电路只有常电线和搭铁线。综上所述，本任务描述中的故障可以按以下步骤进行诊断。

1）检查车载充电机常电熔丝 EF27。
2）检查车载充电机线束插接器常电端（端子电压）。
3）检查车载充电机线束插接器（接地端子导通性）。
4）如果以上部件都正常，则应更换车载充电机。

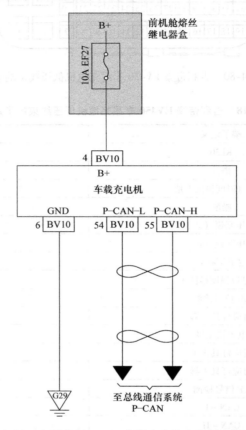

图 4-81　吉利帝豪 EV450 车载充电机电路图电源电路

任务实施

1. 检查熔丝 EF27 是否熔断

图 4-82 所示为前机舱熔丝继电器盒，打开熔丝继电器盒盖，找到 EF27，用万用表测试其是否熔断。

是：更换熔丝。

否：进行步骤 2。

2. 检查车载充电机线束插接器常电端（端子电压）

1）操作起动开关使电源模式切换至 OFF 状态。

2）按图 4-83 找到车载充电机线束插接器 BV10 并断开。

3）如图 4-84 所示，测量车载充电机线束插接器 BV10 端子 4 对车身搭铁的电压，标准值为 11～14V。

项目4 纯电动汽车结构原理与故障诊断

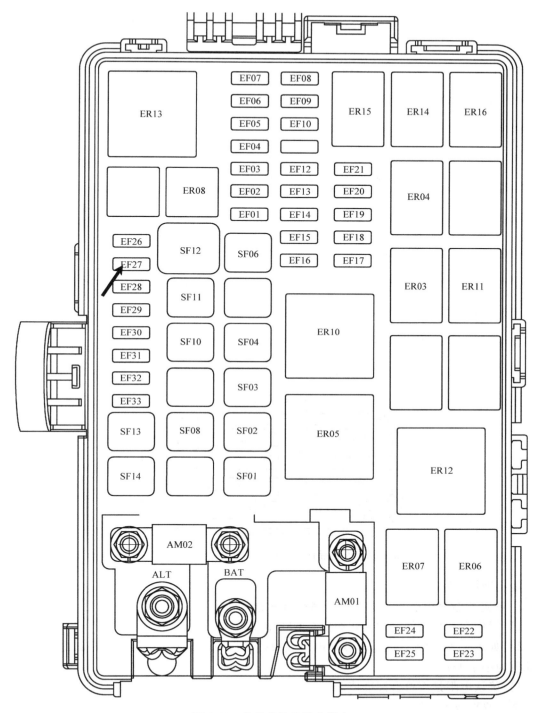

图 4-82 前机舱熔丝继电器盒

4）确认电压是否符合标准值。

否：修理或更换线束。

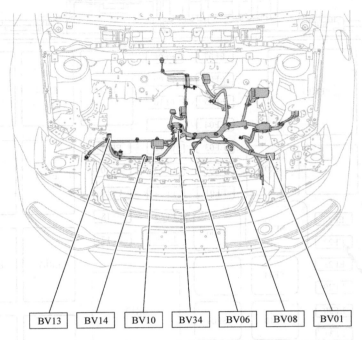

图 4-83　吉利帝豪 EV450 车载充电机线束插接器 BV10 位置

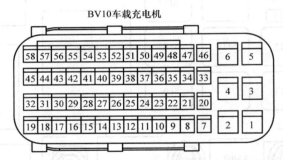

图 4-84　吉利帝豪 EV450 车载充电机 BV10 端子图

是：进行步骤 3。

3. 检查车载充电机线束插接器（搭铁端子导通性）

1）操作起动开关使电源模式切换至 OFF 状态。

2）如图 4-84 所示，测量车载充电机线束插接器 BV10 端子 6 与车身搭铁之间的电阻，标准值为小于 1Ω。

3）确认电阻是否符合标准值。

否：修理或更换线束。

是：进行步骤 4。

4. 更换车载充电机

1）参考维修手册拆装部分，更换车载充电机。

2）确认功能是否正常。

项目4 纯电动汽车结构原理与故障诊断

知识与能力拓展

吉利帝豪 EV450 车载充电系统故障案例

1. 故障现象

一辆吉利帝豪 EV450 行驶里程为 369km,用户反映交流慢充不充电。

2. 故障诊断

1) 连接充电枪确认故障,仪表板显示不充电。

2) 连接故障诊断仪读取故障信息,车载充电机报 P1A8898 交路插座过温关机。根据故障码分析,当插入交流充电枪时,交流充电底座温度传感器误检测到充电口温度过高,控制 OBC 充电机紧急关闭不允许充电,导致车辆无法充电,初步判断为温度传感器故障。

3) 为确定判断正确,测量温度传感器电阻,为 0~293Ω(正常阻值为 20~92kΩ)。

3. 故障排除

更换交流充电底座,故障排除。

强化练习

某 4S 店接到客户的一辆吉利帝豪 EV300 故障车,经确认故障现象为车辆高压电上电成功,但挂不上挡,冷却系统不工作。点火开关置于 ON 位,仪表板上的以下故障警告灯亮起。

1) 减速器故障警告灯。

2) 驻车系统故障警告灯。

读取电动系统故障码:

1) P 位控制单元【在电路图中为 TCU】:进不去。

2) 整车控制系统(VCU):

故障码	描述
P100511	VCU 给出的 T-Lock 使能硬线错误对搭铁短路或开路
P100811	高速风扇,VCU 控制的信号对搭铁短路或开路
P100911	低速风扇,VCU 控制的信号对搭铁短路或开路
P100A11	电机冷却水泵使能,VCU 控制的信号对电源短路
P100A12	电机冷却水泵使能,VCU 控制的信号对搭铁短路或开路
U017687	与驻车锁动力控制单元通信丢失

3) 电子驻车系统(EPB):

故障码为 U044286——VCU 节点存在无效信号。

任务 1:根据以上故障现象和故障码,确定要检查的区域。

任务 2:画出和故障相关的要检查区域的电路简图,需要对系统之间的关联电路进行整合。

任务 3:结合电路制订故障诊断具体的实施方案,要求第三方根据制订的方案在没有指导的情况下可以开展故障诊断工作。

参 考 文 献

［1］陈黎明，王小晋. 电动汽车结构原理与故障诊断［M］. 北京：机械工业出版社，2017.
［2］中国汽车工程学会. 节能与新能源汽车技术路线图年度评估报告 2019［M］. 北京：机械工业出版社，2020.
［3］邹国棠. 电动汽车电机及驱动：设计、分析和应用［M］. 北京：机械工业出版社，2018.
［4］朱军. 新能源汽车动力系统控制原理及应用［M］. 上海：上海科学技术出版社，2013.
［5］王志福，张承宁，等. 电动汽车电驱动理论与设计［M］. 北京：机械工业出版社，2012.
［6］赵航，史广奎. 混合动力电动汽车技术［M］. 北京：机械工业出版社，2012.
［7］谭晓军. 电动汽车智能电池管理系统技术［M］. 北京：机械工业出版社，2019.
［8］中国汽车技术研究中心有限公司，北京国能赢创能源信息技术有限公司. 2019 节能与新能源汽车年鉴［M］. 北京：中国铁道出版社，2019.
［9］瑞佩尔. 新能源汽车结构与原理［M］. 北京：化学工业出版社，2019.

电动汽车结构原理与故障诊断
第 2 版

实训工作手册

主编 陈黎明 冯亚朋

机械工业出版社

目 录

项目 1 电动汽车基础与共性技术 1

    任务 1.1 电动汽车认知 1

    任务 1.2 电动汽车故障诊断安全操作 5

    任务 1.3 电动汽车高压部件（系统）技术 7

项目 2 混合动力汽车结构原理与故障诊断 11

    任务 2.1 通用 BAS 轻度混合动力系统 11

    任务 2.2 奥迪 Q5 Hybrid 中度混合动力系统 15

    任务 2.3 丰田普锐斯重度混合动力系统 19

    任务 2.4 丰田普锐斯动力蓄电池系统故障诊断与排除 23

    任务 2.5 丰田普锐斯电机驱动控制（DC/DC）系统故障诊断与排除 29

项目 3 插电式混合动力汽车结构原理与故障诊断 35

    任务 3.1 宝马 X5 xDrive40e 插电混合动力系统 35

    任务 3.2 宝马 X5 xDrive40e 插电混合动力系统故障诊断 41

    任务 3.3 比亚迪秦 PHEV 插电混合动力系统 43

    任务 3.4 比亚迪秦 PHEV 插电混合动力系统故障诊断 47

项目 4 纯电动汽车结构原理与故障诊断 53

    任务 4.1 吉利帝豪 EV450 电动系统总体认知与故障诊断工具使用 53

    任务 4.2 吉利帝豪 EV450 动力蓄电池系统故障诊断与排除 59

    任务 4.3 吉利帝豪 EV450 电机驱动控制系统故障诊断与排除 ... 63

    任务 4.4 吉利帝豪 EV450 车载充电系统故障诊断与排除 69

项目 1

电动汽车基础与共性技术

任务 1.1　电动汽车认知

个人信息
日期：＿＿＿＿年＿＿＿＿月＿＿＿＿日　班级：＿＿＿＿＿　姓名：＿＿＿＿＿　学号：＿＿＿＿＿
一、任务描述
客户打算买一辆新能源汽车，初步了解市场上有纯电动汽车、插电式混合动力汽车、双擎混合动力汽车等很多类型，不知道如何选择。作为汽车经销商的一名技术人员，应该熟悉各种类型的新能源汽车。你将如何向客户介绍？
二、任务准备
1. 简述新能源汽车的分类。　　　　　　　　　　　　　配分（　　　）得分（　　　）
2. 简述电动汽车的分类。　　　　　　　　　　　　　　配分（　　　）得分（　　　）
3. 简述混合动力汽车的分类。　　　　　　　　　　　　配分（　　　）得分（　　　）

4. 目前哪种混合动力汽车技术种类是主流，谈谈它们的技术特点。	配分（　　）	得分（　　）

三、故障诊断任务实施

1. 注意事项。

　1）本任务不需要进行电路检测和电动系统部件拆装，严禁接触前机舱内的任何部件，只需观察实车完成电动汽车种类认知，并记录相关信息即可。

　2）在完成本任务期间，在没有老师的同意下，严禁和本任务无关的操作，例如起动车辆、拉动车辆变速杆、转动转向盘、开关车灯、按动喇叭等。

2. 设备与工具清单。

名称	数量	名称	数量
纯电动汽车	1辆	混合动力汽车	1辆
插电混合动力电动汽车	1辆	其他	

3. 任务实施记录。

　1）电动汽车认知。　　　　　配分（　　）得分（　　）

序号	车辆名称	种类	判断依据
1			
2			
3			

2）就上述车型，选择一款向客户推荐，从技术特点的角度向客户说出你的推荐理由。	配分（　　）	得分（　　）
总分	配分（　　）	得分（　　）

四、任务实施评价

是否达到学习目标。	是	否
能对当下市场上主流的电动汽车进行分类，并在不同种类的电动汽车之间进行技术特点比较。		
教师总评：		

任务1.2 电动汽车故障诊断安全操作

个人信息
日期：_____年_____月_____日　班级：_____　姓名：_____　学号：_____

一、任务描述

众所周知，电动汽车内部含有高压部件，在对电动汽车进行故障诊断时难免会接触到这些高压部件，如果没有做好防护措施，会给维修人员带来安全隐患，甚至是生命危险。作为一名汽车经销商的售后服务工作人员，你该如何进行电动汽车安全操作以确保在进行故障诊断时没有高压触电的危险？

二、任务准备

简述电动汽车故障诊断防护用品的种类及其作用。	配分（　）	得分（　）

三、故障诊断任务实施

1. 注意事项。

请严格遵守教材任务1.2中的"电动汽车安全故障诊断操作"和"电动汽车故障诊断注意事项"。

2. 设备与工具清单。

名称	数量	名称	数量
维修手册、电路图手册等资料	1套	600V绝缘手套、绝缘鞋、防护眼镜等	1套
万用表	1台	手套、抹布、电工胶布等	1套
绝缘拆装工具	1套	吉利帝豪EV450电动汽车	1辆
多媒体电视	1台		

3. 任务实施记录。

在下表中完成电动汽车故障诊断安全操作流程。　　配分（　　）得分（　　）

顺序	事项	操作
1		
2		
3		
4		
5		
6		
7		

总分	配分（　　）得分（　　）

四、任务实施评价

是否达到学习目标。	是	否
能依据国家相关标准要求，结合厂家维修资料，严格执行高压作业安全规定，对绝缘防护用品和工具进行基本检查，并在进行故障诊断前对电动汽车进行安全操作。		

教师总评：

任务1.3　电动汽车高压部件（系统）技术

个人信息
日期：_____年_____月_____日　班级：_____　姓名：_____　学号：_____

一、任务描述

在整车结构上，电动汽车和传统内燃机汽车相比有相同的地方，也有不同的地方，不同的地方主要集中在电动（混动）系统的高压部件上，这些高压部件在不同种类的电动汽车也有差异。作为汽车经销商的一名技术人员，你能结合某款电动汽车描述清楚其高压部件吗？

二、任务准备

1. 简述电动汽车高压部件的组成与功用。	配分（　）	得分（　）

2. 简述电动汽车BMS的组成与功能。	配分（　）	得分（　）

3. 简述电机控制器的功能。	配分（　）	得分（　）

4. 简述交流充电控制系统中CC/CP线的作用。	配分（　）	得分（　）

5. 简述并联和串联再生制动的区别。　　　　　　　　　　配分（　　）得分（　　）

三、故障诊断任务实施

1. 注意事项。

　　1）本任务不需要进行电路检测和电动系统部件拆装，严禁接触前机舱内的任何部件，只需观察实车完成电动汽车高压部件认知，并记录相关信息即可。

　　2）在完成本任务期间，在没有老师的同意下，严禁和本任务无关的操作，例如起动车辆、拉动车辆变速杆、转动转向盘、开关车辆或者室内照明灯、按动喇叭等。

2. 设备与工具清单。

名称	数量	名称	数量
纯电动汽车	1辆	混合动力电动汽车	1辆
插电混合动力电动汽车	1辆	其他	

3. 任务实施记录。

　　1）完成电动汽车高压部件识别，并在下表中记录。　　配分（　　）得分（　　）

车辆名称		电动汽车类型	
序号	高压部件名称	功用	

2）以能量流的方式画出上述高压部件之间的连接关系，要求标出能量流向和类型。	配分（　　）	得分（　　）
总分	配分（　　）	得分（　　）

四、任务实施评价

是否达到学习目标。	是	否
1. 能识别典型电动汽车的高压部件，包括高压线、动力蓄电池、高压配电箱、车载充电器、驱动电机控制总成、DC/DC 变换器、电动压缩机总成、电加热 PTC 等。		
2. 能以能量流的方式画出电动汽车高压部件之间的连接关系。		
教师总评：		

项目 2

混合动力汽车结构原理与故障诊断

任务 2.1　通用 BAS 轻度混合动力系统

个人信息
日期：＿＿＿年＿＿＿月＿＿＿日　班级：＿＿＿　姓名：＿＿＿　学号：＿＿＿
一、任务描述
BSG 电机的轻度混动系统技术方案没有技术壁垒，结构简单，成本低，又有一定的节油效果，是现阶段比较占据优势的一个过渡产品，在未来一段时间内将保持较快增长。作为汽车经销商的一名技术人员，你能从节油的角度描述清楚它是如何运行的吗？
二、任务准备

1. 名词解释。	配分（　　）	得分（　　）
BAS： BSG： 智能起停：		

2. 在下图中标出混合动力系统各个部件的名称和功用。 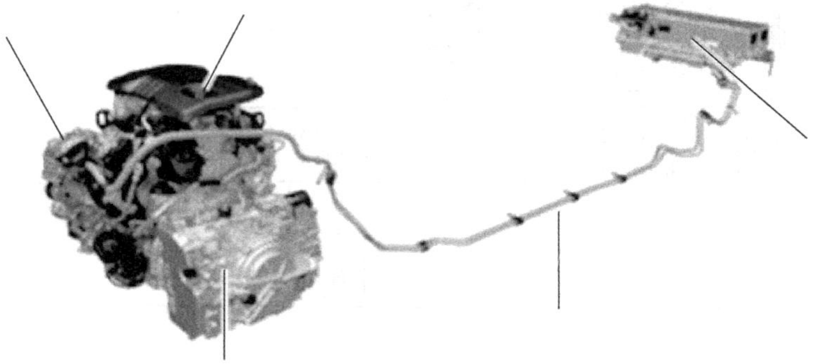	配分（　　）	得分（　　）

3. 简述各个工况的运行原理,并在能量图中画出能量流向。配分( ) 得分( )

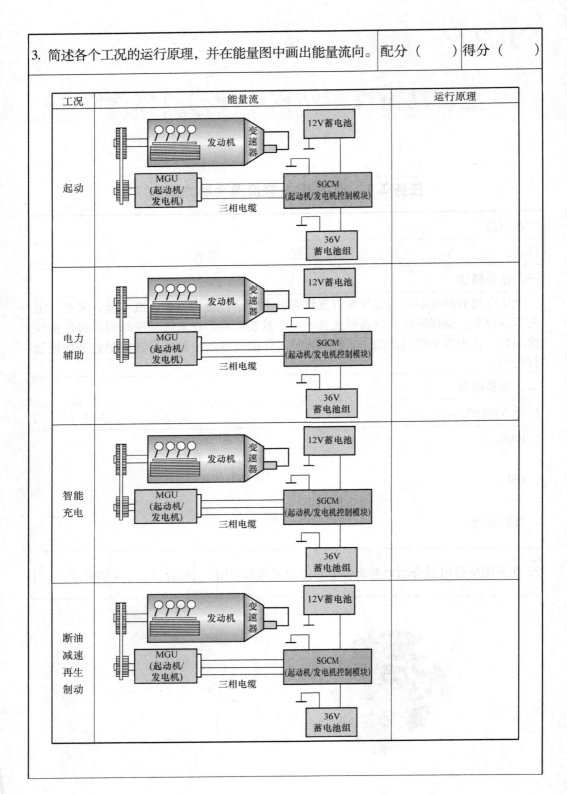

三、故障诊断任务实施

1. 注意事项。

   注意时效性，要求选取当下在售车型。

2. 设备与工具清单。

   无。

3. 任务实施记录。

   1）在下表中列出你所收集的在售轻混车型，并写出判断理由。　配分（　　）得分（　　）

序号	品牌车型	判断理由
1		
2		
3		
4		
5		

   2）选取一款车型，描述其混合动力系统的组成与运行原理。　配分（　　）得分（　　）

   ① 以能量流的方式画出该车型混合动力系统的组成。

   ② 叙述该车型混合动力系统是如何运行的。

总分	配分（　　）	得分（　　）

四、任务实施评价

是否达到学习目标。	是	否
1. 能以能量流的方式画出通用 BAS 轻度混合动力系统的组成。		
2. 能通过自主查阅资料，收集市场上的其他轻混车型并能将本节所学知识扩展到其他车型，阐述这些车型的混合动力系统组成与原理。		
教师总评：		

任务 2.2　奥迪 Q5 Hybrid 中度混合动力系统

个人信息
日期：＿＿＿年＿＿＿月＿＿＿日　班级：＿＿＿＿　姓名：＿＿＿＿　学号：＿＿＿＿

一、任务描述

P2 架构的中度混合动力系统，技术上较容易实现，又能保持变速器生产线不用做大的调整，可充分发挥传统汽车厂商的优势，初期投资低，节油效果又优于轻混系统，因此该技术方案也被广泛应用，在德系品牌中最为常见。作为经销商的一名技术人员，你能从节油的角度描述清楚它是如何运行的吗？

二、任务准备

1. 在下图中按照电机安装位置的不同进行混合动力的分类。　　配分（　　）得分（　　）

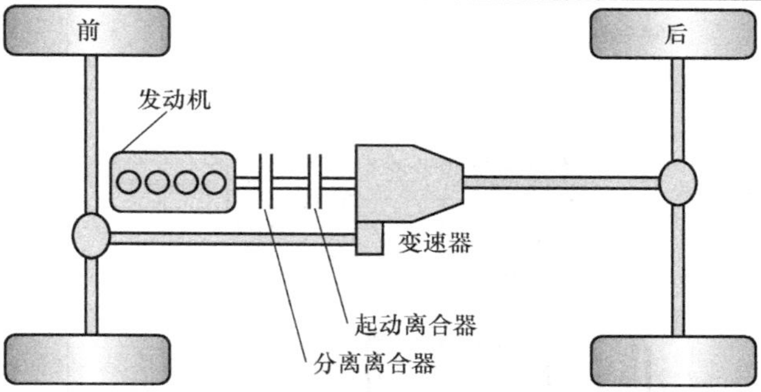

（图：前后轮示意图，标注有发动机、变速器、起动离合器、分离离合器）

2. 在下图中标出混合动力系统各个部件的名称和功用。　　配分（　　）得分（　　）

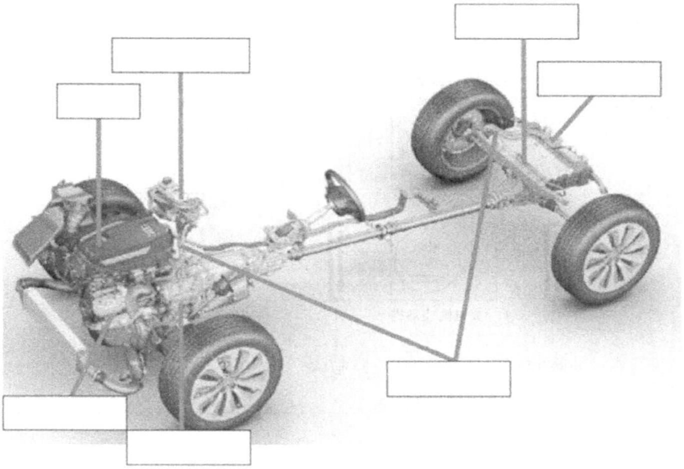

（图：汽车底盘混合动力系统结构图）

3. 简述各个工况的运行原理,并在能量图中画出能量流向。　　配分（　　）得分（　　）

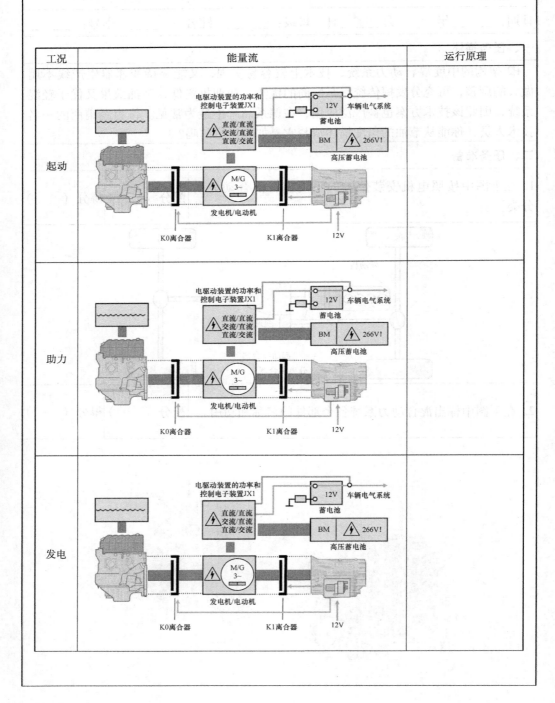

(续)

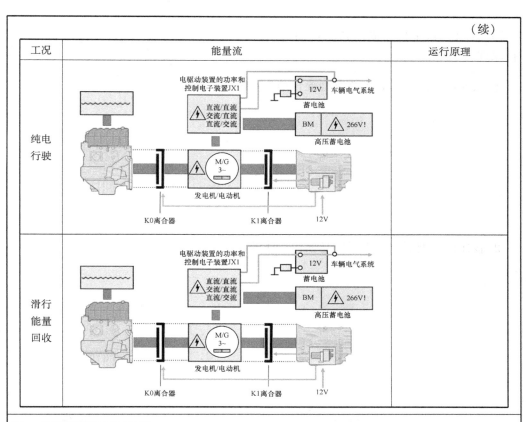

三、故障诊断任务实施

1. 注意事项。

注意时效性,要求选取当下在售车型。

2. 设备与工具清单。

无。

3. 任务实施记录。

1)在下表中列出你所收集的在售中混车型,并写出判断理由。　配分(　　)得分(　　)

序号	品牌车型	判断理由
1		
2		
3		
4		
5		

17

2）选取一款车型，描述其混合动力系统的组成与运行原理。	配分（　　）	得分（　　）

① 以能量流的方式画出该车型混合动力系统的组成。

② 叙述该车型混合动力系统是如何运作的？

总分	配分（　　）	得分（　　）

四、任务实施评价

是否达到学习目标。	是	否
1. 能以能量流的方式画出 Q5 Hybrid 中度混合动力系统的组成。		
2. 能通过自主查阅资料收集市场上的其他中混车型并能将本节所学知识扩展到其他车型，阐述这些车型的混合动力系统组成与原理。		
教师总评：		

任务 2.3　丰田普锐斯重度混合动力系统

个人信息
日期：_____年_____月_____日　班级：_____　姓名：_____　学号：_____

一、任务描述

　　PS 架构的重度混合动力系统，能够通过电机更多自由度地调节转矩和转速，让发动机尽可能地工作在高效区间，实现效率最优、动力最优。作为汽车经销商的一名技术人员，你能从节油的角度描述清楚它是如何运行的吗？

二、任务准备

1. 在下图中标出混合动力系统各个部件的名称和功用。　　配分（　　）得分（　　）

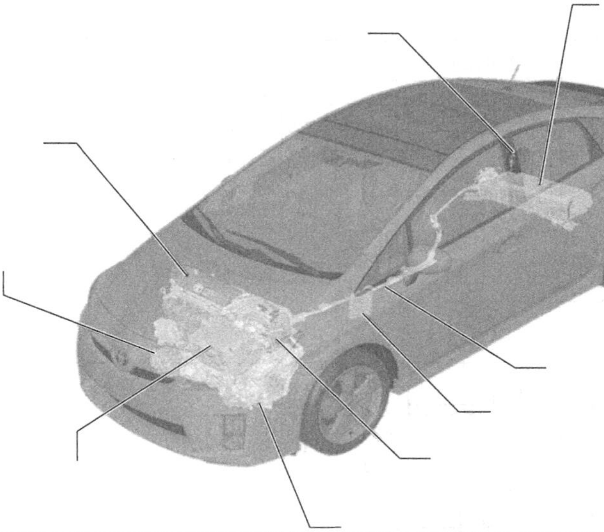

2. 以能量流的方式画出普锐斯混合动力系统，要求标出能量流向、高压部件名称。　　配分（　　）得分（　　）

3. 标出图中各个部件的名称与功用。　　　　配分（　　　）得分（　　　）

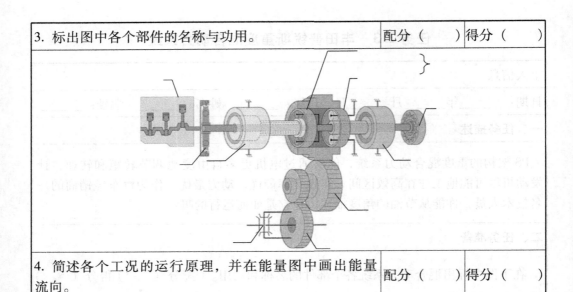

4. 简述各个工况的运行原理，并在能量图中画出能量流向。　　配分（　　　）得分（　　　）

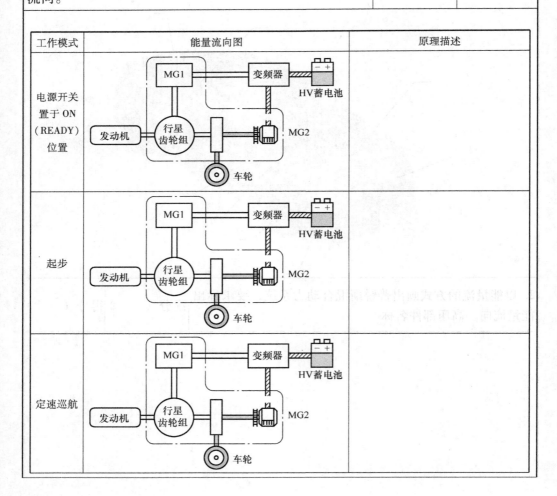

工作模式	能量流向图	原理描述
电源开关置于 ON（READY）位置		
起步		
定速巡航		

（续）

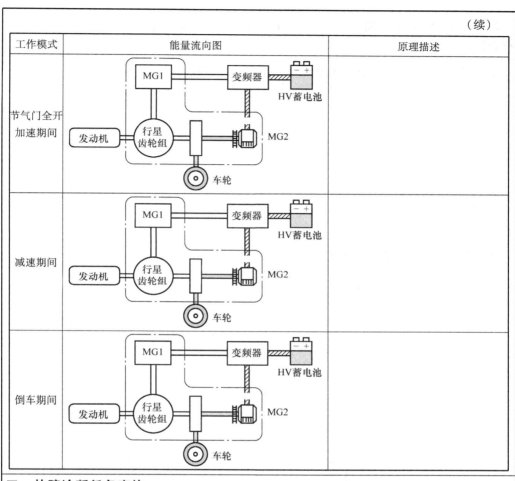

三、故障诊断任务实施

1. 注意事项。

   注意时效性，要求选取当下在售车型。

2. 设备与工具清单。

   无。

3. 任务实施记录。

   1）在下表中列出你所收集的在售重混车型，并写出判断理由。　配分（　　）得分（　　）

序号	品牌车型	判断理由
1		
2		
3		

21

2）选取一款车型，描述其混合动力系统的组成与运行原理。	配分（　　）	得分（　　）
① 以能量流的方式画出该车型混合动力系统的组成。 ② 叙述该车型混合动力系统是如何运作的。		
总分	配分（　　）	得分（　　）

四、任务实施评价

是否达到学习目标。	是	否
1. 能以能量流的方式画出丰田普锐斯重度混合动力系统的组成。		
2. 能通过自主查阅资料收集市场上的其他重混合动力车型并能将本节所学知识扩展到其他车型，阐述这些车型的混合动力系统组成与原理。		
教师总评：		

任务 2.4　丰田普锐斯动力蓄电池系统故障诊断与排除

个人信息			
日期：____年____月____日　班级：_____　姓名：_____　学号：_____			

一、任务描述

　　丰田普锐斯不能上高压电，READY 灯不亮，仪表亮混合动力系统故障警告灯，连接故障诊断仪读取故障码，发现混合动力控制系统报"P0A0D－高压系统互锁电路电压高"故障码。根据以上现象，作为一名汽车经销商的维修人员，你将如何开展维修工作？

二、任务准备

1. 在图中标出各个电器元件名称（代号）。　　配分（　　）　得分（　　）

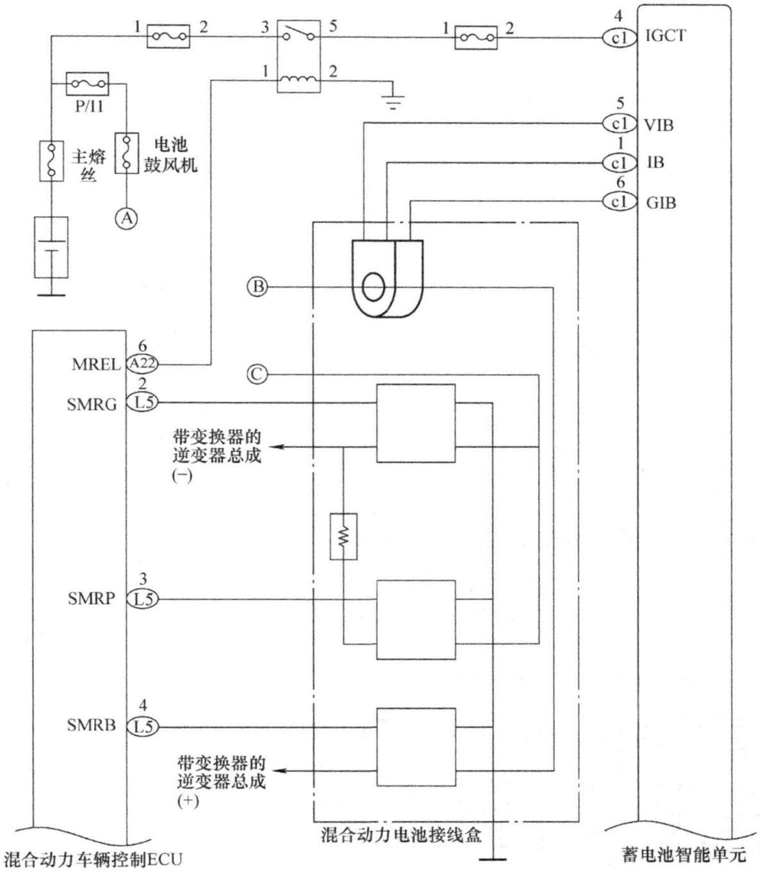

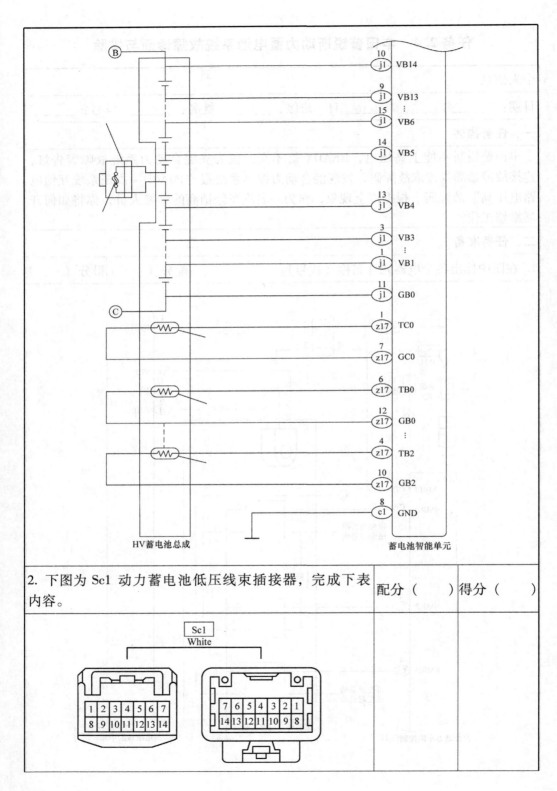

2. 下图为 Sc1 动力蓄电池低压线束插接器，完成下表内容。 配分（　　　） 得分（　　　）

端子号	端子定义	颜色
1		
2		
3		
4		
5		
6		
7		
8		
9		
10		
11		
12		
13		
14		

三、故障诊断任务实施

1. 注意事项。

在实施故障诊断任务之前，请务必阅读并遵守教材任务 1.2 中的"电动汽车安全故障诊断操作"和"电动汽车故障诊断注意事项"。

2. 设备与工具清单。

名称	数量	名称	数量
维修手册、电路图手册等资料	1套	600V绝缘手套、绝缘靴、防护眼镜等	1套
万用表	1台	手套、抹布、电工胶布等	1套
绝缘拆装工具	1套	丰田普锐斯（ZVW30）	1辆
故障诊断仪	1套	多媒体电视	1台

3. 任务实施记录。

1) 车辆信息与车辆基本检查。

记录内容			配分	得分
记录车辆信息		品牌		
		VIN		
车辆基本检查		辅助蓄电池电压：_____ V ● 正常　　● 异常		
		高压部件安装及插接器连接情况： ● 正常　　● 异常		
故障现象记录				
读取与本故障相关的主要故障码				
记录与本故障相关的主要数据流				
分析故障范围				

2）故障诊断过程记录。

步骤	诊断对象及检测项目	测量结果分析与下一次诊断对象	配分	得分
		测量结果分析： 下一次诊断对象：		
		测量结果分析： 下一次诊断对象：		
		测量结果分析： 下一次诊断对象：		
		测量结果分析： 下一次诊断对象：		
		测量结果分析： 下一次诊断对象：		
		测量结果分析： 下一次诊断对象：		
故障点确认：				
绘制围绕故障点的电路简图：				
		总分		

四、任务实施评价		
是否达到学习目标。	是	否
1. 能用故障诊断仪读取丰田普锐斯动力蓄电池系统的车辆故障码，并通过查阅维修手册和电路图手册，确定车辆故障区域。		
2. 能识读丰田普锐斯动力蓄电池系统电路（原理）图，并能把实车和电路一一对应，在实车上识别出电路图中的熔丝、继电器、互锁线、通信电路、风扇控制电路、高压继电器控制电路和各传感器等。		
3. 能根据维修手册中的相关标准值或波形对上述丰田普锐斯动力蓄电池系统的电源电路、各个传感器信号电路和通信电路进行基本检测。		
4. 在具备以上能力的基础上，能针对丰田普锐斯动力蓄电池系统故障现象按照现代故障诊断方法和流程进行故障诊断与排除。		
5. 能明确、清晰和有条理地完成丰田普锐斯动力蓄电池系统故障诊断与排除记录。		
教师总评：		

任务 2.5　丰田普锐斯电机驱动控制（DC/DC）系统故障诊断与排除

个人信息

日期：＿＿＿＿年＿＿＿＿月＿＿＿＿日　班级：＿＿＿＿＿　姓名：＿＿＿＿＿　学号：＿＿＿＿＿

一、任务描述

丰田普锐斯没有明显的故障现象，车辆可以正常起动，仪表板混合动力系统故障警告灯亮起，读取故障码，车辆混合动力系统报"P0A08 DC/DC 变换器状态电路"。根据以上现象，作为一名汽车经销商的维修人员，你将如何开展维修工作？

二、任务准备

1. 下图为电机驱动系统的电气原理图，在图中标出各个电器元件的名称（代号）。　　配分（　　）得分（　　）

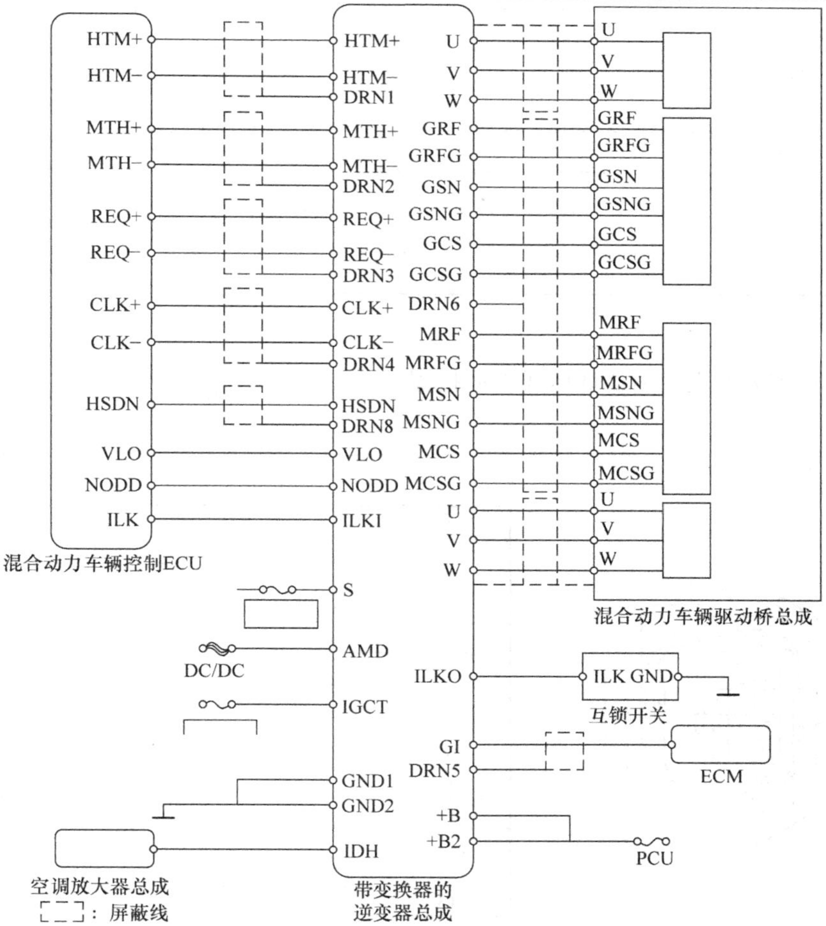

2. 下图为 A59 电机控制器低压线束插接器端子图，完成下表。 配分（　　）得分（　　）

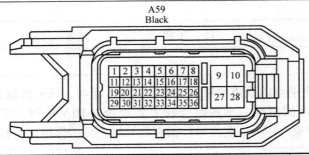

端子号	端子定义	颜色
1		
7		
8		
11		
12		
13		
15		
16		
17		
35		

3. 下图为 D29 电机控制器低压线束插接器的端子图，完成下表。 配分（　　）得分（　　）

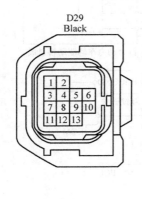

端子号	端子定义	颜色
1		
2		
3		
4		
5		
6	—	—
7	—	—
8	—	—
9	—	—
10		
11		
12		
13		

三、故障诊断任务实施

1. 注意事项。

在实施故障诊断任务之前,请务必阅读并遵守教材任务 1.2 中的"电动汽车安全故障诊断操作"和"电动汽车故障诊断注意事项"。

2. 设备与工具清单。

名称	数量	名称	数量
维修手册、电路图手册等资料	1 套	600V 绝缘手套、绝缘靴、防护眼镜等	1 套
万用表	1 台	手套、抹布、电工胶布等	1 套
绝缘拆装工具	1 套	丰田普锐斯(ZVW30)	1 辆
故障诊断仪	1 套	多媒体电视	1 台

3. 任务实施记录。

1)车辆信息与车辆基本检查。

记录内容			配分	得分
记录车辆信息	品牌			
	VIN			
车辆基本检查	辅助蓄电池电压:_____ V ● 正常　　● 异常			
	高压部件安装及插接器连接情况: ● 正常　　● 异常			
故障现象记录				
读取与本故障相关的主要故障码				
记录与本故障相关的主要数据流				
分析故障范围				

2）故障诊断过程记录。

步骤	诊断对象及检测项目	测量结果分析与下一次诊断对象	配分	得分
		测量结果分析： 下一次诊断对象：		
		测量结果分析： 下一次诊断对象：		
		测量结果分析： 下一次诊断对象：		
		测量结果分析： 下一次诊断对象：		
		测量结果分析： 下一次诊断对象：		
		测量结果分析： 下一次诊断对象：		
故障点确认：				
绘制围绕故障点的电路简图：				
总分				

四、任务实施评价

是否达到学习目标。	是	否
1. 能用故障诊断仪读取丰田普锐斯电机驱动控制系统的车辆故障码，并通过查阅维修手册和电路图手册确定车辆故障区域。		
2. 能读丰田普锐斯电机驱动控制（DC/DC）系统电路（原理）图，并能把实车和电路一一对应，在实车上识别出电路图中的熔丝、继电器、互锁线、通信电路、风扇控制电路、高压继电器控制电路和各传感器等。		

3. 能根据维修手册中的相关标准值或波形对上述电机驱动控制（DC/DC）系统电源电路、各个传感器信号电路和通信电路进行基本检测。		
4. 在具备以上能力的基础上，能针对丰田普锐斯电机驱动控制（DC/DC）系统故障现象按照现代故障诊断方法流程进行故障诊断与排除。		
5. 能明确、清晰和有条理地完成电机驱动控制（DC/DC）系统故障诊断与排除记录。		
教师总评：		

项目 3

插电式混合动力汽车结构原理与故障诊断排除

任务 3.1　宝马 X5 xDrive40e 插电混合动力系统

个人信息
日期：_____年_____月_____日　班级：_____　姓名：_____　学号：_____

一、任务描述

电动化趋势已经不可阻挡，同时在双积分政策的引导下，德系三强豪华品牌也都纷纷布局新能源汽车市场，其中，宝马 X5 xDrive40e 是非常具有代表性的一款车。作为汽车经销商的一名技术人员，你能从节油的角度描述清楚它是如何运行的吗？

二、任务准备

1. 在下图中标出混合动力系统各个高压部件的名称。　　配分（　　）　得分（　　）

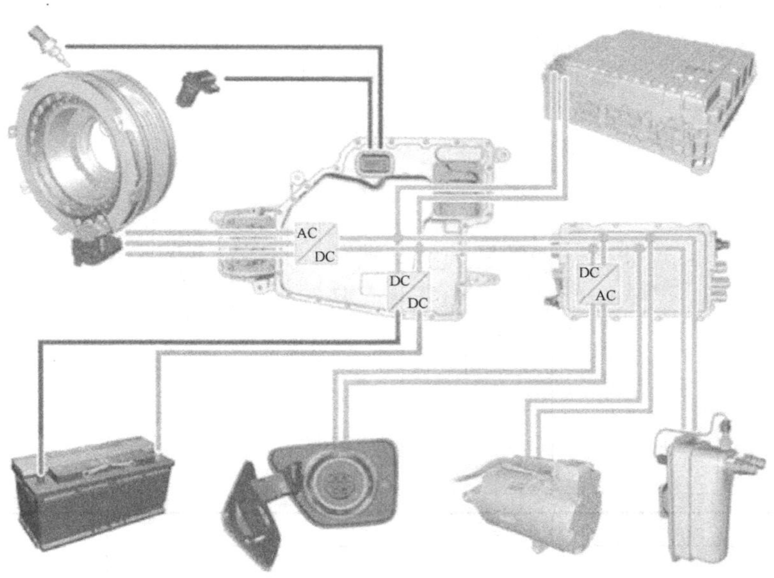

2. 在下图中标出各个组成部件的名称。　　　配分（　　）得分（　　）

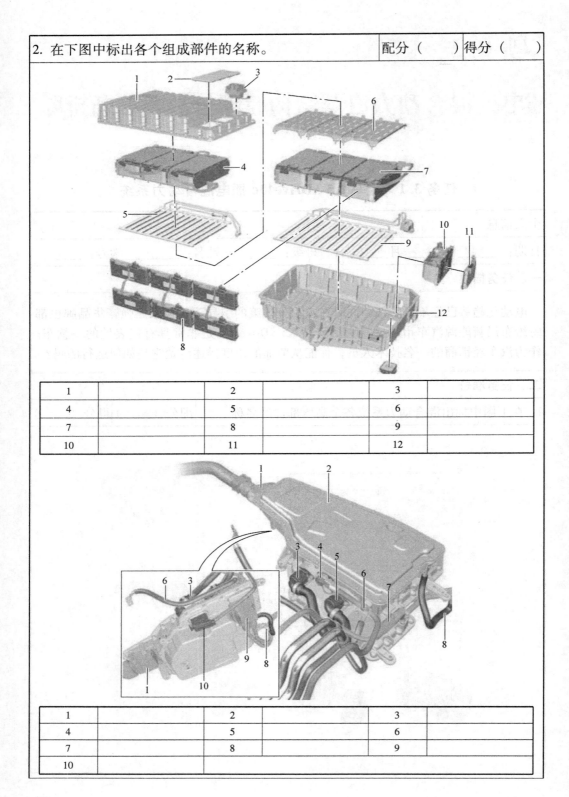

1		2		3	
4		5		6	
7		8		9	
10		11		12	

1		2		3	
4		5		6	
7		8		9	
10					

36

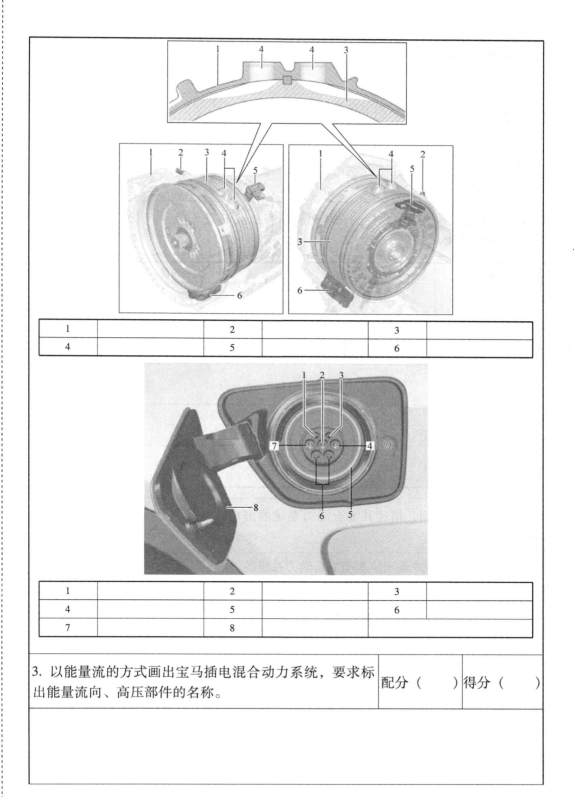

1		2		3	
4		5		6	

1		2		3	
4		5		6	
7		8			

3. 以能量流的方式画出宝马插电混合动力系统，要求标出能量流向、高压部件的名称。　　配分（　　）得分（　　）

三、故障诊断任务实施

1. 注意事项。

   注意时效性,要求选取当下在售车型。

2. 设备与工具清单。

   无。

3. 任务实施记录。

   1) 在下表中列出你所收集的在售合资品牌插混车型,并写出判断理由。　　配分(　　)　得分(　　)

序号	品牌车型	判断理由
1		
2		
3		
4		
5		

   2) 选取一款车型,描述其混合动力系统的组成与运行原理。　　配分(　　)　得分(　　)

   ① 以能量流的方式画出该车型混合动力系统的组成。

② 叙述该车型混合动力系统是如何运行的。

总分	配分（　　）	得分（　　）

四、任务实施评价

是否达到学习目标。	是	否
1. 能以能量流的方式画出宝马 X5 xDrive40e 插电混合动力系统的组成。		
2. 能通过自主查阅资料收集市场上的其他合资插混车型并能将本节所学知识扩展到其他车型，阐述这些车型的混合动力系统组成与原理。		
教师总评：		

任务 3.2　宝马 X5 xDrive40e 插电混合动力系统故障诊断

个人信息
日期：_____年_____月_____日　班级：_____　姓名：_____　学号：_____

一、任务描述

宝马 X5 xDrive40e 的高压蓄电池系统在做任何维修操作并将其重新投入使用之前需要确保其功能性和安全性，这要借助于专用 EoS 电池检测仪进行检测。作为一名汽车经销商的维修人员，你将如何使用专用测试仪进行各种参数检测以确保其功能性和安全性？

二、任务准备

EoS 蓄电池测试仪的认知，在下图中标出各个部件的名称。 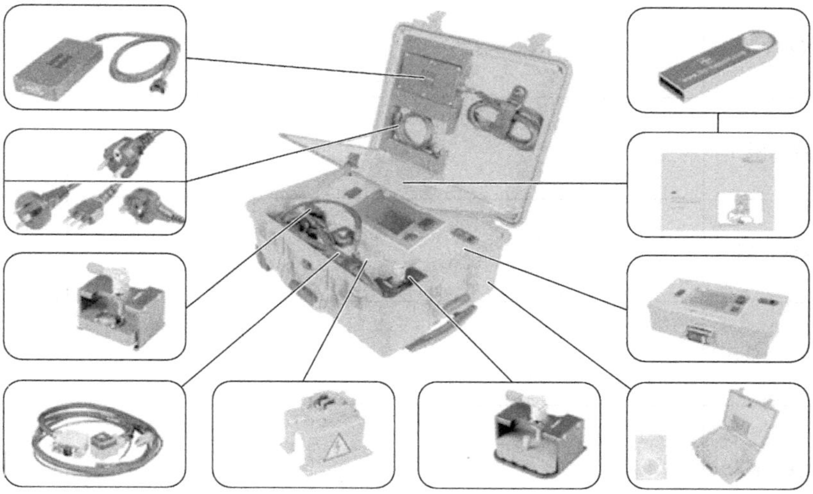	配分（　　）	得分（　　）

三、故障诊断任务实施

1. 注意事项。

在实施故障诊断任务之前，请务必阅读并遵守教材任务 1.2 中的"电动汽车安全故障诊断操作"和"电动汽车故障诊断注意事项"。

2. 设备与工具清单。

名称	数量	名称	数量
维修手册、电路图手册等资料	1套	600V绝缘手套、绝缘靴、防护眼镜等	1套
万用表	1台	手套、抹布、电工胶布等	1套
绝缘拆装工具	1套	宝马X5 xDrive40e	1辆
EOS故障诊断仪	1套	多媒体电视	1台

3. 任务实施记录。

记录内容		配分	得分
SOC对称查询，对称故障-警告			
压力检测			
检查高压安全性			
测量绝缘电阻			
检查绝缘保护器			
测试抗电强度（低压）			
测试抗电强度（高压）			
总分		配分（　　）	得分（　　）

四、任务实施评价

是否达到学习目标。	是	否
能运用汽车高压系统专用仪器对车辆进行故障诊断。		

教师总评：

任务3.3 比亚迪秦PHEV插电混合动力系统

个人信息
日期：_____年_____月_____日　班级：_____　姓名：_____　学号：_____

一、任务描述

在新能源汽车领域，比亚迪是非常有代表性的自主品牌厂商之一，比亚迪也推出了多款新能源汽车，其中比亚迪秦PHEV是自主品牌中非常具有代表性的一款车。作为汽车经销商的一名技术人员，你能从节油的角度描述清楚它是如何运行的吗？

二、任务准备

1. 以能量流的方式画出比亚迪插电混合动力系统，要求标出能量流向、高压部件名称。	配分（　　）	得分（　　）

2. 在下图中标出混合动力系统各个部件的名称。	配分（　　）	得分（　　）

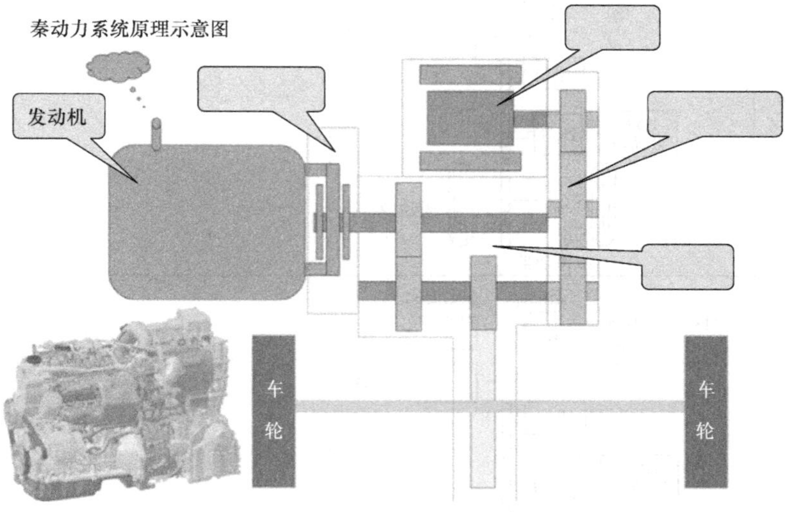

秦动力系统原理示意图

发动机

车轮　　车轮

3. 简述比亚迪秦 PHEV 各个模式的工作原理，并在图中标出能量流向。　配分（　　）得分（　　）

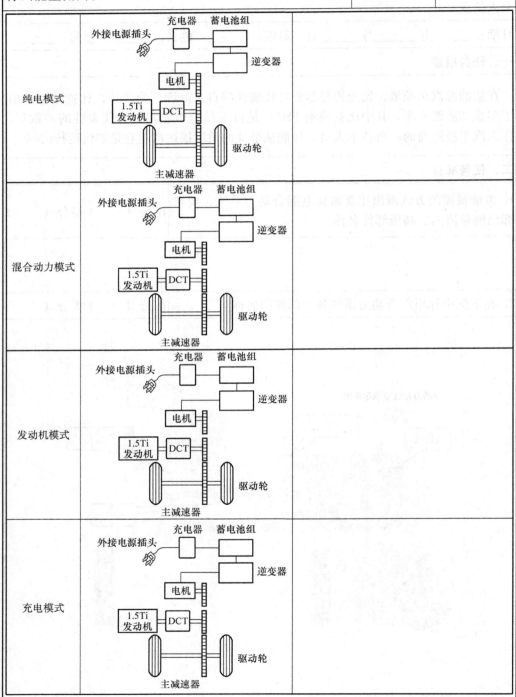

三、故障诊断任务实施

1. 注意事项。

   注意时效性,要求选取当下在售车型。

2. 设备与工具清单。

   无。

3. 任务实施记录。

   1) 在下表中列出你所收集的在售自主品牌插混车型,并写出判断理由。　　配分(　　)　得分(　　)

序号	品牌车型	判断理由
1		
2		
3		
4		
5		

   2) 选取一款车型,描述其混合动力系统的组成与运行原理。　　配分(　　)　得分(　　)

   ① 以能量流的方式画出该车型混合动力系统的组成。

   ② 叙述该车型混合动力系统是如何运行的。

   总分　　配分(　　)　得分(　　)

四、任务实施评价		
是否达到学习目标。	是	否
1. 能以能量流的方式画出比亚迪秦 PHEV 插电混合动力系统的组成。		
2. 能通过自主查阅资料收集市场上的其他自主插混车型并能将本节所学知识扩展到其他车型，阐述这些车型的混合动力系统组成与原理。		
教师总评：		

任务 3.4　比亚迪秦 PHEV 插电混合动力系统故障诊断

个人信息
日期：＿＿＿年＿＿＿月＿＿＿日　班级：＿＿＿　姓名：＿＿＿　学号：＿＿＿

一、任务描述

比亚迪秦 DM 车辆无法进行 220V 充电，仪表一直提示"充电连接中，请稍候"。作为一名汽车经销商的维修人员，你将如何开展维修工作？

二、任务准备

1. 在下列方框中填写信号名称。　　　　配分（　　）得分（　　）

```
         常电      ┌──────────┐  ┌── 车载充电器
低压蓄电池 ─────────┤          ├──┤
                   │          │  └── 低压BMS
  │                └──────────┘
双路电              │
继电器   IG1电      │
  │                │
  └────────┬───────┤
           │  电源管理控制器  │
           └──────────────────┘
            │    │    │    │
                              AC ECU
          负极        正极   空调
          接触器      接触器 接触器
           │    │    │    │
           └────────────────┘
              高压配电箱
```

2. 简述比亚迪秦充电控制流程。　　　　配分（　　）得分（　　）

3. 下图为车载充电器低压连接插头 K55，请完成下表。　配分（　　）得分（　　）

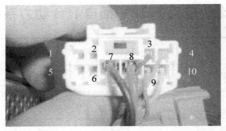

编号	定义
3	
4	
7	
8	
9	
10	

三、故障诊断任务实施

1. 注意事项。

在实施故障诊断任务之前,请务必阅读并遵守教材任务 1.2 中的 "电动汽车安全故障诊断操作" 和 "电动汽车故障诊断注意事项"。

2. 设备与工具清单。

名称	数量	名称	数量
维修手册、电路图手册等资料	1 套	600V 绝缘手套、绝缘靴、防护眼镜等	1 套
万用表	1 台	手套、抹布、电工胶布等	1 套
绝缘拆装工具	1 套	比亚迪秦 PHEV	1 辆
故障诊断仪	1 套	多媒体电视	1 台

3. 任务实施记录。

1) 车辆信息与车辆基本检查。

记录内容			配分（　　）	得分（　　）
记录车辆信息	品牌			
	VIN			
车辆基本检查	辅助蓄电池电压：_____ V ◉ 正常　　◉ 异常			
	高压部件安装及插接器连接情况： ◉ 正常　　◉ 异常			
故障现象记录				
读取与本故障相关的主要故障码				
记录与本故障相关的主要数据流				
分析故障范围				

2）故障诊断过程记录。

步骤	诊断对象及检测项目	测量结果分析与下一次诊断对象	配分	得分
		测量结果分析： 下一次诊断对象：		
		测量结果分析： 下一次诊断对象：		
		测量结果分析： 下一次诊断对象：		
		测量结果分析： 下一次诊断对象：		
		测量结果分析： 下一次诊断对象：		
		测量结果分析： 下一次诊断对象：		
故障点确认：				
绘制围绕故障点的电路简图：				
总分				

四、任务实施评价		
是否达到学习目标。	是	否
1. 能用故障诊断仪读取比亚迪秦PHEV充电系统的车辆故障码,并通过查阅维修手册和电路图手册确定车辆故障区域。		
2. 能识读比亚迪秦PHEV充电系统电路(原理)图,并能把实车和电路一一对应,在实车上识别出电路图中的熔丝、继电器、通信电路、双路供电电路和高压继电器控制电路等。		
3. 能根据维修手册中的相关标准值或波形对上述比亚迪秦PHEV充电系统电源电路、各个传感器信号电路和通信电路进行基本检测。		
4. 在具备以上能力的基础上,能针对比亚迪秦PHEV充电系统故障现象按照现代故障诊断方法流程进行故障诊断与排除。		
5. 能明确、清晰和有条理地完成比亚迪秦PHEV充电系统的故障诊断与排除记录。		
教师总评:		

项目 4

纯电动汽车结构原理与故障诊断

任务 4.1　吉利帝豪 EV450 电动系统总体认知与故障诊断工具使用

个人信息			
日期：＿＿＿年＿＿＿月＿＿＿日　　班级：＿＿＿　　姓名：＿＿＿　　学号：＿＿＿			

一、任务描述

　　吉利帝豪 EV450 是吉利在 2018 年上市的纯电动汽车，主打长续驶里程和高性能。假如你是汽车经销商的一名技术人员，你能把吉利 EV450 电动系统的各个部件位置、功用和部件间连接关系描述清楚吗？电动系统的故障警告灯认知和故障诊断仪器使用是非常重要的一个环节，你能不能准确认知或者熟练使用？

二、任务准备

1. 在下表中标出动力蓄电池各个接口的名称。　　配分（　　　）得分（　　　）

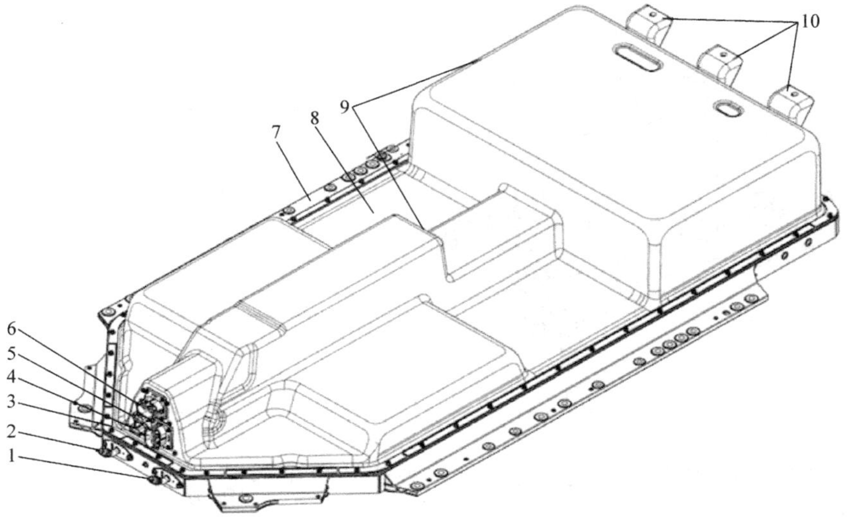

1		6	
2		7	
3		8	
4		9	
5		10	

2. 在下表中标出电机驱动系统各个部件和接口的名称。 配分（　　）得分（　　）

1	
2	

1	
2	
3	
4	
5	

3. 在下表中标出高压配电系统（车载充电系统）各个部件和接口的名称。 配分（　　）得分（　　）

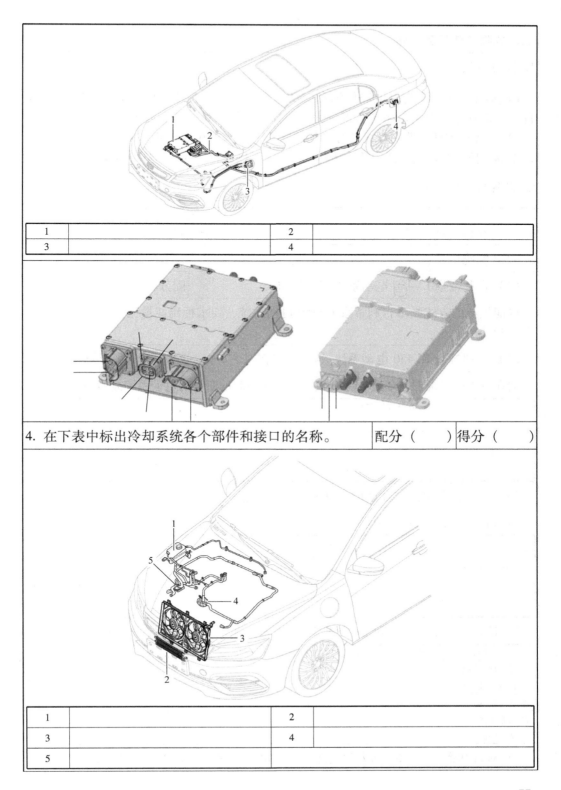

1		2	
3		4	

4. 在下表中标出冷却系统各个部件和接口的名称。　配分（　　）得分（　　）

1		2	
3		4	
5			

三、故障诊断任务实施

1. 注意事项。

1）本任务不需要进行电路检测和电动系统部件拆装,严禁接触前舱内的任何部件,只需观察实车电动系统各部件完成认知,并记录相关信息即可。

2）在完成本任务期间,在没有老师的同意下,严禁和本任务无关的操作,例如起动车辆、拉动车辆变速杆、转动转向盘、开关车辆或者室内照明灯、按动喇叭等。

2. 设备与工具清单。

名称	数量	名称	数量
吉利帝豪 EV450 纯电动汽车	1 辆	BTXD001 故障诊断仪	1 套

3. 任务实施记录。

（1）吉利帝豪 EV450 电动系统实车认知　　　配分（　　）得分（　　）

以能量流的方式画出吉利帝豪 EV450 电动系统,要求标出能量流向、高压部件的名称和功用。

（2）吉利帝豪 EV450 电动系统故障警告灯认知　　　配分（　　）得分（　　）

请在下表中记录吉利帝豪 EV450 仪表板上所亮起的所有的电动系统故障指示信息。

序号	故障警告灯名称	含义	颜色

（3）使用故障诊断仪器读取车辆相关故障信息

1）请在下表中记录吉利帝豪 EV450 动力蓄电池系统所有的故障码。

序号	故障码	含义

2）请在下表中记录吉利帝豪 EV450 动力蓄电池系统相关的数据流信息。

项目	数据（单位,如果没有单位则不用填写）
蓄电池总电压	
蓄电池单体最低电压	
蓄电池单体最大 SOC	
蓄电池单体最小 SOC	
均衡开启状态	

3）对吉利帝豪 EV450 动力蓄电池系统的执行元件进行测试,并记录结果。

顺序	测试项目	测试结果

总分	配分（ ）	得分（ ）

四、任务实施评价

是否达到学习目标。	是	否
1. 能熟练地操作吉利帝豪 EV450，准确地识别出车辆仪表板所显示的信息，特别是故障警告灯的含义。		
2. 能快速识别出吉利帝豪 EV450 电动系统各个部件的安装位置和外部接口。		
3. 能以能量流的方式画出吉利帝豪 EV450 电动系统的组成，并标出各部件的功用、能量流向等。		
4. 能熟练地使用吉利帝豪 EV450 专用故障诊断仪器并快速地读取车辆故障码和数据流等相关信息。		

教师总评：

任务 4.2　吉利帝豪 EV450 动力蓄电池系统故障诊断与排除

个人信息
日期：＿＿＿年＿＿＿月＿＿＿日　班级：＿＿＿＿　姓名：＿＿＿＿　学号：＿＿＿＿

一、任务描述

　　吉利 4S 店接到一辆帝豪 EV450 故障车，经初步确认仪表板显示动力蓄电池故障警告灯亮起，连接故障诊断仪读取故障码，发现蓄电池管理系统报"P153E－08 可逆的碰撞信号发生（仅有 A－CAN 信号）"故障码。根据以上现象，作为一名售后服务工作人员，你将如何开展故障诊断工作并解决以上问题？

二、任务准备

1. 下图为吉利帝豪 EV450 的动力蓄电池系统电气原理图，在方框中填写信号名称。　　配分（　　）得分（　　）

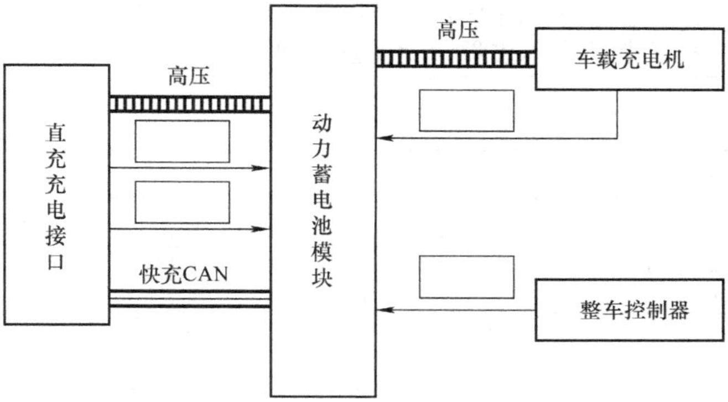

2. 下图为 CA69 动力蓄电池低压线束插接器 1，完成下表内容。　　配分（　　）得分（　　）

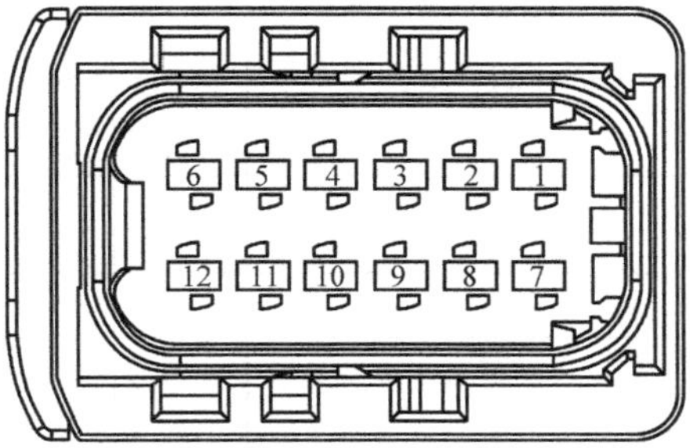

端子号	端子定义	颜色
1		
2		
3		
4		
5		
6		
7		
8		
9		
10		
11		
12		

3. 下图为 CA70 动力蓄电池低压线束插接器的端子图，完成下表。　　配分（　　）得分（　　）

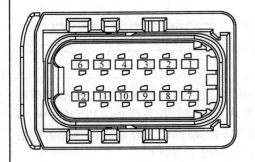

端子号	端子定义	颜色
1		
2		
3		
4		
5		
6		
7		
8		
9		
10		
11		
12		

三、故障诊断任务实施

1. 注意事项。

在实施故障诊断任务之前，请务必阅读并遵守教材任务 1.2 中的"电动汽车安全故障诊断操作"和"电动汽车故障诊断注意事项"。

2. 设备与工具清单。

名称	数量	名称	数量
维修手册、电路图手册等资料	1 套	600V 绝缘手套、绝缘靴、防护眼镜等	1 套
万用表	1 台	手套、抹布、电工胶布等	1 套
绝缘拆装工具	1 套	吉利帝豪 EV450 电动汽车	1 辆
故障诊断仪	1 套	多媒体电视	1 台

3. 任务实施记录。

1）车辆信息与车辆基本检查。

记录内容		配分	得分
记录车辆信息	品牌		
	VIN		
车辆基本检查	辅助蓄电池电压：＿＿＿＿＿＿＿ V　　●正常　　●异常		
	高压部件安装及插接器连接情况：　　●正常　　●异常		
故障现象记录			
读取与本故障相关的主要故障码			
记录与本故障相关的主要数据流			
分析故障范围			

2）故障诊断过程记录。

步骤	诊断对象 及检测项目	测量结果分析与下一次诊断对象	配分	得分
		测量结果分析： 下一次诊断对象：		
		测量结果分析： 下一次诊断对象：		
		测量结果分析： 下一次诊断对象：		
		测量结果分析： 下一次诊断对象：		
		测量结果分析： 下一次诊断对象：		
		测量结果分析： 下一次诊断对象：		
故障点确认：				
绘制围绕故障点的电路简图：				
		总分		

四、任务实施评价		
是否达到学习目标。	是	否
1. 能用故障诊断仪读取吉利帝豪 EV450 的车辆故障码,并通过查阅维修手册和电路图手册,确定车辆故障区域。		
2. 能识读吉利帝豪 EV450 动力蓄电池系统电路(原理)图,并能把实车和电路一一对应,在实车上识别出电路图中的熔丝、继电器、直流充电插座温度信号线、非车载充电机通信信号线、直流充电插头插座确认连接信号线、直流充电唤醒线、P-CAN网络的数据通信线、安全气囊电子控制单元(ACU)碰撞信号线和高压接口等。		
3. 能根据维修手册中的相关标准值或波形对上述吉利帝豪 EV450 动力蓄电池系统的电源电路、各个信号线和通信电路进行基本检测。		
4. 在具备以上能力的基础上,能针对吉利帝豪 EV450 故障现象按照现代故障诊断方法和流程进行故障诊断与排除。		
5. 能明确、清晰和有条理地完成吉利帝豪 EV450 动力蓄电池系统的故障诊断与排除记录。		
教师总评:		

任务 4.3　吉利帝豪 EV450 电机驱动控制系统故障诊断与排除

个人信息
日期：＿＿＿＿年＿＿＿＿月＿＿＿＿日　班级：＿＿＿＿　姓名：＿＿＿＿　学号：＿＿＿＿

一、任务描述

　　吉利帝豪 EV450 仪表板显示系统故障指示灯，连接故障诊断仪读取故障码，发现电机驱动控制系统报"P170900 输入转速信号超过芯片最大跟踪速率"故障码。根据以上现象，作为一名维修人员，你将如何开展维修工作？

二、任务准备

1. 结合下图简述吉利帝豪 EV450 电机驱动系统的工作原理。	配分（　　　）得分（　　　）

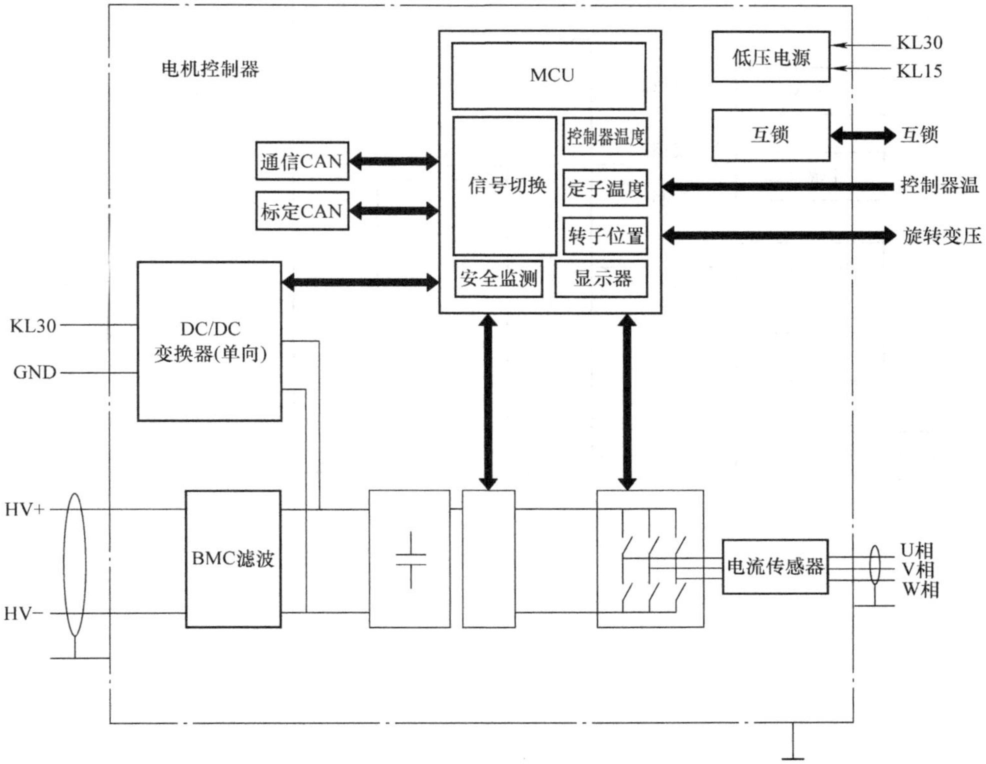

2. 下图为吉利帝豪 EV450 电机驱动控制系统的电气原理图，在方框中填写信号名称。

配分（　　　）得分（　　　）

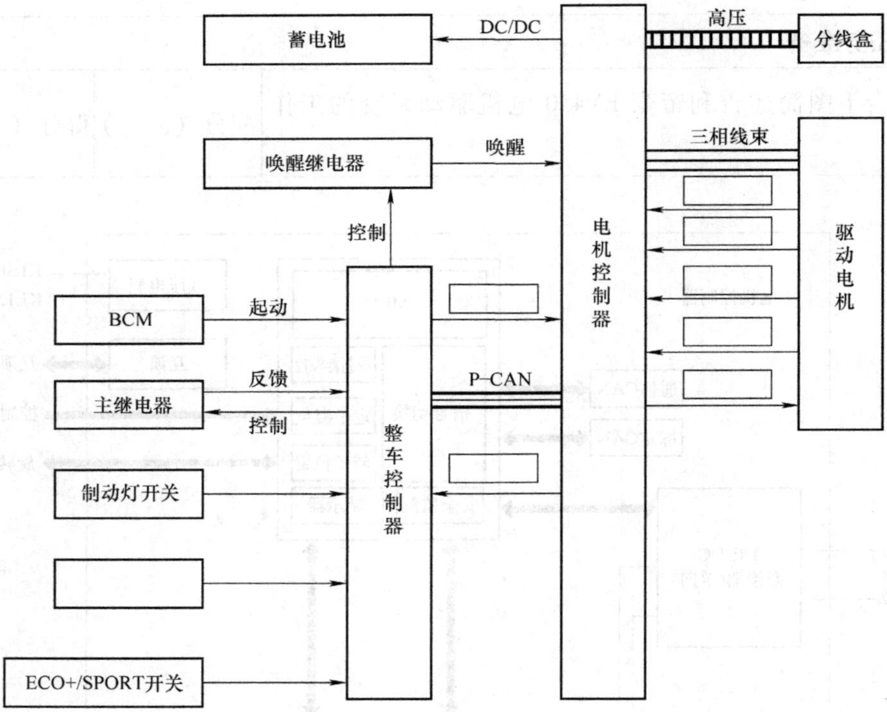

3. 下图为吉利帝豪 EV450 电机控制器低压线束插接器 BV11，完成下表内容。　　配分（　　）得分（　　）

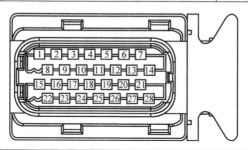

端子号	端子定义	颜色
1		
2		
3		
4		
5		
6		
7		
8		
9		
10		
11		
12		
13		
14		
15		
16		
17		
18		
19		
20		
21		
22		
23		
24		
25		
26		
27		
28		

三、故障诊断任务实施

1. 注意事项。

在实施故障诊断任务之前，请务必阅读并遵守教材任务 1.2 中的"电动汽车安全故障诊断操作"和"电动汽车故障诊断注意事项"。

2. 设备与工具清单。

名称	数量	名称	数量
维修手册、电路图手册等资料	1 套	600V 绝缘手套、绝缘靴、防护眼镜等	1 套
万用表	1 台	手套、抹布、电工胶布等	1 套
绝缘拆装工具	1 套	吉利帝豪 EV450 电动汽车	1 辆
故障诊断仪	1 套	多媒体电视	1 台

3. 任务实施记录。

1）车辆信息与车辆基本检查。

记录内容			配分	得分
记录车辆信息	品牌			
	VIN			
车辆基本检查	辅助蓄电池电压：_____ V ● 正常　　● 异常			
	高压部件安装及插接器连接情况： ● 正常　　● 异常			
故障现象记录				
读取与本故障相关的主要故障码				
记录与本故障相关的主要数据流				
分析故障范围				

2）故障诊断过程记录。

步骤	诊断对象 及检测项目	测量结果分析与下一次诊断对象	配分	得分
		测量结果分析： 下一次诊断对象：		
		测量结果分析： 下一次诊断对象：		
		测量结果分析： 下一次诊断对象：		
		测量结果分析： 下一次诊断对象：		
		测量结果分析： 下一次诊断对象：		
		测量结果分析： 下一次诊断对象：		
故障点确认：				
绘制围绕故障点的电路简图：				
		总分		

四、任务实施评价		
是否达到学习目标。	是	否
1. 能用故障诊断仪读取吉利帝豪 EV450 电机驱动控制系统的车辆故障码，并通过查阅维修手册和电路图手册确定车辆故障区域。		
2. 能识读吉利帝豪 EV450 电机驱动控制系统电路（原理）图，并能把实车和电路一一对应，在实车上识别出电路图中的熔丝、继电器、互锁线、唤醒信号线、电机旋变信号线、电机温度信号线、P-CAN 数据通信线和各传感器等。		
3. 能根据维修手册中的相关标准值或波形对上述吉利帝豪 EV450 电机驱动控制系统的电源电路、各个传感器信号电路和通信电路进行基本检测。		
4. 在具备以上能力的基础上，能针对吉利帝豪 EV450 电机驱动控制系统故障现象按照现代故障诊断方法和流程进行故障诊断与排除。		
5. 能明确、清晰和有条理地完成吉利帝豪 EV450 电机驱动控制系统的故障诊断与排除记录。		
教师总评：		

任务 4.4　吉利帝豪 EV450 车载充电系统故障诊断与排除

个人信息
日期：_____年_____月_____日　班级：_____　姓名：_____　学号：_____
一、任务描述
吉利帝豪 EV450 使用公共充电桩进行交流充电无法充电，连接故障诊断仪读取故障码，发现充电系统报"P1A841C CP 在充电机的内部 6V 测试点电压异常（S2 关闭以后）"故障码。根据以上现象，作为一名维修人员，你将如何开展维修工作？
二、任务准备

1. 简述交流慢充的工作过程。	配分（　　）	得分（　　）

2. 下图为吉利帝豪 EV450 车载充电系统的电气原理图，在方框中填写信号名称。　　配分（　　）得分（　　）

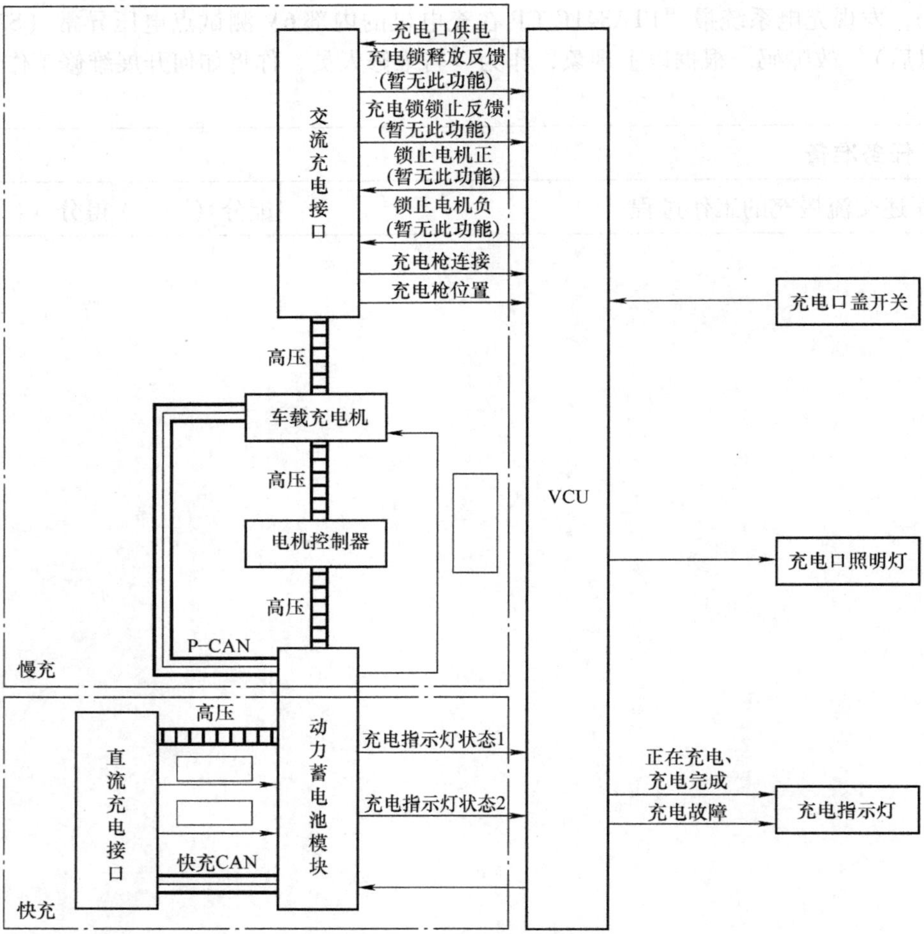

```
交流充电接口信号：
- 充电口供电
- 充电锁释放反馈（暂无此功能）
- 充电锁锁止反馈（暂无此功能）
- 锁止电机正（暂无此功能）
- 锁止电机负（暂无此功能）
- 充电枪连接
- 充电枪位置
```

慢充部分：交流充电接口 — 高压 — 车载充电机 — 高压 — 电机控制器 — 高压 — 动力蓄电池模块；P-CAN

快充部分：直流充电接口 — 高压 — 动力蓄电池模块；快充 CAN

动力蓄电池模块至 VCU：充电指示灯状态1、充电指示灯状态2

VCU 外接：
- 充电口盖开关
- 充电口照明灯
- 充电指示灯（正在充电、充电完成、充电故障）

3. 下图为吉利帝豪 EV450 车载充电机低压线束插接器 BV10，完成下表内容。　　配分（　　　）得分（　　　）

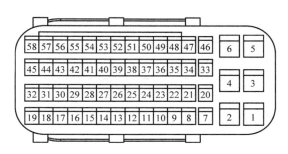

端子号	端子定义	颜色
4		
6		
17		
19		
26		
27		
30		
39		
41		
44		
54		
55		
57		

三、故障诊断任务实施

1. 注意事项。

在实施故障诊断任务之前，请务必阅读并遵守教材任务 1.2 中的"电动汽车安全故障诊断操作"和"电动汽车故障诊断注意事项"。

2. 设备与工具清单。

名称	数量	名称	数量
维修手册、电路图手册等资料	1套	600V绝缘手套、绝缘靴、防护眼镜等	1套
万用表	1台	手套、抹布、电工胶布等	1套
绝缘拆装工具	1套	吉利帝豪EV450电动汽车	1量
故障诊断仪	1套	多媒体电视	1台

3. 任务实施记录。

1) 车辆信息与车辆基本检查。

	记录内容		配分	得分
记录车辆信息	品牌			
	VIN			
车辆基本检查	辅助蓄电池电压：_____V ●正常　　●异常			
	高压部件安装及插接器连接情况： ●正常　　●异常			
故障现象记录				
读取与本故障相关的主要故障码				
记录与本故障相关的主要数据流				
分析故障范围				

2）故障诊断过程记录。

步骤	诊断对象及检测项目	测量结果分析与下一次诊断对象	配分	得分
		测量结果分析： 下一次诊断对象：		
		测量结果分析： 下一次诊断对象：		
		测量结果分析： 下一次诊断对象：		
		测量结果分析： 下一次诊断对象：		
		测量结果分析： 下一次诊断对象：		
		测量结果分析： 下一次诊断对象：		
故障点确认：				
绘制围绕故障点的电路简图：				
		总分		

四、任务实施评价		
是否达到学习目标。	是	否
1. 能用故障诊断仪读取吉利帝豪 EV450 车载充电系统的车辆故障码，并通过查阅维修手册和电路图手册确定车辆故障区域。		
2. 能读吉利帝豪 EV450 车载充电系统电路（原理）图，并能把实车和电路一一对应，在实车上识别出电路图中的熔丝、继电器、充电控制 CC＼CP 线、充电插座温度信号线、充电状态 LED 信号线、充电插座照明电源线、充电口盖开关信号线、互锁线、通信数据线和各传感器等。		
3. 能根据维修手册中的相关标准值或波形对上述吉利帝豪 EV450 车载充电系统的电源电路、各个传感器信号电路和通信电路进行基本检测。		
4. 在具备以上能力的基础上，能针对吉利帝豪 EV450 车载充电系统故障现象按照现代故障诊断方法流程进行故障诊断与排除。		
5. 能明确、清晰和有条理地完成吉利帝豪 EV450 车载充电系统的故障诊断与排除记录。		
教师总评：		